本书为

● 2021年度教育部人文社会科学研究一般项目"泛在学习系统中认知负荷的调节及深度学习模式的构建研究"（项目批准号：21YJA880012）

● 广东省社会科学研究基地"粤港澳大湾区教育数字化发展研究中心"（粤社科联函〔2023〕67号）

● 2022年度教育部人文社会科学研究青年基金项目"'双减'背景下我国中小学生数学学业情绪的影响机制及长效干预研究"（项目批准号：22YJC880040）

的阶段性研究成果。

人工智能
助推基础教育高质量发展的内涵体系及实现路径

付道明　林　炜　著

厦门大学出版社　国家一级出版社
XIAMEN UNIVERSITY PRESS　全国百佳图书出版单位

图书在版编目（CIP）数据

人工智能助推基础教育高质量发展的内涵体系及实现路径 / 付道明，林炜著. -- 厦门：厦门大学出版社，2024.2

ISBN 978-7-5615-9299-1

Ⅰ. ①人… Ⅱ. ①付… ②林… Ⅲ. ①人工智能-应用-基础教育-发展-研究-中国 Ⅳ. ①G639.2-39

中国国家版本馆CIP数据核字(2024)第029172号

责任编辑	眭　蔚
美术编辑	李嘉彬
技术编辑	许克华

出版发行　厦门大学出版社

社　　址	厦门市软件园二期望海路39号
邮政编码	361008
总　　机	0592-2181111　0592-2181406(传真)
营销中心	0592-2184458　0592-2181365
网　　址	http://www.xmupress.com
邮　　箱	xmup@xmupress.com
印　　刷	厦门市金凯龙包装科技有限公司

开本　787 mm×1 092 mm　1/16
印张　12.75
插页　2
字数　320千字
版次　2024年2月第1版
印次　2024年2月第1次印刷
定价　46.00元

本书如有印装质量问题请直接寄承印厂调换

厦门大学出版社
微信二维码

厦门大学出版社
微博二维码

前言

中国特色社会主义进入新时代,要办好人民满意的教育,必须坚持把高质量发展作为各级各类教育的生命线,加快建设高质量教育体系。新时代中国的教育必须把培养社会主义建设者和接班人作为根本任务。随着人工智能技术的飞速发展,它已经开始在教育领域扮演着越来越重要的角色。人工智能应用于教育领域不仅改变了教学和学习方式,还为提高基础教育质量提供了前所未有的可能性,人工智能新技术已经成为推动教育变革与创新的重要力量。

本书共三篇,分为十四章,每章都聚焦于基础教育高质量发展的要素。我们从基础教育高质量发展的政策与理论谈起,逐步深入人工智能在教育领域的多方应用。

人工智能在助推基础教育高质量发展扮演着关键角色。在第一篇,通过学习新时代对基础教育高质量发展的要求及理论,我们明确了基础教育高质量发展的内涵、路径与框架。在第二篇,聚焦人工智能助推基础教育高质量发展,首先介绍人工智能技术及其教育应用,随后详细描述了人工智能在课堂教学、教师专业能力、校长领导力、教研队伍、教育评价和智慧教育中的支持作用。在第三篇,介绍了人工智能助推基础教育高质量发展的路径与案例。在具体的章节中,从广东省基础教育高质量发展的7种结对关系谈起,结合相关政策及文献,通过国内外案例和广东省基础教育高质量发展实践,指出基础教育高质量发展的路径。

本书由广东第二师范学院付道明教授、林炜博士等撰写,负责内容的总体规划、书稿框架拟定及撰写。广东第二师范学院教师教育学院教育技术系朱龙、王一敏、崔萌等老师参与了教育信息化时代教师素养发展模块的文献资料收集与整理工作。广东第二师范学院教师教育学院广播电视编导系华子荀、谭红云、詹蕾等老师参与了STEAM理论与实践模块的案例提供与整理工作。广东第二师范学院教师教育学院教师教育公共课教学中心朱旭、王智慧、李俊娇、李常红老师参与了基础教育高质量发展背景以及教育神经科学模块的文献资料搜集及案例梳理工作。在本书的编写过程中,参考、引用了广东第二师范学院教师教育学院教师们在新师范背景下讨论基础教育高质量发展所发表的期刊论文的部分观点,其中主要来源已在参考文献中列出,如有遗漏,恳请原谅,并对提供案例的教师表示衷心的感谢。

本书为2021年度教育部人文社会科学研究一般项目"泛在学习系统中认知负荷的调节及深度学习模式的构建研究"(项目批准号:21YJA880012)、广东省社会科学研究基地"粤港澳大湾区教育数字化发展研究中心"(粤社科联函〔2023〕67号)的阶段性研究成果和2022年度教育部人文社会科学研究青年基金项目"'双减'背景下我国中小学生数学学业情绪的影响机制及长效干预研究"(项目批准号:22YJC880040)的阶段性研究成果。

鉴于经验和学识所限,加上时间仓促,错误和不足在所难免,恳请读者提出宝贵意见或建议。

作　者

2023年12月

目 录

第一篇 基础教育高质量发展的政策与理论

第一章 习近平新时代中国特色社会主义思想与基础教育高质量发展 ……… 003
  第一节 习近平新时代中国特色社会主义思想对教育的新要求 ……… 003
  第二节 基础教育高质量发展的政治历史沿革 ……… 009
  第三节 新时代基础教育高质量发展的时代使命 ……… 011

第二章 基础教育高质量发展的理论意涵及指标体系 ……… 014
  第一节 基础教育高质量发展的理论意涵 ……… 014
  第二节 基础教育高质量发展的内涵、路径与框架 ……… 016

第二篇 人工智能助推基础教育高质量发展的过程探索

第三章 人工智能助推基础教育课堂高质量改革 ……… 025
  第一节 人工智能新技术及其教育应用 ……… 025
  第二节 人工智能促进课堂教学模式创新与实践 ……… 037

第四章 人工智能助推基础教育课程高质量规划 ……… 052
  第一节 智能技术支持的 STEAM 基础理论 ……… 052
  第二节 智能技术支持的 STEAM 实践模式 ……… 060
  第三节 智能技术支持的 STEAM 实践案例 ……… 072

第五章 人工智能助推教师专业能力高质量提升 ……… 078
  第一节 教育信息化 2.0 时代的教师信息素养 ……… 078
  第二节 当前教师信息素养的现状与困境 ……… 079
  第三节 有效提升教师信息素养的策略与路径 ……… 080

第六章　人工智能助推校长领导力高质量建构 082
- 第一节　智能时代校长信息化领导力建设 082
- 第二节　校长信息化领导力的概念 084
- 第三节　校长信息化领导力的生成过程 086
- 第四节　校长信息化领导力的培养策略 087

第七章　人工智能助推教研队伍高质量建设 090
- 第一节　互联网技术支持的教研形态演化 090
- 第二节　"互联网＋教研"形态的特征分析 091
- 第三节　"互联网＋教研"的研究趋势 093

第八章　人工智能助推基础教育评价高质量发展 096
- 第一节　智能技术支持的基础教育精准评价模型 096
- 第二节　智能技术支持的基础教育精准评价分析 099
- 第三节　智能技术支持的基础教育精准评价趋势 103

第九章　人工智能助推智慧教育教学新生态融合 114
- 第一节　教育神经科学简介及对智慧教育的启示 114
- 第二节　智慧教育视角下学科教学的神经科学研究 121
- 第三节　智慧教育视角下核心特征的神经科学研究 128
- 第四节　总结与展望 131

第三篇　人工智能助推基础教育高质量发展的路径与案例
——以广东省为例

第十章　广东省基础教育高质量发展的7种结对关系案例分析 135
- 第一节　市与市结对 135
- 第二节　县与县结对 136
- 第三节　师范类院校与市结对 136
- 第四节　非师范类院校与市县结对 137
- 第五节　教研机构之间结对 138
- 第六节　中小学之间结对 139
- 第七节　市、县区域内结对 139

第十一章　广东省基础教育高质量发展路径之教育均衡与公平发展 141
- 第一节　从基本均衡到优质均衡的时代路向 141
- 第二节　广东省基础教育均衡发展的现状 144
- 第三节　促进基础教育均衡发展与公平的五大举措 145

第十二章　广东省基础教育高质量发展路径之学校治理现代化 …………… 149
　第一节　从学校管理到优质治理的时代路向 ……………………………… 149
　第二节　广东省基础教育学校治理机制的现状 …………………………… 152
　第三节　数据驱动学校治理现代化的五大举措 …………………………… 157

第十三章　广东省基础教育高质量发展路径之高质量教师队伍建设 ……… 161
　第一节　高质量教师的关键要素 …………………………………………… 161
　第二节　广东省基础教育教师队伍建设的现状 …………………………… 163
　第三节　促进基础教育高质量教师队伍建设的五大举措 ………………… 165

第十四章　广东省基础教育高质量发展路径之面向未来的教育创新 ……… 170
　第一节　信息技术是推动基础教育改革发展的革命性力量 ……………… 170
　第二节　广东省教育信息化的现状与问题 ………………………………… 180
　第三节　促进基础教育与信息技术融合创新的七大举措 ………………… 185

参考文献 ………………………………………………………………………… 195

第一篇

基础教育高质量发展的政策与理论

- 第一章 习近平新时代中国特色社会主义思想与基础教育高质量发展
- 第二章 基础教育高质量发展的理论意涵及指标体系

第一章

习近平新时代中国特色社会主义思想与基础教育高质量发展

第一节 习近平新时代中国特色社会主义思想对教育的新要求

教育是国之大计、党之大计。党的十八大以来,习近平总书记高度重视教育事业的改革与发展,从马克思主义教育思想出发,结合当前世界和中国教育发展环境,科学地分析了新形势下我国教育工作的现状、问题、需求、方向、任务等,并整合历代中国共产党人教育改革的优质经验,提出了一系列指导教育改革发展的新思想、新论断和新方法。习近平总书记关于教育的重要论述深刻回答了教育"培养什么人""怎样培养人""为谁培养人"的系列重大理论与实践问题,是当代中国深入推进教育改革发展的理论引领与行动指南,对推动中国教育事业的高质量发展和中国特色社会主义现代化建设产生了深远影响。

一、习近平总书记关于教育"培养什么人"的论述

习近平在全国教育大会上明确指出:"我们的教育必须把培养社会主义建设者和接班人作为根本任务,培养一代又一代拥护中国共产党领导和我国社会主义制度、立志为中国特色社会主义奋斗终身的有用人才。"[1]这是习近平总书记对"培养什么人"的教育目标的阐释,具体体现为培养德智体美劳全面发展的人、培养社会主义建设者和接班人和培养担负民族复兴大业的时代新人三个方面。

(一)培养德智体美劳全面发展的人

习近平基于马克思的"人的全面发展"理论,提出一系列"培养德智体美劳全面发展"人才的新思想、新观点和新论断。特别是在2018年全国教育工作大会上,习近平提出要加快

---

[1] 习近平.坚持中国特色社会主义教育发展道路 培养德智体美劳全面发展的社会主义建设者和接班人[N].人民日报,2018-09-11(1).

构建"德智体美劳全面培养的教育体系"①。

1. 关于德育的论述

关于如何构建德智体美劳全面培养的教育体系,习近平强调了将立德树人贯穿始终的总体要求,即"人无德不立,育人的根本在于立德"②,"把立德树人融入各级各类教育及教育的各领域"③,强调了德育的首要性。

2. 关于智育的论述

习近平多次强调打破智育"一支独大",实现"五育并举、齐头并进",营造良好教育生态环境。2020年10月13日,中共中央、国务院印发了《深化新时代教育评价改革总体方案》,提出"坚决克服重智育轻德育、重分数轻素质等片面办学行为,促进学生身心健康、全面发展"④。智育固然重要,但不能以牺牲其他各育的发展来实现。

3. 关于体育的论述

习近平对体育教育的论述基于全民健身的"大体育"概念。在引导青少年学生重视体育、热爱体育方面,习近平在全国教育大会上着重强调,"开齐开足体育课"⑤。青少年拥有健康的体魄,才能担当民族复兴的大任。

4. 关于美育的论述

2015年,国务院办公厅印发了《关于全面加强和改进学校美育工作的意见》,对新时代美育发展提出具体要求,从构建科学的美育课程体系、大力改进美育教育教学、统筹整合学校与社会美育资源、保障学校美育健康发展的四个维度发力,构建新时代美育教育新格局。⑥ 2018年,习近平在给中央美术学院老教授的回信中提到,加强美育工作很有必要,因而"要坚持立德树人,扎根时代生活,遵循美育特点"⑦,滋润学生茁壮成长。2020年10月15日,中共中央办公厅、国务院办公厅印发了《关于全面加强和改进新时代学校美育工作的意见》,对新时代学校美育工作的总体要求和实施举措都做出了进一步指引。

5. 关于劳育的论述

习近平对培育全面发展的人的论断,还主要体现在将劳育置于与其他各育并列的地位,

---

① 习近平.坚持中国特色社会主义教育发展道路 培养德智体美劳全面发展的社会主义建设者和接班人[N].人民日报,2018-09-11(1).
② 习近平.在北京大学师生座谈会上的讲话[M].北京:人民出版社,2018:7.
③ 孙少平.新中国德育五十年[M].福州:福建教育出版社,2002:14.
④ 深化新时代教育评价改革总体方案[M].北京:人民出版社,2020:5.
⑤ 习近平.坚持中国特色社会主义教育发展道路 培养德智体美劳全面发展的社会主义建设者和接班人[N].人民日报,2018-09-11(1).
⑥ 国务院办公厅.国务院办公厅关于全面加强和改进学校美育工作的意见[EB/OL].(2015-09-28)[2022-07-27].http://www.gov.cn/zhengce/content/2015-09/28/content_10196.htm.
⑦ 习近平给中央美术学院老教授的回信[N].光明日报,2018-08-31(1).

突显新时代培育全面发展的人需重视劳育的特征。2018年,习近平正式将"劳育"放入育人目标之中。2020年发布的《中共中央 国务院关于全面加强新时代大中小学劳动教育的意见》中提出,"把劳动教育纳入人才培养全过程",彰显了中国共产党素来崇尚劳动、重视劳动、热爱劳动的特色,对培养青年一代以劳动为荣的社会风气有重要推动作用。

习近平关于德智体美劳全面发展的重要论述,体现了新时代"五育"之间相辅相成、相互促进的内在关系。目前,我国教育进入高质量发展阶段,这种高质量体现在全方位育人的理论与实践中。这种全方位育人的理念运用到实践中,就体现在一方面要适应时代之需,另一方面要回归教育本源。其一,教育要适应时代之需,习近平总书记关于五育并举的论述,是在中国社会已全面进入人工智能时代的大背景下,在社会发展已进入"后现代"的大前提下提出的。人工智能时代呼唤的是知识的快速更替、社会分工的更加细化、人才质量的高速提升,而人才的问题是最主要的问题。要解决这个问题,从根本上说,是要解决教育的高速和高质量发展的问题。人工智能时代,要求新时代人才不仅要有应对社会大变革的基本知识与能力,还要能担当时代之责、能解决现实问题、能优雅生活、能终身运动,成为德智体美劳全面发展的高素质者。培养新型复合型高素质人才,离不开国家方针政策的引导、各级各类教育行政部门协作推进、各级各类学校配合落实,形成完整的"五育"培育体系和制度,从而从真正意义上体现各方面全面协调可持续发展。其二,教育要回归本源。从完整的人的视角考虑,德智体美劳全面发展的教育理念亦是对回归教育的本真,培养完整的人的个体的时代解答。[①]

(二)培养社会主义建设者和接班人

2019年3月18日,习近平在学校思政课教师座谈会上提出,新时代中国的教育目标就是要培养合格的"社会主义建设者和接班人"[②]。对于何为社会主义建设者和接班人,习近平从国家层面提出要"拥护我国社会主义制度、立志为中国特色社会主义奋斗终身"[③]。

(三)培养担负民族复兴大业的时代新人

党的十九大报告提出,要培育"担当民族复兴大任的时代新人"[④]。"新人"前的定语"时代",是对新时代的略称,因此时代新人实际上是特指新时代的社会主义建设者和接班人。习近平总书记关于时代新人的论述,内涵丰富、意旨深远,有待深入探究。关于时代新人的培育,习近平曾多次在新时代青年培养的讲话、信稿中有所提及。其相关论述从整体上围绕培育时代新人的精神面貌和综合素养展开。与培育时代新人精神面貌相关的论述,集中在担当精神、奋斗精神、开拓精神、奉献精神等方面;与培育综合素养相关的论述,主要体现在理想信念、爱国情怀、道德品质、知识见识等方面。[⑤]

---

① 闵雪.习近平关于教育的重要论述研究[D].湘潭:湘潭大学,2021:91-92.
② 习近平.思政课是落实立德树人根本任务的关键课程[M].北京:人民出版社,2020:4.
③ 习近平.坚持中国特色社会主义教育发展道路 培养德智体美劳全面发展的社会主义建设者和接班人[N].人民日报,2018-09-11(1).
④ 习近平.决胜全面建成小康社会 夺取新时代中国特色社会主义伟大胜利——在中国共产党第十九次全国代表大会上的报告[M].北京:人民出版社,2017:42.
⑤ 闵雪.习近平关于教育的重要论述研究[D].湘潭:湘潭大学出版社,2021:106.

二、习近平总书记关于教育"怎样培养人"的论述

(一)坚持党对教育事业的全面领导

习近平指出:"党是领导一切的,是最高的政治领导力量,各个领域、各个方面都必须坚定自觉坚持党的领导。"①。只有坚持党对教育的全面领导,才能把握党对教育的指导方向,解决好培养什么人、怎样培养人、为谁培养人的问题。主要体现在:第一,坚持党对教育的领导要抓好思想政治工作。"思想政治工作是学校各项工作的生命线。"②第二,抓好学校党建工作是办学治校的基本功。"高校党组织要把抓好学校党建工作和思想政治工作作为办学治校的基本功。"③

(二)坚持社会主义办学方向和扎根中国大地办教育

党的十八大以来,习近平就教育改革发展提出了一系列新思想、新观点、新举措,并归纳概括成"九个坚持",其中坚持"扎根中国大地办教育"作为"九个坚持"之一,成为中国特色社会主义教育事业发展的根本遵循。坚持社会主义办学方向和扎根中国大地办教育涉及两个层面:一个是办学方向,一个是基石基础。这两者强调要解决中国教育的发展问题,需要因时制宜、因地制宜、因人制宜地从中国教育的现实情况出发,量体裁衣地制定相应的教育方针政策。

(三)把加强教师队伍建设作为基础工作来抓

习近平认为,提升教师队伍整体素质,要"把加强教师队伍建设作为基础工作来抓"④。习近平一直高度重视教师队伍建设,围绕如何建设高质量的教师队伍等重大的理论实践问题,提出了很多符合时代发展的新思想、新理论。关于教师的重要性,习近平认为"教师是立教之本、兴教之源,承担着让每个孩子健康成长、办好人民满意教育的重任"⑤。"一个人遇到好老师是人生的幸运,一个学校拥有好老师是学校的光荣,一个民族源源不断涌现出一批又一批好老师则是民族的希望。"⑥关于好教师的标准,习近平向全社会发出了"努力培养造就一大批一流教师"⑦的号召。他要求,"广大教师要做学生锤炼品格的引路人,做学生学习

---

① 中共中央宣传部.习近平总书记系列重要讲话读本(2016年版)[M].北京:学习出版社,人民出版社,2016:102.
② 习近平.坚持中国特色社会主义教育发展道路 培养德智体美劳全面发展的社会主义建设者和接班人[N].人民日报,2018-09-01(1).
③ 习近平.坚持中国特色社会主义教育发展道路 培养德智体美劳全面发展的社会主义建设者和接班人[N].人民日报,2018-09-11(1).
④ 习近平.做党和人民满意的好老师[N].人民日报,2014-09-10.
⑤ 习近平.习近平向全国广大教师致慰问信[N].人民日报,2013-09-10(1).
⑥ 习近平.做党和人民满意的好老师:同北京师范大学师生代表座谈时的讲话[M].北京:人民出版社,2014:4.
⑦ 习近平.做党和人民满意的好老师[N].人民日报,2014-09-10.

知识的引路人,做学生创新思维的引路人,做学生奉献祖国的引路人"①。在北京师范大学考察期间,习近平向广大教师提出了有理想信念、有道德情操、有扎实学识、有仁爱之心的"党和人民满意的好老师"的基本要求。这四个基本要求,涉及对教师的德、智、仁等方面的要求,为广大教师更好地帮助青年成长提供了重要的思想指导。关于教师队伍建设,在2018年全国教育工作会议上,习近平围绕"高素质专业化"对教育队伍建设提出了新时代要求,即"培养造就一支师德高尚、业务精湛、结构合理、充满活力的高素质专业化教师队伍"②。为了培养和造就党和人民满意的高素质专业化创新型教师队伍,中共中央、国务院印发了《中共中央 国务院关于全面深化新时代教师队伍建设改革的意见》,意见对提高教师思想道德修养、专业能力素质、地位待遇保障、管理机制体制建设等几个方面提出具体要求。

(四)要持续推进教育技术现代化

习近平在致国际信息教育大会上的贺信中提到:"因应信息技术的发展,推动教育变革和创新,构建网络化、数字化、个性化、终身化的教育体系。"③教育技术的现代化是实现教育现代化的物质条件和硬件保障。

1. 推进教育信息基础工程建设

习近平指出:"中国坚持不懈推进教育信息化,努力以信息化为手段扩大优质教育资源覆盖面。我们将通过教育信息化……让亿万孩子同在蓝天下共享优质教育、通过知识改变命运。"④。重点加强农村地区的信息基础建设,是缩小城乡教学之间的差距、共享优质教育资源的重要一环。

2. 加强优质教育资源研发利用

对于优质教育资源,习近平在任浙江省委书记的时候指出:"优质中学集中了优质的教育资源,具备各方面良好的条件……使优质教育资源发挥更大的作用,让更多的人享受优质教育。"⑤加快推进数字化校园的建设,通过建设网络学习课程、搭建数字图书馆,建立开放、便捷的教育资源公共服务平台等多种方式,更好地促进优质教育资源为人民所享。

三、习近平总书记关于教育"为谁培养人"的论述

习近平指出,要坚持教育为人民服务、为中国共产党治国理政服务、为巩固和发展中国特色社会主义制度服务、为改革开放和社会主义现代化建设服务。⑥习近平论述"为谁培养人"的问题,具体体现于上述教育方针的"四为"服务中。该教育方针体现坚持以人民为中心

---

① 全面贯彻落实党的教育方针 努力把我国基础教育越办越好[N].人民日报,2016-09-10.
② 习近平.做党和人民满意的好老师:同北京师范大学师生代表座谈时的讲话[M].北京:人民出版社,2014:4.
③ 构建网络化数字化个性化终身化教育体系[N].天津日报,2015-05-25(1).
④ 构建网络化数字化个性化终身化教育体系[N].天津日报,2015-05-25(1).
⑤ 习近平.扩大优质教育资源 全面实施素质教育[N].浙江日报,2005-10-25(1).
⑥ 习近平谈治国理政(第二卷)[M].北京:外文出版社,2017:376.

发展教育,强调为党育人、为国育才的总体要求。

(一)以人民为中心发展教育

1. 坚持以人民为中心

为人民服务是中国共产党的根本宗旨和初心使命,这一伟大原则贯穿于党的历史实践的各个阶段。为人民服务的检验标准在具体实践中表现为"一切发展要以人民为中心"。党的十八大以来,习近平在众多场合和会议上多次强调必须坚持"以人民为中心",并在党的十九大报告中把"坚持以人民为中心"作为新时代中国特色社会主义思想的重要组成部分,这充分说明了"以人民为中心"是习近平新时代中国特色社会主义思想的核心理念和价值取向。在2018年全国教育大会上,习近平明确提出了"坚持以人民为中心发展教育"的重要论述,这是"以人民为中心"的宗旨在教育领域的运用,进一步表明新时代仍然要继承中国共产党长期以来坚持的人民立场,并以办好人民满意的教育为终极追求目标。

2. 最终办人民满意的教育

习近平在党的十九大报告中指出,中国特色社会主义进入新时代,我国社会主要矛盾已经转化为人民日益增长的美好生活需要和不平衡不充分的发展之间的矛盾。社会主要矛盾的转化说明:在教育领域,人民日益增长的美好生活的需要与教育发展的不平衡不充分的矛盾仍然是主要矛盾。新时代以人民为中心发展教育,办人民满意的教育,就是满足人民对更高质量、更高水平教育的切实需要。这具有教育发展为人民、教育发展依靠人民、教育成果由人民共享之意蕴。

习近平在充分汲取中华优秀传统文化中民本思想的前提下,在继承中国特色社会主义教育发展方针政策的基础上,对"办人民满意的教育"做了创新性的论述。如:2012年,党的十八大报告把立德树人作为办人民满意的教育的根本任务,进一步明晰了"办人民满意的教育"的方向。2013年,习近平在联合国"教育第一"全球倡议行动一周年纪念活动上指出,中国将继续"让每个孩子享有受教育的机会,努力让13亿人民享有更好更公平的教育"[①]。这一讲话使得办人民满意的教育的内容有了更好、更公平的具体要求。2014年,习近平在同北京师范大学师生代表座谈时提出,要"使我国教育越办越好、越办越强"[②]。这一论述使得办人民满意的教育又增加了越好、越强的实施要求。2017年,习近平在党的十九大报告中再次提及,"办好人民满意的教育",并在之前的更好、更公平,越好、越强的基础上明确了更好就是更有质量,即"努力让每个孩子都能享有公平而有质量的教育"[③]。2021年,习近平在全国政协医药卫生界教育界联组会上,以"办好人民满意的教育"为主题,提出新时代办好人

---

① 习近平谈治国理政[M].北京:外文出版社,2014:191.
② 习近平.做党和人民满意的好老师:同北京师范大学师生代表座谈时的讲话[M].北京:人民出版社,2014:12.
③ 习近平.决胜全面建成小康社会 夺取新时代中国特色社会主义伟大胜利——在中国共产党第十九次全国代表大会上的报告[M].北京:人民出版社,2017:45.

民满意的教育要坚持教育公益性原则,"着力构建优质均衡的基本公共教育服务体系"①,建设高质量教育体系。人民满意的教育是在高质量教育环境下兼顾公平的教育。

(二)为党育人

中国共产党是中国特色社会主义事业的领导核心,代表中国最广大人民的根本利益。中国共产党这种从群众中来、到群众中去的人民性,决定了中国特色社会主义教育必然也是代表中国最广大人民的根本利益。而人民又在中国共产党的带领下为共同目标努力奋斗,因而教育要为党育人,才能更好地带领人民实现共同目标。习近平总书记关于"为党育人"的论述是对"教育必须为无产阶级"的思想凝练创新,是在回应"为谁培养人"的办校办学基本问题。

(三)为国育才

"为国育才"实质是对教育"四为"方针中"为巩固和发展中国特色社会主义制度服务、为改革开放和社会主义现代化建设服务"的凝练概括。这不仅为新时代学校发展指明了方向,实际上也解答了新时代教育发展为什么的问题。各级各类学校要牢固树立正确的人才观,全面提高人才培养质量。特别是在高等教育领域,要突出服务国家战略需求,推动高等教育内涵式发展,大力振兴中西部高等教育,加快"双一流"建设,引导高校瞄准科技前沿和关键领域,高起点布局支撑国家原始创新能力和可持续发展能力的基础学科专业。深化学科体系、教学体系、教材体系、管理体系改革,推进新工科、新医科、新农科、新文科建设,布局交叉学科专业,发展应用型学科专业。加大创新实践能力培养力度,强化科教协同和产教融合育人,加快培养急需紧缺人才,着重培养创新型、复合型、应用型人才。积极发展职业教育,增强职业教育适应性,加快构建现代职业教育体系。聚焦世界科技前沿和国内薄弱、空白、紧缺学科专业,同世界一流资源开展高水平合作办学,主动走出去、积极引进来,有效拓展多元化的人才培养渠道。系统谋划构建全民终身学习的教育体系,发挥在线教育优势,为每个人完善自身、成长成才提供充分的学习资源和便利条件,全面挖掘和释放人才红利。

第二节 基础教育高质量发展的政治历史沿革

国家政策关注高质量发展正式起步于党的十九大以后,且主要集中在经济学领域。2017年,《南方经济》率先在《以高质量发展推进新时代经济建设》一文中指出,新时期解决好发展不平衡不充分问题的关键在于高质量发展,体现为经济、社会、政治、文化与生态等方面的协同发展。② 而在教育领域,早在2001年,北京就提出了"高标准高质量发展基础教育";2010年以后,学术界陆续关注到各级各类教育高质量发展问题。但相比于经济学的研

---

① 习近平.把保障人民健康放在优先发展的战略位置 着力构建优质均衡的基本公共教育服务体系[N].人民日报,2021-03-07(1).

② 王珺.以高质量发展推进新时代经济建设[J].南方经济,2017(10):1-2.

究,教育领域的研究明显滞后。

一、经济领域高质量发展的政治历史沿革

2017年10月18日,习近平在党的十九大报告中首次提出:"我国经济已由高速增长阶段转向高质量发展阶段。"①这是对中国特色社会主义进入新的历史阶段以及经济发展处于新的历史时期的重大判断。由此,中国经济发展阶段由过去的高速增长过渡到现今的高质量发展。这是中国经济发展突破瓶颈的明智抉择,也是新时代中国社会主要矛盾破解的最佳路径。在2017年12月18—20日举行的中央工作会议上,习近平再次强调:"中国特色社会主义进入了新时代,我国经济发展也进入了新时代,基本特征就是我国经济已由高速增长阶段转向高质量发展阶段。推动高质量发展,是保持经济持续健康发展的必然要求,是适应我国社会主要矛盾变化和全面建成小康社会、全面建设社会主义现代化国家的必然要求,是遵循经济规律发展的必然要求。"②习近平提出的"高质量发展阶段",是对现阶段所处经济发展形势的规律总结,意味着我国经济基本实现了量的积累、速度的追赶,继续速度粗放型发展已经不适应现阶段经济发展,同时发展不够均衡、不够协调、不够充分的问题突出,不利于中国经济长期、可持续发展。因此,必须告别高速增长的阶段,打破低质量发展,转向追求高质量的发展,使提质增效成为经济发展的重心。在2018年国务院政府工作报告中,习近平再次强调要"推动高质量发展"。可见高质量发展是顺应经济发展新形势的迫切要求,因而必须坚持推动经济的高质量发展,坚持质量第一、效率优先的原则,以创新发展、以供给侧结构为主线,提高全要素生产率,着力加快建设新的产业体系,不断增强我国经济创新力和竞争力,真正实现高质量发展目标。③

二、教育领域高质量发展的政治历史沿革

随着"高质量发展"成为国家经济发展方略,基于经济发展与教育发展的联动性,相关政策话语和研究主张纷至沓来。例如,政府工作报告中的教育发展话语分别为"发展公平而有质量的教育"(2018年)、"发展更加公平更有质量的教育"(2019年)及"推动教育公平发展和教育质量提升"(2020年),强调"有公平的质量"。2018年全国教育大会号召"推动教育从规模增长向质量提升转变",教育部工作要点也"按照高质量发展根本要求,着力提升质量,扎实推进教育内涵式发展"。2019年和2020年全国教育工作会议延续此前话语并提出"坚持高质量发展,整体抓质量"。2019年教育部工作要点为"坚持高质量发展,提高基础教育质量"。由此可见,教育领域在积极呼应经济高质量发展。④ 2020年"建设高质量教育体系"决

---

① 习近平.决胜全面建成小康社会 夺取新时代中国特色社会主义伟大胜利——在中国共产党第十九次全国代表大会上的报告[M].北京:人民出版社,2017:30.
② 中央经济工作会议在北京举行 习近平李克强作重要讲话 张高丽栗战书汪洋王沪宁赵乐际韩正出席会议[N].人民日报,2017-12-21(1).
③ 王晓慧.中国经济高质量发展研究[D].长春:吉林大学,2019:1-2.
④ 郑星媛,柳海民.基础教育高质量发展:理论认知与实践推进[J].天津师范大学学报(基础教育版),2022,23(3):19-23.

策的出现正式将我国教育改革发展带至新进程,明晰了"教育高质量发展"的改革定位和具体要求。因此,2021年政府工作报告话语除"发展更加公平更高质量的教育"外,还提及"推动义务教育优质均衡发展"。同年,教育部工作要点则"以推动高质量发展为主题,为建设高质量教育体系立柱架梁",并计划发布《教育高质量发展体系、优质均衡基本公共教育服务体系》文件。而今,新召开的2022年全国教育工作会议明确强调"加快教育高质量发展","巩固发展更加公平而有质量的基础教育"。"教育有质量发展"话语转变为"教育高质量发展",且以官方形式映入大众视野,并逐步成为基础教育领域的中心工作。① 可见,基础教育的发展在过去要解决的是"有没有""够不够"的问题,现在要解决的是"好不好""优不优"的问题。前者聚焦基础教育的"速度和体量",追求"速度优势"和"体量优势";后者聚焦"效益和质量",追求"效益优势"和"质量优势"。②

第三节　新时代基础教育高质量发展的时代使命

2016年,联合国《变革我们的世界:2030年可持续发展议程》(Transforming Our World:2030 Agenda for Sustainable Development)正式启动,呼吁各国为今后15年实现17项可持续发展目标而努力。其中,目标4为"确保包容和公平的优质教育,让全民终身享有学习机会"。党的十九大报告、十九届五中全会公报和《中共中央关于制定国民经济和社会发展第十四个五年规划和二〇三五年远景目标的建议》针对教育提出"建设高质量教育体系",明确了"十四五"时期教育改革发展的总方向和总要求。世界和中国两个重要文件的主旨交汇,为新时代我国基础教育改革发展指明了方向:由有质量发展转向高质量发展。这也是满足新时代人民对美好教育、优质教育需求的实际行动,是基础教育高质量发展的时代使命。

一、把握方向,坚持党对基础教育工作的全面领导

办好高质量的基础教育,方向必须正确,关键是坚持党对基础教育工作的全面领导,党的领导是办好基础教育的根本保障。坚持党对基础教育工作的全面领导,关键要抓好"两个根本"工作,即落实好立德树人根本任务,解决好"培养什么人、怎样培养人、为谁培养人"的根本问题。坚持党对基础教育工作的全面领导,必须认真贯彻党的教育方针,确保社会主义办学方向,切实做到为党育人、为国育才。其中,培养德智体美劳全面发展的社会主义建设者和接班人是党的教育方针的核心表述。当前我国基础教育学生发展中存在的社会责任感不高、学业负担重、实践动手能力弱、心理健康状况差等问题,以及素质教育推进困难、片面追求分数和升学率等现象,究其根源是偏离了育人本质,未能全面贯彻党的教育方针。

---

① 郑星媛,柳海民.基础教育高质量发展:理论认知与实践推进[J].天津师范大学学报(基础教育版),2022,23(3):19-23.
② 柳海民,邹红军.高质量:中国基础教育发展路向的时代转换[J].教育研究,2021,42(4):11-24.

二、融合共生，促进德智体美劳"五育"并举

办好高质量的基础教育，关键是扭转学生片面发展的倾向，促进学生德智体美劳全面发展。"五育并举，融合育人"直指长期以来存在的"疏德""偏智""弱体""抑美""缺劳"，以及各育之间的"彼此分离""相互割裂""互不相关"等痼疾，导致"片面发展""片面育人"，远离了"全面发展""全面育人"这一教育宗旨。在根子上，传统育人方式的弊端就在于"五育没有并举""五育不够融合"，因而"五育没有共生"。① 为此，首先，要在全社会和广大基础教育学校牢固树立全面发展的理念，不仅要重视传授学生知识技能，还要帮助学生养成良好道德品质、锻炼强健体魄、形成健全人格、提升审美素质、养成劳动习惯。其次，学校需要切实履行"五育并举"的责任，要从课程、教材、教学、评价、管理等各个环节施力，切实促进学生德智体美劳全面发展，努力解决长期以来教育中存在的"疏德""偏智""弱体""抑美""缺劳"的问题。

三、激发活力，办好更多优质基础教育学校

长期以来，我国基础教育工作的重心是扩大办学资源，加快推动普及教育，促进机会公平。随着基础教育全面普及，"有学上"的问题基本解决，目前基础教育面临的主要问题是优质资源供给不足，"上好学"的问题越来越突出。对基础教育工作而言，提高教育质量需要激发每一所学校的办学活力，要深化教育"放管服"改革，着力解决"管得过多、干扰过多、激励不够、保障不够"等突出问题，保证教育教学自主权，扩大人事工作自主权，落实经费使用自主权。学校要增强内生动力，完善教师激励体系，强化校园文化引领，发挥优质学校带动作用，充分激发广大校长、教师教书育人的积极性、创造性。

四、和谐发展，构建基础教育公平发展机制

促进公平发展既是提高教育质量的内在要求，也是提高教育质量的重要基础。实现基础教育高质量发展，必须办好每一所学校、教好每一名学生。这迫切需要加快构建学校间公平发展机制，保障一体化、均衡化的办学条件。新时期推进教育公平的重点是促进优质均衡，不挑生源、关注弱势、缩小差距。优质均衡，是实现基本均衡后教育公平的新目标。不挑生源，义务教育法规定免试就近入学，中央要求"公民同招"，目的都是让每个孩子有平等的入学机会。关注弱势，指对家庭经济困难的孩子、残疾儿童、进城务工人员随迁子女等，要给予更多的帮助。缩小差距，是当前推进义务教育优质均衡的重点任务。虽然校际差距形成有很多原因，但政府必须想方设法办好每一所学校，这是教育系统坚持人民立场的重要体现。②

---

① 李政涛."五育融合"推动基础教育高质量发展[J].人民教育，2020(20):13-15.
② 余慧娟.教育部副部长郑富芝:牢牢把握基础教育高质量发展的方向[J].人民教育，2020(21):6-9.

五、固本强基,大力加强教师队伍建设

教师是立教之本、兴教之源,承担着传播知识、传播思想、传播真理的历史使命,肩负着塑造灵魂、塑造生命、塑造新人的时代重任,是教育发展的第一资源。《中共中央 国务院关于全面深化新时代教师队伍建设改革的意见》按照"四有好老师"标准,从提高教师教育教学能力、优化教师资源配置、依法保障教师权益待遇、加强校园长队伍建设等方面提出了改革举措,给大力加强教师队伍建设提供了可靠保障。从战略高度来认识教师工作的极端重要性,把加强教师队伍建设作为教育事业发展最重要的基础工作来抓。这就要求我们坚决贯彻中央要求,从战略上抓教师队伍建设,切实将教师工作置于教育事业发展的重点支持战略领域,将教师队伍建设作为教育投入重点,予以优先保障,全力造就党和人民满意的高素质专业化教师队伍,以一流的教师支撑一流的教育,以最优秀的人培养更优秀的人。①

六、技术赋能,积极稳妥推进在线教育

基础教育高质量发展的重要举措是大力推进教育信息化。新冠肺炎疫情期间,线上教学有效支撑了"停课不停学"。我们要总结经验、巩固成果、深化应用,进一步加强线上教学作为推进"互联网+教育"的重大战略工程,着力构建国家、省、市、县和学校五级平台体系,积极建构线上资源保障体系和运行机制,促进信息技术与教育教学深度融合,以教育信息化助力基础教育现代化,更好地服务教师改进教学和学生自主学习,促进优质教育资源共享,满足人民群众对多样化、高质量教育的需求。虽然目前我国地区、城乡、学校、家庭之间差距很大,客观上存在较大的"数字鸿沟",一些群体明显处于劣势。可以肯定的是,信息技术必将给基础教育带来广阔的发展前景,基础教育阶段的在线学习将是大势所趋。

---

① 朱之文.新时代中国教育学会的使命担当——在中国教育学会2020年度工作会议暨第八届理事会第四次会议上的讲话[J].中国教育学刊,2020(7):1-5.

第二章

基础教育高质量发展的理论意涵及指标体系

第一节 基础教育高质量发展的理论意涵

一、联通主义学习理论：教育高质量发展的新视角

从人类学习的理论看高质量教育发展，是理解教育高质量发展的新视角。理论上，人类的学习经历了从行为主义到认知主义，再到建构主义的过程。其中，行为主义学习理论又称"刺激—反应"理论，起源于20世纪初，斯金纳(Burrhus Frederic Skinner)的"操作性条件作用"及"强化原理"、桑代克(Edward Lee Thorndike)的"尝试错误方法"是行为主义学习理论的标志性观点；认知主义学习理论转向了更为复杂的认知过程，如思考、问题解决、语言等；建构主义学习理论出现于20世纪90年代，起源于皮亚杰(Jean Piaget)和布鲁纳(Jerome Seymour Bruner)的思想，关注客观知识如何通过个体与之交互作用而内化为认知结构，形成认知建构主义的学习观。在当前以"数字数据"为特点的时代，加拿大学者西门思(George Siemens)在 *Connectivism: A Learning Theory for the Digital Age*（《联通主义：一个数字时代的学习理论》）中提出联通主义(connectivism)的学习理论，并将其认定为数字时代学习理论的里程碑式进步。联通主义学习理论试图从"联结"的角度把学习定位为一种"网络联结和网络创造物"。

联通主义表述了一种适应当前社会结构变化的学习理论。在此理论指导下，评价教育的质量不再是评价一个人的学习活动，而是评价个体在学习中连接专门节点和信息源的过程。正如西门思所指出的，联通主义是一种经由混沌、网络、复杂性与自我组织等理论探索的原理的整体。基于此，我们可以用德国著名社会学家、哲学家斐迪南·滕尼斯(Ferdinand Tonnies)在社会学领域提出的"共同体"概念来理解教育高质量发展的作用体系。在联通主义学习理论的指导下，教育高质量发展"共同体"意指通过某种积极的关系而形成的群体，是统一地对内对外发挥作用的一种结合关系，是现实的和有机的生命组合。在此，联通主义表达了一种"关系中学(learning by relationships)"和"分布式认知(distributed cognition)"的观念。教育高质量发展共同体实质上是由个体意志决定的、相互发生关系的群体。这个群体对内对外发挥作用是共同体的功能,现实的和有机的生命是共同体的本质。

为了促进教育的高质量发展,学界认识到教育共同体的表现形式不是单一的,而是交叉的、多层次的,教育者个体可能从属于不同层次的教育共同体。第一,在宏观层次上,教育共同体表现为终身教育视野下有大教育观特征的家庭、学校和社会的联合,社会本身以共同体的形态存在,社会成为教育的主体,每一个公民都是教育者。这是一种理想的、我们追求的大共同体状态,这种理想可溯源到中国古代儒家经典记述的"大同理想"。《礼记·礼运》中有这样一段:"大道之行也,天下为公。选贤与能,讲信修睦。故人不独亲其亲,不独子其子,使老有所终,壮有所用,幼有所长,鳏、寡、孤、独、废、疾者皆有所养,男有分,女有归。货恶其弃于地也,不必藏于己;力恶其不出于身也,不必为己。是故谋闭而不兴,盗窃乱贼而不作,故外户而不闭。是谓大同。"第二,在中观层次上,教育共同体表现为学校教育者的联合,具体还可以分为本校教师间的联合、横向同级别学校间的联合和纵向不同层次学校间的联合,这是教育共同体存在并发挥作用的最重要部分,其核心纽带是对学生身心全面发展的共同关注。教师群体对学生的教育影响也是交互潜在的,这就是精神共同体形散神合的特质。第三,在微观层次上,教育共同体存在于以教师为主导、学生为主体的教学关系中。班级作为一个集体,本身所具有的教育功能在马卡连柯的集体主义教育思想中有生动的阐述。这种学生在集体中进行自我教育的方式正越来越得到人们的肯定,但是,如果教师的作用被忽视,或者教师在这个层面的教育共同体中缺位,所形成的教育共同体就不能发挥应有的教育功能。

二、支撑联通主义学习:教育高质量发展的理论基础

(一)社会交互作用理论

社会交互作用理论(theory of social interaction)是一种源于社会学关于人际互动的理论,1959年由美国社会心理学家蒂博特和凯利提出。他们在《群体社会心理学》一书中探讨了两人群体中双方交往得以维持和重复的一系列必要条件,并认为其基本原理亦适用于分析由更多人组成的复杂群体。他们强调交往是依赖交往各方相互作用的过程。马克思提出:人的本质不是单个人所固有的抽象物,在其现实性上,它是一切社会关系的总和。人类的学习是在社会交互作用中发现事物的意义,并围绕其意义展开活动的,由此形成了"社会交互作用的学习情境",即面向一个问题时,拥有同样知识与经验者或者拥有不同知识与经验者,一同分享问题与情境,相互交流,一起展开思考与行动的活动。

社会交互过程包括如下要素:(1)创新。提供新的信息与不同的见解。(2)结构化。更清晰地界定问题状况,并加以结构化。(3)策略。展开讨论或互助,选择与发现有效的问题解决方略。(4)评价。围绕现行方略是否妥当等问题,做出评价和反馈。在社会交互中,至少会形成两种认知矛盾:一是自他间矛盾,即围绕一个问题,自己的思考与社会互动体的方略之间产生的矛盾;二是个人内部的矛盾,即自身拥有的知识、假设与解决方略与问题本质间产生的矛盾。

(二)分散认知理论和共享认知理论

分散认知理论(theory of distributed cognition)由哈钦斯(E.Hutchins)提出。他的研究表明,人类对事物的认知并不是收藏于个人内部的,而是同特定的文化、历史背景,同他者与工具关联在一起的,这就是"分散认知"的来源。分散认知理论对知识和教育过程的边缘化具有巨大影响——同样问题的解决,各角色的利益持有者有各种各样的方法,各自必要的知识与工具运用是不同的。哈钦斯指出,对同一个问题的思考与认知不仅存在于个人系统当中,而且是同工具与周围的成员编织在一起的。布劳翁(G.A.Brown)依此提出了著名的"学习共同体"理论及其"分散专业性"(distributed expertise)基础。分散认知理论应用于教育中,可以理解为当人类面对共同问题时,情境中的不同角色选择不同的下位问题,各自展开专门的探究活动,进而相互交流以形成更广、更深、更高质量的教育发展。

共享认知理论(theory of mutually shared cognition)则表明,各角色利益持有者之间的交互作用与彼此之间的对话特征,取决于相互理解与"共享认知"得以达成的过程。"共享认知"是在理解得以共同建构的过程中,在取得共识之际产生的。共享认知理论有两个基本假设:其一,在利益持有者的交互作用中增加共同建构与建构异质性,将有助于共享认知的发展;其二,越丰富多元的共享认知会导致学习有效性及教育质量的更大提升。因此,可将促进共享认知的工具认定为开展高质量教育的支援,如对科学数据与信息的收集和存取,提供研究所使用的视觉化与数据分享的工具,在复数空间里展开协商、分享信息,建立与验证模型,借助混合媒体制作记录等。

第二节 基础教育高质量发展的内涵、路径与框架

在我国,高质量发展是一个全新的领域,尽管世纪之交关于它的思考已初现端倪,但正式起步是在党的十九大以后,属于典型的政策诱发型研究,且主要集中在经济学领域。高质量发展是新时代社会主义事业发展的重要阶段特点和发展目标。教育活动因为受到经济社会发展的影响,也面临着如何适应高质量发展以及如何实现高质量发展的问题。基于此,研究者们对教育领域的高质量发展展开了研究。

一、教育高质量发展的内涵及特征

建设高质量基础教育体系是建设高质量教育体系的重要部分,而如何促进高质量基础教育体系建设与发展,是一项复杂的、持久的系统性工程,需要整体谋划。李政涛将高质量发展阶段的核心内涵概括为"四化":现代化,实现基础教育现代化;体系化,构建德智体美劳全面培养的教育体系;科学化,树立科学的教育质量观;生态化,创建公平而有质量的教育生态。这些特征并非割裂的存在,而是一个围绕着"育人"的内在整体:在"终身育人""智能育

人""融合育人"中走向高质量发展。① 靳玉乐认为,高质量教育是更加普惠、更加注重公平、更具智慧、更加开放、更高治理水平的教育。② 李帆等人认为,教育的高质量发展就是要让教育真正服务于教育的根本目的,即培养德智体美劳全面发展的学生,提升育人质量,促进教育公平,实现教育高效持续发展。③ 柳海明认为,中国基础教育高质量发展应树立更加优质、可持续的发展理念,坚持更加公平、全面的价值遵循,盘活更加均衡、协调的体制机制,打造更加创新、安全的路径保障。④

综上所述,建设新时代高质量教育体系,要着眼时代变局,准确把握其本质特点,即要有显著的公平性、强劲的创新性、全面而有个性、高度的开放性、超前的引领性等。

二、实现基础教育高质量发展的路径

研究者从不同的方向和角度提出影响教育高质量发展的不同因素,具体而言,将立德树人的根本方向、五育并举的举措、课堂教学、课程建设、高水平教师队伍建设等方面作为高质量基础教育体系建设和发展的核心议题。

(一)坚持把落实立德树人这一根本任务作为"高质量发展"的根本方向

立德树人既是根本任务,又是基本规律。"追求基础教育高质量发展,路径是什么?是尊重规律、依靠科学。"张志勇认为,育人方式变革说到底是尊重教育规律以实现一个人全面而有个性的发展。郑富芝认为,基础教育高质量发展的重点首先应放在立德树人上,要抓准方向。教育的根本任务是立德树人,立什么德,树什么人,是事关方向性的大问题。⑤

所以,基础教育高质量发展首先要在健全立德树人落实机制上获得成效,以"德育为先、全面发展、面向全体、知行合一"为重点,落实立德树人的根本任务。

(二)坚持把健全"五育并举"的教育体系作为"高质量发展"的基本路径

教育的高质量,必定是"育人的高质量"。"育人目标的明确""育人方式的优化"和"育人质量的提升"等一系列根本性教育问题被着重提出,重新思考。

李政涛指出,基础教育长期以来存在"片面发展""片面育人",远离了"全面发展""全面育人"这一教育宗旨,传统育人方式的弊端就在于"五育没有并举""五育不够融合"。没有"五育"的高质量,就没有基础教育的高质量;没有"五育融合"的高质量,也就没有新时代基础教育的高质量。⑥ 王烽认为有必要把"五育融合"的改革探索作为理论和实践上探索的重点。重视德育的针对性、实效性,以及体育、美育、劳动教育的成效。⑦ 也有学者认为,建立和完善德智体美劳全面培养的教育体系,目的在于全面落实党的教育方针,把全面发展素质

---

① 李政涛."五育融合"推动基础教育高质量发展[J].人民教育,2020(20):13-15.
② 靳玉乐.努力建设中国特色高质量教育体系[J].教师教育学报,2021(2):9-14.
③ 李帆,钱丽欣.基础教育高质量发展需要整体推进[J].人民教育,2020(11):20-23.
④ 柳海民,邹红军.高质量:中国基础教育发展路向的时代转换[J].教育研究,2021,42(4):11-24.
⑤ 余慧娟.教育部副部长郑富芝:牢牢把握基础教育高质量发展的方向[J].人民教育,2020(21):6-9.
⑥ 李政涛."五育融合"推动基础教育高质量发展[J].人民教育,2020(20):13-15.
⑦ 王烽.高质量发展:基础教育的挑战与应对[J].人民教育,2021(1):21-24.

教育落实到位,为发展新时代素质教育找到崭新的突破口和着力点。赖长春认为实施五育并举的措施,是高质量发展的关键,要突破德育的"软"、改善智育的"弱"、扭转体育的"虚"、改变美育的"偏"、弥补劳育的"缺"。①

可见,"培养德智体美劳全面发展的社会主义建设者和接班人"是我们党不变的教育方针,是我国教育的根本目的,是基础教育高质量发展的方向。

(三)坚持把强化课堂主阵地作为"高质量发展"的中心环节

在实现教育高质量发展的过程中,作为其核心的教学模式改革和创新是值得探索的重要领域。

李志厚提出,适于教育高质量发展的探索,需要关注从大容量、重负荷教学"有为"量变状态,到知而达智、转知为能的发展"有成"质变状态。要更加注重解决教学过程中学之通、习之达、教之化、育之成的问题。②

有研究者认为,教师需要努力整合学习内容与学习方式,把主要以书本为媒介、间接地感知人类的经验和知识的学习方式与直接体验的方法结合起来,让学生更好地认识世界、了解人生。课堂最值得关注的变化是把知识的学习放在情境中进行,在问题中导入。场景、问题与学习内容联系在一起,让知识与生活建立直接联系,让学生在学习中实现知识与能力、知识与情感的同步发展。

也有研究者非常重视课堂教学改革,优化和改进教学方式,注重启发式、互动式、探究式、体验式教学,重视情境教学、差异化教学和个别化指导,探索学科课程综合化教学,开展研究型、项目化、合作式学习,促进信息技术与教育教学融合应用。

总之,从教学角度看,必须以提升课堂教学质量为突破口,保障教育高质量发展,具体路径在于重塑教师的课堂教学理念、改革课堂的教学方式和丰富学生学习方式等。

(四)坚持把建设高质量课程作为"高质量发展"的重要支点

郑富芝认为,注重发展要抓牢课改,要在课程设置和育人模式上下功夫,增加课程的丰富性和选择性,让每个孩子都能发挥其兴趣和特长。③ 吕玉刚认为,新课程、新教材是提高育人育才质量的重要依托。要继续扩大普通高中新课程、新教材实施范围,继续开展统编三科教材国家级示范培训,研发各学科教师网络研修课程,指导各地做好全员培训。继续加强普通高中新课程新教材实施国家级示范区、示范校建设,发挥示范引领作用。研制课程监测指标体系和监测实施办法。④ 此外,于冰等人认为,校长课程领导对于一个学校来说具有重要的不可替代的价值,特别是在领导学校课程决策、开发整合课程资源、发展学校特色课程、改进优化课程效果等方面。⑤ 李刚从课程文化的角度提出,高质量课程建设需要坚持守正

---

① 赖长春.基础教育高质量发展应"高"在何处[J].教育科学论坛,2021(5):1.
② 李志厚.论适于教育高质量发展的教学模式创新[J].教育导刊,2019(1):5-12.
③ 余慧娟.教育部副部长郑富芝:牢牢把握基础教育高质量发展的方向[J].人民教育,2020(21):6-9.
④ 李帆,邢星.推进高质量发展成为基础教育最紧迫最核心的任务——访教育部基础教育司司长吕玉刚[J].人民教育,2021(5):21-25.
⑤ 于冰,邬志辉.校长课程领导:新时代基础教育高质量发展的重要支点[J].社会科学战线,2020(9):240-246.

创新,深度挖掘课程话语体系中的中国特色、中国风格、中国气派,向世界传递中国课程话语,通过中国特有的思维方式叙说中国课程故事。①

可见,建设高质量课程要从设置具有均衡性、综合性和选择性的课程结构,扩大新课程新教材的使用范围,提高课程内容的联结性,与学生的现实生活情境紧密相连,坚持建设有中国文化特征的课程,不断提高校长课程领导力等多方面入手。

(五) 坚持把建设高水平教师队伍作为"高质量发展"的根本保障

在新时代教师教育转型与深化发展的背景下,剖析教师教育高质量发展的时代意蕴,探寻教师教育高质量发展战略,有助于进一步推动教师教育高质量发展。

李刚提出从提升教师课程理解力和课程胜任力入手,夯实教师专业发展的基础。尹后庆从教师知识角度出发,认为当下高质量教育体系建设中迫切需要解决的问题是教师应具备跨学科知识,要给学科教师提供拓宽视野的机会,让其去发现和认识跨学科学习的意义,既感受到学科育人的独特性,又能理解学科统整中的完整性。② 有研究者认为按照"四有好老师"标准,从提高教师教育教学能力、优化教师资源配置、依法保障教师权益待遇、加强校长和园长队伍建设等方面提出了改革举措。也有研究者从教师职后教育出发,提出了重构教师培训组织体系、完善教师发展学科体系、健全教师培训内容体系、建立教师智能研修体系、规范教师培训管理体系等改革举措,旨在优化教师培训体制机制,为推动基础教育高质量发展提供强有力的智力支持和人才保障。朱之文建议依法保障教师待遇,改善教师工作和生活条件,吸引优秀人才报考师范专业,充分激发广大校长教师教书育人和立德树人的主动性、积极性、创造性,形成师生才智充分涌流、学校活力竞相迸发的良好局面。③

由此可以看出,建设高质量教师队伍的路径主要集中在提高教师的课程胜任力、提升教师的跨学科教学能力、保障教师权益待遇、重构教师培训组织体系等方面。

(六) 坚持把推动教育评价改革作为"高质量发展"的关键领域

目前,我国还未建立起教育高质量发展的评价体系,现有研究多从理论层面对其价值功能和评价标准等进行探讨。有研究者认为,必须把立德树人成效作为检验学校一切工作的根本标准。制定县域义务教育质量、学校办学质量和学生发展质量三个评价标准,切实回答什么是教育强县、什么是好学校、什么是全面发展的学生的问题。这些政策举措将有助于克服"唯分数、唯升学"的顽瘴痼疾,从根本上解决教育评价指挥棒的问题,扭转教育功利化倾向,真正为基础教育改革保驾护航。有研究者关注到教育质量评价对教育发展的重要影响,提出通过制定教育质量评价标准、围绕高质量发展调整评价内容、加强评价结果的科学应用和评价工作的系统整合来助推高质量发展。也有研究者在借鉴国内外相关研究成果的基础上,尝试从理论上构建评价指标体系,主要从创新发展、协调发展、绿色发展、开放发展、共享发展5个方面出发,设置14个比较具有代表性的二级指标和19个三级指标,构建出高质量发展的评价指标体系。

---

① 李刚.新时代我国基础教育高质量课程建设[J].课程·教材·教法,2021,41(11):35-41.
② 尹后庆.以基础教育高质量发展为目标的课程改革[J].基础教育课程,2022,1(1):4-8.
③ 朱之文.找准定位 发挥优势 奋力推进基础教育高质量发展[J].中国教育学刊,2021(7):7.

三、基础教育高质量发展的支援系统

教育高质量发展的核心应指向每一个学生的学力提升与人格健全。当前,全球认同的"21世纪型能力"起源于美国企业界与教育界提出的能力模型,此模型在人类学科内容的学习基础上增加了21世纪社会生存所必需的高阶认知能力和技术能力。这个模型表明,作为新时代的中小学生,必须形成四种能力:在核心学科(3R)及21世纪课题的基础上,强调全球认识、创新素养、公民素养、健康素养等能力;学习与革新能力(4C);信息、媒体、技术能力;生活与生存能力。为了支撑这些能力的形成,学界形成了以下四大支援系统。

(一)学习环境

学习环境是支持学习者学习的条件,高质量的学习环境能够促进学习者进行有效学习。高质量的学习环境体现在教育的区域、校际公平方面。区域教育公平问题具体表现为城乡教育发展不平衡和东西部发展不平衡,这种不平衡会导致基础教育高质量发展的停滞。高质量的学习环境要通过不断缩小区域差距、城乡差距,让每一个学生拥有受教育的机会,享受优质的教育资源,以此来助推基础教育高质量发展。

缩小校际差距是实现教育均衡发展的重要表现,是建成高质量的学习环境的重要一环。校际的不公平主要表现在优质学校和薄弱学校之间的办学条件和教育资源差距大,这种差距会导致校际教育质量参差不齐。在实现"有学上"的基础上,学校向"上好学"转变,不断缩小校际差距,扩大优质教育资源,为学生提供优质教育,以此构建高质量的学习环境,不断推动基础教育高质量发展。

(二)专业性提升

教育是"教"与"学"的过程,教育具有很强的专业性,基础教育高质量发展要不断提升专业性。

基础教育走向高质量发展的表现之一就是走向现代化的学校治理。推进学校治理现代化,扩大学校的办学自主权,激发学校的办学活力,是基础教育高质量发展的要求。学校治理现代化的实现需要多方的努力,政府要适当放权、社会要提供帮助、教师和家长等要积极参与,不断提升学校治理水平和治理能力,建立起现代学校管理体系,为学生的学习提供制度和体系上的保障。

教研工作在推进基础教育课程改革、指导教学实践、促进教师发展等方面发挥着重要作用。教研队伍是保障基础教育高质量发展的重要支撑。面对高质量发展的新形势、新任务、新要求,教研工作也要深入改革,健全新时代教研体系。新时代的教研体系建设需要在落实教研主要任务、创新教研方式、加强教研队伍建设、完善教研保障措施等方面发力。同时,要大力加强教研机构建设,以此加快建立健全新时代基础教育教研体系。

教育大计,教师为本。习近平总书记强调:"有高质量的教师,才会有高质量的教育。"教师是建设高质量教育体系、实施高质量教育的根本力量。面对新时代,基础教育高质量发展要全面推进高质量教师队伍建设,为基础教育高质量发展提供人才支撑。

(三)课程与教学

高质量教育的核心是人才培养,人才培养的核心是课程,因此,人才培养离不开高质量教学。高质量的课程要在把握社会主义办学方向的基础上,扎根中国大地,建设以人民为中心的课程体系,落实立德树人的根本任务,培养德智体美劳全面发展的社会主义建设者和接班人,办好人民满意的教育。高质量的教学表现在高质量的"教"和高质量的"学"上,高质量的教学要求建设高质量教育体系,体现在优秀的教师教研队伍、完善的现代化学校治理体系、健全的学校家庭社会协同育人机制等方面。

(四)评价体系

教育评价具有鉴定、导向、激励、诊断、调节、监督、管理、教育等功能,教育评价体系在基础教育高质量发展上起监测作用,是基础教育发展走向高质量不可缺少的一环。2020年,中共中央、国务院印发《深化新时代教育评价改革总体方案》,方案指出:"教育评价事关教育发展方向,有什么样的评价指挥棒,就有什么样的办学导向。"教育评价改革要坚持以立德树人为主线,坚持高质量发展方向,建设新时代、高质量的教育评价体系,引领基础教育高质量发展。

基于此,我们构建了区域、学校和课堂三个层面的评价指标,见表2-1,共同衡量基础教育发展的质量。

表2-1 三个层面的评价指标

一级指标	二级指标	三级指标
AI助推区域教育公平均衡发展(区域层面)	优质教学资源共建共享(教学资源) 教育资源公共服务平台	三通两平台
		一师一优课,一课一名师
		国家中小学智慧教育平台
	稀缺智力资源汇聚流动(智力资源) 教师轮岗	教师轮岗
	多维教育数据监测评估(教育监测) 教育大数据监测评估体系	PISA监测
		各级基础教育质量监测体系
	城乡校际教育精准帮扶(精准帮扶) 三个课堂	专递课堂
		双师课堂
		名校网络课堂
		空中课堂

续表

一级指标	二级指标	三级指标
AI助推学校治理现代化发展（学校层面）	智慧环境（环境建设）	校园网络
		信息终端
		软件
		场地
	智慧管理（组织管理）	行政管理
		教务管理
		财务管理
		人事管理
		资产管理
		安全管理
		信息化领导力
	教师发展（教师发展）	教师智能教育素养
	家校协同（家校协同）	家长云课堂
AI助推教学智能化发展（课堂层面）	AI课程建设（课程建设）	课程标准
	AI教学资源（教学资源）	人工智能教育资源库
	智慧教与学（教师教学+学生学习）	教师智能教学能力
		学生智能素养
		AI辅助教学
		双师课堂
	智能评价（教学评价）	智能阅卷
		智能组卷
	智慧教研（教师教研）	智慧教研

第二篇

人工智能助推基础教育高质量发展的过程探索

- 第三章　人工智能助推基础教育课堂高质量改革
- 第四章　人工智能助推基础教育课程高质量规划
- 第五章　人工智能助推教师专业能力高质量提升
- 第六章　人工智能助推校长领导力高质量建构
- 第七章　人工智能助推教研队伍高质量建设
- 第八章　人工智能助推基础教育评价高质量发展
- 第九章　人工智能助推智慧教育教学新生态融合

第三章

人工智能助推基础教育课堂高质量改革

第一节 人工智能新技术及其教育应用

一、人工智能新技术概述

人工智能新技术泛指以 5G、大数据、虚拟现实技术等为代表的新兴信息科学技术，人工智能新技术已经成为推动教育变革与创新的重要力量。

5G 是 5th-generation mobile communication technology 的简称，是继 2G、3G、4G 之后的"第五代移动通信技术"，其官方命名是 IMT-2020。5G 并不是独立的、全新的无线接入技术，而是对 4G 技术的延伸和发展，具备了更高的频谱效率和承载量。5G 技术推动了创新型产业的不断发展。如果说 4G 技术完成了人与人的实时连接，那么 5G 则会让万物智能感知和互联。5G 作为下一代的移动通信网络，用一个字来形容，那就是"快"。5G 网络的理论下行速率为 10 Gbit/s（相当于下载速率 1.25 GB/s），快到完全没有"延时"的感觉。5G 具有更大的网络带宽、更快的传输速率和更友好的设备兼容性。"三个课堂"是"互联网＋"背景下我国探索促进信息技术与教育教学融合应用的重要举措，对推动教育公平、提升教育质量具有重要战略意义。"三个课堂"落地并发挥实效离不开新型信息技术的支撑，其中 5G 是重要的基础性技术。从技术角度来看，5G 具有的高速率、低延时、低消耗的特性有助于保障"三个课堂"高效应用：构建基于 5G 技术的"专递课堂"有助于解决传统课堂"传输速率低、画面不清晰、双向互动少"的问题，实现双向画面实时、高速、高清传播，为传送方和接收方创造优质的学习体验；开展基于 5G 技术的"名师课堂"有助于破解传统教研中"观课体验差、资源难获取"的难题，推动基于名师的教研共同体开展线上线下相融合、移动化、泛在化的教研活动，并提供可供选择的、个性化的教研资源，以此推动教师集群化发展和个性化发展；深化基于 5G 技术的"名校网络课堂"有助于解决"开放性低、覆盖面窄"的问题，推动校际在课堂教学、资源共享、师资共用等方面的深度合作，提升帮扶效益，促进学校集群化发展。

应用 VR/AR(VR 指虚拟现实,AR 指增强现实)技术构建虚实融合的学习环境,有助于解决传统教学中"看不见、进不去、摸不着、体会不到"的问题,为学习者创设沉浸式的学习体验,提高学习兴趣和学习积极性。胡翰林等提出了当前虚拟现实技术三种主要存在类型,具体见表 3-1。

表 3-1 虚拟现实作用于教学的具体类型

当前虚拟现实存在的类型	作用类型	融入方式	
		学科本位	项目融合
桌面式虚拟现实	独立式	获取单一学科知识	培养一般学科思维
完全沉浸式虚拟现实			
分布式虚拟现实	分布式	获取多元学科知识	培养复杂学科思维

其中,桌面式虚拟现实和完全沉浸式虚拟现实的教学应用有虚拟实验室,该技术在教育中的应用不仅能打破传统教学中时空等限制,还降低了师生进行实验操作带来的安全风险。课堂教学过程中借助虚拟现实技术能将学生难以理解的内容予以展示,化抽象表征为具体表征,让学生真切地感知知识的"存在"感,实现新旧知识间的同化。此外,虚拟现实技术的应用还能强化情景教学,促使学生形成更稳固、全面的认知结构,便于检索和记忆,有助于提高学业成绩。

教育大数据是教育过程中产生的,或根据教育需求而采集到的所有可用于促进教育发展的数据集合,而对教育数据进行挖掘与分析能为开展课堂的教与学提供思路和方法。通过采集师生教学行为大数据,自动诊断与分析课堂教学行为,为精准化教学落地提供支撑。付达杰等学者提出的基于大数据的精准教学模式,包含三大板块的内容,分别为精准化教学目标的建立、程序化教学过程框架设计和精准化教学评价与预测(图 3-1)。

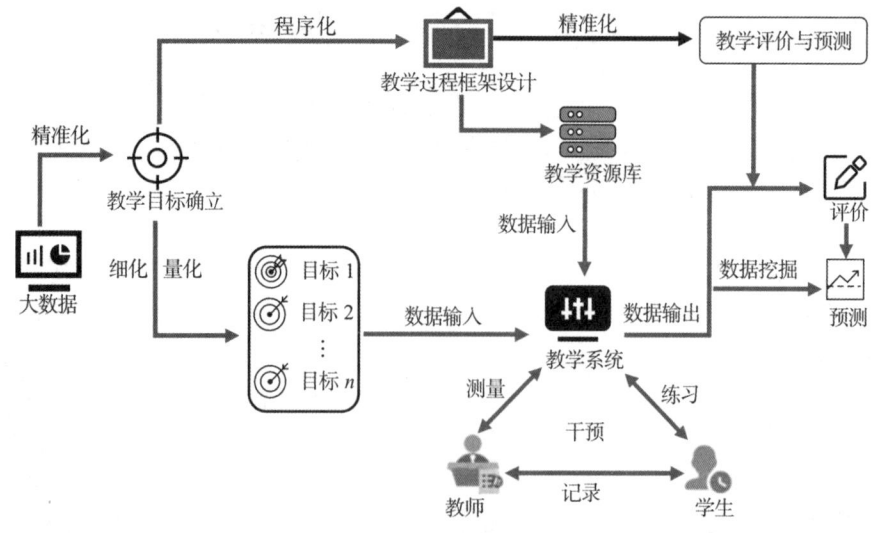

图 3-1 基于大数据的精准教学模式

信息技术赋能教育改革发展已成为不可逆转的历史潮流,在对传统课堂和现代化课堂进行差异性分析后,章继钢等学者提出,借助大数据技术构建学生成长信息化助力系统,清晰呈现每一位学生的成长"画像",方便教师进行更具针对性的干预和指导。大数据能及时从教育环境、学生行为、教师教学等维度快速收集数据,捕获各种教育因素的关系并建立关联规则,从而构建更具前瞻性与指导性的教学模式,不断优化教育教学过程。

《教育部办公厅关于开展人工智能助推教师队伍建设行动试点工作的通知》要求开展"教师智能助手应用行动"。助手核心功能包括智能推荐、学情分析、决策支持,可应用于学生自主学习、课后练习、教学预设、课堂教学、备课与教研、校园管理、教育治理等常见场景,有助于构建以学生学习为中心的新型教学模式,推进人机协同教学应用。人工智能教学助手目前有两种类型。

第一类为面向教学全过程的智能学习系统。智能学习系统基于学生的基础信息和学情信息,结合学科知识点的行业建模生成学科知识图谱,向学生智能推送相关的微课、试题、课件等学习资源。智能学习系统的应用流程如图3-2所示。

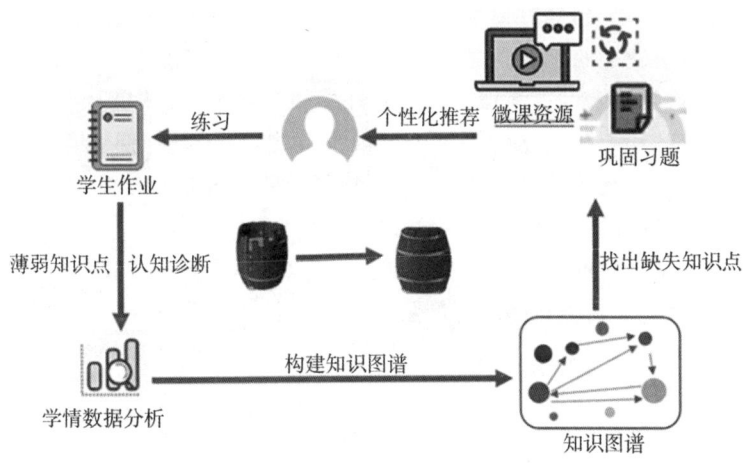

图3-2 智能学习系统的应用流程

第二类是面向某一类教学业务的智能代理。智能代理在网络教学和远程教学中基本上能胜任多重角色的任务。①充当协调员,能为学生提供合适的学习环境;②作为导师,通过交互和测试等方式帮助学生高效地自学;③充当学习顾问,能与学生进行情感交流,为学生的困惑提供建议,以排解学生的压力。智能代理融入教学充分发挥了以"教师为主导"和以"学生为主体"两种教学模式的优势,为教与学创造了新的结合形式。

在基础教育领域,教师通常要完成繁重的作业、试卷批阅工作,消耗大量的精力。应用智能测评工具替代教师批阅作业、试卷,一方面有助于减轻教师负担,能将教师从繁杂、重复的工作中解脱出来,更好地发挥教师育人的功能;另一方面能发挥智能工具快速分析、智能推荐的优势,助力个性化学习落地。目前,在基础教育领域,智能评测应用以语言类科目居多,应用智能测评工具实现对语言的自动测评,根据学生测评结果智能推荐学习资源与学习路径,助力个性化学习落地。梁迎丽等学者在十年前以语音评测方法和技术为支撑,构建了以语音评测为核心的英语口语智能导学系统(intelligent tutoring system,ITS)原型。其中以学生模型为核心,通过测评能客观地反映学生的知识技能水平,随后教学模型根据结果提供个性化的资源推送。实验验证该系统的语音评测信度与人工评分具有较高的一致性,而且对于提高学生口语水平效果显著。而陈桦等学者基于中国英语学习者语言数据库开发了中国学生英语自动评测系统。该系统充分发挥人工智能算法与人工专家应有的优势,极力为学生打造"母语式"英语交流氛围,从学习辅导、教学评测和教学场景等环节多方位地提升学生学习英语的效率,其中对学生个性化的指导也推动了个性化教育的进程。

二、人工智能教育应用

近年来,随着计算机技术和编程技术的不断进步,人工智能在教育领域取得了重大突破。智能导学系统(ITS)和自适应学习系统(adaptive learning system,ALS)的开发为个性化辅导和差异化教学的实施奠定了基础。智能教学代理(intelligent pedagogical agent)的出现促进了学习者的认知发展,有助于提高学习者的创新能力。智能答疑系统(intelligent question-answering system)的开发通过对学习者的个性化建模,消除了学习者的学习障碍。随着"互联网+"教育的发展,在线学习平台上的用户越来越多,数据量急速膨胀,通过机器学习、深度学习等技术可以模拟人脑的神经网络分析学习,不断优化学习路径,减少重复劳动,提供实时反馈,为智能分析和决策提供了可能。[①] 由此可见,人工智能在教育领域的应用,尤其在资源供给、差异教学、精准评价等方面呈现出新的教育形态,形成了智慧化、个性化、全面化的教育教学新环境。

人工智能教育应用的价值归宿是为教育主体赋能、为教育系统赋能。[②] 在人工智能的驱动下,教与学的过程呈现出新的教育产品和教育形态,主要体现在资源供给个性化与智能化、教师发展集群化与专业化、学生学习个性化与泛在化、教育评价精准化与多样化、教育治理数据化与科学化等五个方面。

(一)人工智能赋能资源供给个性化与智能化

近年来,我国教育信息化建设取得显著成效,在大数据、人工智能等数字技术的支撑下,教育信息化基础设施大幅改善,数字校园建设全面普及,信息化教学与管理应用渐成常态。在此背景下,持续增强教育资源供给能力,促进教育均衡发展成为新的发展趋势。2019年3月,李克强总理在政府工作报告中提出,要促进优质教育资源供给再升级,发展更加公平且更有力量的教育。2022年,广东省政府发布《关于印发2022年省十件民生实事分工方案的通知》,全力推进教育强省建设,通过新建、增设50万个公办学位加强优质教育资源供给,为广东经济高质量发展提供源源不断的人才支撑和智力支持。随着人工智能与教育的不断融合,教育资源公共服务体系日益完善,优质教育资源的开放共享持续深入,供给服务能力快

---

① 张海,崔宇路,余露瑶,等.人工智能视角下深度学习的研究热点与教育应用趋势——基于2006—2019年WOS数据库中20708篇文献的知识图谱分析[J].现代教育技术,2020,30(1):32-38.
② 权国龙,顾小清,汪静.人工智能教育应用的视觉交互"赋能"效应研究[J].开放教育研究,2021,27(4):111-120.

速提升,教师的信息技术应用能力显著增强。

1. 推动教学资源供给个性化

在互联网、大数据、人工智能等数字技术充分发挥支撑和赋能的作用下,优质数字化学习资源的建设百花齐放。截至2020年底,我国上线慕课课程数量增加至3.4万门,学习人数达5.4亿人次,"一师一优课,一课一名师"的"晒课"数量达到2012万堂。高校在线教学英文版国际平台"爱课程"和"学堂在线"入选联合国教科文组织(UNESCO)全球教育联盟,首批已上线500余门英文版课程。[①] 随着人工智能与教育教学的不断融合,教学资源的来源路径逐渐被拓宽,生态系统也持续优化,各类优质课程资源可以同时在课堂上呈现,促进了学校课程资源的共建共享。在科学技术的支撑下,学生选择、分析和使用教学资源的过程也被同步记录,在学习行为模型的智能分析平台上实现了对学生的情感识别、模型搭建、个性化资源推荐等,为个性化学习的实现提供了可能。[②]

人工智能技术能够对学生的学习状态与心理状态进行实时跟踪并实现动态成像,清晰呈现不同学生的特征,包括不同的知识基础、能力水平、认知方式、学习风格等。一方面,教师可以根据学生不同的发展需求,选择适当的课程资源,实现课程资源个性化推荐。另一方面,学生也可以根据自己的喜好与需求选择学习资源形式,实现课程个性化选择。根据学生学习行为大数据,教师能够了解学生对知识掌握的水平,对学生的认知度也更清晰,可以为学生定制专属的学习资源和计划,实现个性化学习。

2. 推动教学资源供给智能化

智能技术的出现颠覆了传统课堂教学,带来了教学过程数据化、评价反馈及时化、互动交流立体化、学习资源推送智能化;重构了现代教育学习环境,带来了教育体系的智能化。在人工智能时代,课程资源的形式是多元化的,包括纸质文本、视频、音频、Flash动画等。教师可以实时掌握学生的学习状态,根据教学需求选择不同的课程资源形式,智能推送学习资源。同时,教师和学生也可以参与资源的开发和选择,在线上实时交流,完成学习资源和工具的选择。

(二)人工智能赋能教师发展集群化与专业化

教师承担着传播知识、传播思想、传播真理的历史使命,肩负着塑造灵魂、塑造生命、塑造人的时代重任,是教育发展的第一资源,是国家富强、民族振兴、人民幸福的重要基石。党的十八大以来,以习近平同志为核心的党中央将教师队伍建设摆在突出位置,做出一系列重大决策部署。2018年,中共中央、国务院印发《关于全面深化新时代教师队伍建设改革的意见》,明确提出教师要主动适应信息化、人工智能等新技术变革,积极有效开展教育教学,主动提升综合素质、专业化水平和创新能力。[③] 2019年,教育部发布《关于实施全国中小学教

---

① 国家互联网信息办公室.国家互联网信息办公室发布《数字中国发展报告(2020年)》[EB/OL].(2021-07-03)[2022-7-1].http://www.gov.cn/xinwen/2021-07/03/content_5622668.htm.
② 范蔚,刘月.人工智能时代学校课程资源的发展进路[J].商丘师范学院学报,2019,35(10):83-86.
③ 中共中央 国务院关于全面深化新时代教师队伍建设改革的意见[N].人民日报,2018-02-01(1).

师信息技术应用能力提升工程2.0的意见》,提出打造信息化教学创新团队,充分利用人工智能等新技术成果助推教师教育,提升校长、教师面向未来教育发展进行教育教学创新的能力。① 为了深入推进人工智能等新技术与教师队伍建设的融合,推动教师主动适应信息化、人工智能等新技术变革,积极有效地开展教育教学,教育部前后启动了两批人工智能助推教师队伍建设试点工作,公布了55所高校试点单位,全力开展智能化教育环境的创建、教师技术素养与应用能力的提升、教师大数据的建设与应用、教育教学改革与创新等四项工作。

作为新技术的直接使用者和教学实施的主体,教师在人工智能赋能教育教学的形式和效果方面具有关键性作用。在人工智能、大数据、5G和"互联网+"等新技术的帮助下,教师逐渐从低效重复的教学工作中解放出来,开始了智能工具应用、智慧教师培训、智能教研管理、智能素养提升的四项转变,如利用增强现实(AR)与图书相结合的教材再现学习场景,让知识学习形象化、立体化、动态化;利用人工智能教学平台智能推送教师研修主题和精品示范课等数字学习资源;帮助教师建立用户画像,对教师行为特征进行客观表征、准确发现、动态预测等。这些转变让教师能够在智能环境下有效运用教学资源,实施教育教学活动,开展智能测评,实施精准培训,有利于教师及时纠正教学短板,针对性地进行教学反思,提升教学效率和教育质量,让教师成为教育创新的探索者和实践者。

1. 智能工具,助力教师开展课堂创新

在智慧校园的建设过程中,多媒体教室、PAD智慧教室、数字纸笔教室、VR/AR教室、创客教室等智能教室逐渐覆盖传统教室,机器人、VR/AR眼镜等3D互动工具也频繁地被学生使用,以大数据为基础,集5G、物联网等技术于一体的智能感知环境也同步落地,教学环境配套资源日趋丰富。针对不同类型的教学活动,教师需要选择适合的教学资源、教学工具、智慧课室以及教学支撑系统,有效地开展教与学的活动。

(1)基于课程图谱展开个性化学习

作为一名智能时代的教师,应当具备全面、系统地掌握和运用所从事学科课程图谱的能力,准确把握课程中每一个知识点(片段)所对应的内核问题/任务,并以此为线索建构方法与策略体系。② 对于不同类型的知识点(片段),能够选择适当的教学条件和教学资源,组织和开展教与学的活动。基于课程图谱,利用智能感知环境采集教与学的过程和结果数据,教师能够动态分析每一个学生的学习情况和自己的教学情况,形成教与学的分析报告,帮助学生个性化学习;且基于学习大数据,教师能够及时调控教与学活动,引导学生利用学习路网资源开展个性化学习。③

(2)结合智能工具创新教学模式

在智能虚拟仿真、3D互动体验等工具的辅助下,教师应能够积极利用项目式学习、问题式学习等教学方式,培养学生创新和实践能力,帮助学生在深度学习知识与技能的基础上,

---

① 中华人民共和国教育部.关于实施全国中小学教师信息技术应用能力提升工程2.0的意见[EB/OL].(2019-04-03)[2022-07-01].http://wap.moe.gov.cn/jyb_xwfb/s5147/201904/t20190403_376571.html.
② 钟绍春,钟卓,张琢.如何构建智慧课堂[J].电化教育研究,2020,10(41):15-21.
③ 钟绍春,钟卓,张琢.人工智能助推教师队伍建设途径与方法研究[J].中国电化教育,2021(6):60-68.

逐步提升创新思维和系统思维能力；应根据课堂教学问题的实际需要，以 AR、VR 和 MR（混合现实）技术为主，结合人工智能和"互联网＋"等技术，梳理出技术赋能课堂教学的有效方式。

(3) 运用大数据展开精准评价

教师应能够充分运用智能感知和大数据技术，建立教与学监测及调控体系。以大数据和人工智能技术为主，结合"互联网＋"、物联网、5G 等技术，建立智能感知环境，以课程图谱为依据，动态采集课堂教学情况大数据，实时分析教学状况，调控教学活动，帮助学生完成个性化学习活动，并为学生建立学习画像。

2. 智慧师训，促进教师专业发展

信息时代，教师专业发展要从育人能力需要、时代发展需要、技术进步需要、知识生产与进化需要等方面加以考虑[①]，引导教师积极主动适应和应用人工智能等信息化技术，提高信息技术能力，借助信息技术努力提升自身的专业知识和专业能力，才能满足社会、学校和学生对教师的期待。智慧师训是在以大数据、云计算、人工智能和"互联网＋"等为代表的新一代信息技术与教育教学深度融合的背景下，以新一代学习理论和教育理论为指导，为广大教师构建的具有自组织、自适应、自探索和自激励特征的培训环境生态体系。[②] 这种智能化的教师生态培训体系能够为教师提供智能学习资源和相关学习支持服务，支撑多层面教师发展共同体的形成，培养教师的核心素养，引导和促进教师向高素质、专业化和创新型的方向发展。

自组织模式促进教师共同体多元发展。在一定的条件下，人工智能平台能够通过培训机构、培训者、参训教师年龄、参训地区等条件对教师进行分类，并根据实际学习需求，智能化推荐学习环境、学习资源、智能服务和智能测评，引领教师形成共同体。在智慧师训生态系统的指导下，每个参训教师自主地加入不同的教师专业发展共同体，实现从浅层、低阶认知的个体学习走向深层、高阶认知的协同学习，促进教师共同体协同发展。

自适应模式提升培训资源的利用效率。自适应学习（self-adaptive learning）可以为学习者提供个性化学习方案与资源，并适时给予学习反馈与学习支持。通过分析教师的实际教学需求，人工智能技术能够为教师提供多元资源工具，向其智能推送研修主题和精品示范课等数字学习资源，并且为资源设计具体、细化的指导单元，如课前阅读、指导任务等，使培训具有较好的适切性，真正实现因材施教，促进教师共同体个性化发展。

自探索模式提升创新素养的培养效率。自探索机制是一种自学习机制，学习者通过对日常工作学习的自我总结反思，发现问题、解决问题，提升自身高阶思维能力，进而增加找到最优解的概率。通过人工智能等技术打造多元融合的智能学习环境，引导参训教师进入真实或虚拟情境，以问题策动引导其思考复杂问题、分析构建个人新观点、表达自身主张、解决问题。

---

① 曾海，洪亚楠，邱崇光，等.由"个体"到"协同"探索与构建混合式研修"广州模式"新生态[M].北京：北京师范大学出版社，2018.

② 曾海，李娇儿，邱崇光.智慧师训——基于新一代信息技术的教师专业发展新生态[J].中国电化教育，2019(12)：116-122.

自激励模式提升过程测评系统的评价效率。在智慧师训生态中,基于大数据等新技术为参训教师建立个人培训电子档案,收集和记录参训教师培训数据,形成参训教师个人成长数据档案,为教师提供个性化学习建议。同时,通过同质群体分析,将参训教师与区域内其他同年龄、教龄、学科、学段、学历、职称等条件的教师进行排名比较,激发参训教师的学习积极性,促进教师共同体专业发展。

3. 精准教研,提升教师教育研究能力

教研是教师或研究者在一定的理论支持下探究教学过程、解释教学现象,以及解决教学问题的活动。[①] 随着智能工具采集的教育大数据持续累积,教与学的过程、结果和深度都呈现出数据化和可视化的趋势。在大数据的支持下,教师教研也逐渐走向精准化、个性化。

分析和采集教师课堂教学数据。在智能教学环境中,录播系统、可穿戴设备、平板等都可以高效地获取教学数据,这些数据包含外显数据(书写、举手、皱眉等)和内隐信号(眼动、心电、脑电等),均可以反映教学主体的特征及所处的教学情境。通过采集和分析教师课堂教学行为的数据,可以评估教师的课堂教学能力,诊断教师课堂教学特点或风格,检测教师课堂教学习惯和缺陷,为提升教师专业教学技能提供证据支撑。

诊断教师教与学的发展需求。不同类别的行为数据蕴含着不同的教学意义,教师在课堂教学中产生的非言语外显行为数据蕴含着教师的教学能力和行为习惯。通过数据挖掘形成教学数据分析报告,以简要直观的方式聚焦分析结果,发掘教师在课堂教学中存在的问题,诊断并评估教师的课堂教学表现,总结教学规律,为教师提供个性化的课堂教学改进策略。

促进教师认知与发展。通过采集教师的动态数据,形成教师画像,能够对教师行为特征进行客观表征、准确发现、动态预测,有助于教师开展自我诊断和评价。通过参照优秀教师的画像,对比自身不足,了解自身的角色定位,制定专业发展规划,督促和引导教师不断提升自我。同时,也有利于教育决策者对教研活动的循证管理和监控。

(三)人工智能赋能学生学习个性化与泛在化

随着大数据、物联网、VR/AR/MR、区块链等技术的迅猛发展,人工智能以多种形式为教育教学提供个性化和精准化服务,引发了教育领域系统变革。2017年,国务院印发的《新一代人工智能发展规划》指出,要"利用智能技术加快推动人才培养模式、教学方法改革,构建包含智能学习、交互式学习的新型教育体系"。[②] 2018年4月,教育部印发《教育信息化2.0行动计划》,强调要依托各类智能设备及网络,积极开展智慧教育创新,推动教育理念与模式、教学内容与方法的改革创新。[③] 在此背景下,探索人工智能视域下的教育教学新模式,培养具有创新能力和科学素养的高阶人才成为人工智能赋能教育发展的重点。

---

① 胡军哲.让教研成为一线教师生存常态[J].中国教育学刊,2010(3):58-60.
② 中华人民共和国中央人民政府.国务院印发《新一代人工智能发展规划》[EB/OL].(2017-07-20)[2022-07-01].http://www.gov.cn/xinwen/2017/07/20/content_5212064.htm.
③ 中华人民共和国教育部.关于印发《教育信息化2.0行动计划》的通知[EB/OL].(2018-04-18)[2022-07-01].http://www.moe.gov.cn/srcsite/A16/s3342/201804/t20180425_334188.html.

在人工智能技术的支持下,教与学的方式不断改变创新,呈现出精准化、个性化、泛在化的发展趋势。学习环境开始从工具性辅助逐渐向智能性检测转变,不仅能够为学习者提供效果逼真、形象丰富的教学情境,还能实时监测学习状态、评估学习性能、智能推送学习内容、提供学习支持等。学习内容也呈现出多元化、个性化的趋势,学生知识的来源不再局限于教材和课本中,基于智慧云平台上的教学资源能够根据学生的不同性格特征、学习进度智能推送学习资源。在大数据的智能分析和检测下,学生的学习过程向着精准化、个性化、泛在化的方向高质量发展。

1. 学习过程精准化

在教与学的过程中,学生的学习进度、学习状态等行为能够以数据的形式呈现出来,并结合课堂行为数据(表情、动作等),精细化地监控和分析学生的学习情况,并做出相对应的干预。如科大讯飞的人工智能助手,就实现了各类学情数据和教师教学数据的打通、汇聚、规整与分析,让教师不仅能够全面掌握学生个人的学情信息,还能够全面掌握全班学生的学情分布状况。在此基础上,人工智能助手根据学生的学习目标、学习风格、学习习惯以及对知识点的掌握情况,通过用户画像、资源画像及构建知识图谱,实现学习资源的个性化推荐和教学过程的精准化干预。

2. 学习过程个性化

个性化学习是一种综合考虑学生特点和学习环境因素,以促进学生发挥潜能、发现学生个性特征为目的的学习理念,通过对最新技术的学术水平和发展潜力的跟踪,设计和推荐最适合学生学习需求的方法、途径和资源。① 人工智能技术为个性化学习的实现提供了可能,借助模式识别、自然语言理解、深度学习和机器学习等技术,教师可以通过数据来分析学生在学习上的优势和劣势,从而有针对性地提出解决方案,以满足学生的个性化学习需求,让其全面发展。②

人工智能技术促进学生个性化学习体现在以下几个方面:第一,通过建立、模拟人脑在学习过程中解决问题的逻辑构建学习路径,实现学习情境和学习资源的智能推送,满足不同个性化的学习需求。③ 如在地理教学中,可以根据学生的知识水平、认知状态、学习偏好等为学生个性化地提供高沉浸、高交互、高构想的有关太阳系、银河系等的内容,体验季节交替和行星旋转,或通过语音讲解、智能答疑等方式进行交互学习。在特殊教育中,学生由于自身的生理缺陷无法获得相应的学习信息,可基于人体感官补偿机制,借助人工智能技术转换学习信息的承载媒介或方式,延伸特殊人群器官的功能,弥补其智力或身体的不足,满足其自身的个性化学习需求,进而达到相应的学习目标。第二,基于知识图谱构建个性化的学习模型,为学生创设自我规划、自我监控与自我反馈的个性化学习情境,帮助学生高效地完成知识建构,并通过可视化方式解决学习过程中的监控、评价和反馈的问题,优化决策、提升体

---

① 陆慧英,承孝敏.人工智能技术支持的个性化学习路径研究[J].科技风,2022(3):117-120.
② 唐雯谦,覃成海,向艳,等.智慧教育与个性化学习理论与实践研究[J].中国电化教育,2021(5):124-137.
③ 郭炯,郝建江.人工智能环境下的学习发生机制[J].现代远程教育研究,2019,31(5):32-38.

验,从而有效促进个性化学习。① 在知识图谱的支持下,学生在目标设定、路径选择、资源选择、知识建构、监控评价、反馈调节等学习过程环节中发挥个人感知、决策判断与修正等主体作用,积极主导并完成学习活动。

3. 学习过程泛在化

泛在学习是指学习者不受时空、形式和途径的限制进行学习,即在任何时间、任何地点,用任何设备、以任何方式来学习,享受无处不在的学习服务。② 随着人工智能的普及,卫生机构、社会文化机构等公共场所逐步开放了人工智能体验设施,网络应用平台也为大众提供了无人驾驶、智能家居、深度学习等体验内容,学生开展智能化学习的场所不再局限于教室,逐渐延伸至公共领域。如福建省图书馆展示的3D立体绘画、悬浮迷宫、创客无人机、智能机器人等创新科技产品,为游客提供了体验式学习的空间。这些智能体验设施所带来的强交互性和高仿真性,提高了学生的积极性与投入度,使学习更为沉浸。此外,百度、科大讯飞等科技企业打造的AI教育平台也为学习者开展智能学习提供了基础和保障,让他们能够随时随地进行自主的、个性化的、持续的学习。

(四)人工智能赋能教育评价精准化与多样化

教育评价是教育活动中至关重要的一部分,是教育活动的"指挥棒",直接影响着教育活动的开展。当前教育评价改革在我国受到了前所未有的重视。2020年10月,中共中央、国务院印发的《深化新时代教育评价改革总体方案》提出,要充分利用信息技术,提高教育评价的科学性、专业性、客观性。③ 随着人工智能等新一代信息技术的快速发展,大数据、神经网络等智能分析技术在教育评价领域的应用,教育评价的技术逐渐精细化、快速化,教育评价的手段也逐渐科学化、全面化,为构建科学合理、符合时代新要求的教育评价体系和实现个性化教育提供了技术条件。

1. 教育评价手段智能化

纸笔测验是传统教育评价中最主要的测评形式,常见于教育教学中的总结性评价阶段。这种测评形式易于操作,且较为高效,能够以较低成本在短时间内检测学生是否达到学习目标,因此被大量应用。但纸笔测验存在许多弊端,由于其考查的内容较为单一,只能对某一类知识和技能进行评估,且考查题目的数量有限,无法检测学生在真实情境中的问题解决、协作发展等高阶思维能力,对于学生在学习过程中产生的问题也无法及时评估和干预。因此,在计算机技术与人工智能工具的辅助下,教育评价亟须走向智能化,在考查内容方面,需要针对学生的学习情况动态地生成与学生能力相匹配的题目,更准确地测试学生的能力和知识状态水平。在考查能力方面,需要实现对学生复杂能力的评估。同时,在学生学习过程

---

① 刘凤娟,赵蔚,姜强,等.基于知识图谱的个性化学习模型与支持机制研究[J].中国电化教育,2022(5):75-81,90.
② 原昉,乜勇.智能时代泛在学习的基础和教学支持服务研究[J].现代教育技术,2019,29(5):26-32.
③ 中华人民共和国中央人民政府.中共中央 国务院印发《深化新时代教育评价改革总体方案》[EB/OL].(2020-10-13)[2022-07-01].http://www.gov.cn/zhengce/2020-10/13/content_5551032.htm.

中还应分析与追踪教与学的数据,对学生的能力进行实时诊断和趋势预测,以便教师进行准确的教学干预。

近年来,随着人工智能的飞速发展,大量学者在计算机技术的辅助下,探索了智能测评的新手段。在技术发展的领域,自适应测验(computerized adaptive testing,CAT)的出现大大提高了测评的精度,缩短了测评的时间,通过使用机器学习模型对测试数据进行实时分析,实现了智能化选择测验题目、自动评分、自动诊断。[①] 贝叶斯知识追踪技术的发展对学生动态知识水平的评价上升到新高度,通过对学生学习过程的建模,能够动态分析学生在学习过程中能力的变化,为教学提供更有价值的信息。[②] 同时,不少学者也利用计算机技术进行了智能化评价的新尝试,开发了一个基于人工神经网络的在线学习系统,能够根据学生的在线学习行为数据来预测其学业表现;在编程教学过程中,使用学习者的眼动数据对学生的编程能力进行实时诊断,通过分析在教学互动中学生编程能力的变化,对教师教学的有效性与学生的掌握情况进行系统评估。由此可见,智能化测评技术能够对学生的学习状态、高阶学习能力进行精准化和动态性的评估,促进教育评价朝着便捷、精准的方向发展。

2. 教育评价标准多样化

受传统评价目标的影响,教育评价比较重视量化考核以及结果评价,只关注学生的学习成绩,忽视教育中的过程性评价;忽视学生的应用能力、社交沟通能力和情感发展能力,缺乏形成性与增值性评价,导致教育评价的维度较为单一,评价的内容较为片面。大多数教师在教学中也只注重评价的检查和监督作用,忽视了评价的发展功能,评价指标过于抽象,操作性差,评价者对教学情况的判断模糊,使评价缺乏真实量化数据支持,主观性较强,导致评价结果的准确性不高。

因此,人工智能视域下的教育评价标准,应突出评价指标体系的多元化,不仅关注学生认知维度的学科知识和能力,而且重点考查学生的问题解决能力、创新能力、社会责任感等非认知品质,促进学生德智体美劳全面发展。同时,教育评价还应突出评价标准个性化。根据评价对象、评价目的、评价内容的不同,设计针对性强、专业性强的教育评价标准。如基础教育领域中的学生学科素养评价依据学科核心素养,结合多元智能和人工智能等理论观点和技术原理,既覆盖学科素养的考查,也覆盖多元智能及创新能力等维度的考查。同时根据评价的目的和侧重点不同,设置科学合理的指标项权重,兼顾指标内容的针对性及在智慧教育系统中对应的大数据采集的可行性。

3. 教育评价主体多元化

教育评价主体是教育评价的实施者和组织者,包括教育决策者、教育活动的主体(教师和学生)、教育评价的使用者等。在传统教育评价中,由于时空因素和技术因素限制,教育行政管理者、教育督导、学校以及家长等利益相关者无法全员参与教育评价。教师和学生只能

[①] 张华华,汪文义."互联网+"测评:自适应学习之路[J].江西师范大学学报(自然科学版),2016,40(5):441-455.

[②] 唐小娟,丁树良,俞宗火.计算机化自适应测验在认知诊断中的应用[J].心理科学进展,2012,20(4):616-626.

按照教材、教学大纲循规蹈矩地完成教学,失去了教学和评价创新的主观能动性。同时,教育评价的行政化色彩浓厚,教育决策者对于教育评价有绝对的话语权,导致教育评价缺乏全面性、公平性、客观性,评价结果失之偏颇。

人工智能技术视域下的教育评价,为各个评价主体提供虚拟开放的评价空间、人人平等的评价思维和数据互通的教育评价平台。在虚拟开放的评价空间里,智慧教室、录播教室、在线学习系统都可以采集教育活动大数据,教育决策者、教学活动的使用者均可以平等共享这些数据,让各个评价主体能充分发挥各自的主观能动性,平等参与教育评价。在评价过程中,评价者遵照"民主、开放、平等"的互联网思维,支持多元主体以网络等多种形式参与协商对话,强调评价主体客体化与评价客体主体化的角色互换,凸显教师和学生在教育活动中的主体地位。同时,各个主体通过网络渠道合理表达多元化的发展需要和价值诉求,并在平等交流协商的基础上,达成评价标准和评价目标的共识,削弱单一评价主体的绝对权威,保证教育评价的公正性和合理性。

(五)人工智能赋能教育治理数据化与科学化

随着人工智能与教育领域的不断融合,将人工智能作为治理工具的应用实践引起了广泛关注,教育数据的大量积累,为优化教育资源、开展服务管理提供了基础。2017年,国务院发布的《新一代人工智能发展规划》提出,要促进人工智能技术应用,推动社会治理现代化。① 2019年,中共中央、国务院印发的《中国教育现代化2035》提出,要推进教育治理方式变革,加快形成现代化的教育管理与监测体系,推进管理精准化和决策科学化。② 由此可见,人工智能技术的不断成熟和广泛应用为教育治理现代化带来了新的机遇和挑战,通过对学习过程和学习行为的量化分析,能够有效提升教育治理质量与效能,推进教育治理体系和治理能力现代化,提升教育治理智能化和科学化水平。

1. 推动教育管理智能化

教育治理是指国家机关、社会组织、利益群体和公民个体等通过一定的制度安排进行合作互动,共同管理教育公共事务的过程。③ 在人工智能视域下,各级政府、学校机构、社会组织及企业等多元主体以不同的角色定位发挥着各自的作用,存在不同的利益诉求和视野局限。教育治理过程中要做好资源分配的工作,充分发挥大数据、云计算、人工智能等新技术的优势,整合有关教育管理、决策、服务的数据,加强教育管理系统的数据应用能力,提升教育管理信息化水平。

在教育管理过程中,教育数据极为丰富,利用数据挖掘和预测分析对海量数据信息进行有效整合,用数字诠释教育现象,准确诊断教育治理中存在的问题,可有针对性地提出变革措施与创新机制,构建现代化教育治理体系,提升治理能力。如高校在教学管理、科研管理、

---

① 中华人民共和国中央人民政府. 国务院印发《新一代人工智能发展规划》[EB/OL].(2017-07-20)[2022-07-01].http://www.gov.cn/xinwen/2017-07/20/content_5212064.htm.

② 中华人民共和国中央人民政府. 国务院印发《中国教育现代化2035》[EB/OL].(2019-02-23)[2022-07-01].http://www.gov.cn/zhengce/2019-02/23/content_5367987.htm.

③ 许晓东,彭娟,芮跃锋,等.基于大数据的公共价值决策模式研究[J].管理科学,2020(1):33-39.

后勤管理、行政管理等诸多方面均可产生大量的数据流,通过人脸识别、图像识别、智能传感等智能技术,能够将这些关键数据有效整理与归类,促进财务、人事、科研、后勤等各职能部门智能化运转。部分高校在新技术的辅助下引入智慧财务开展创新,通过整合财务职能,将申请、审批等环节通过在线的形式进行,简化了报账流程,优化了财务运转模式,为管理人员和申请人员带来了便利。由此可见,借助人工智能技术能够实现对海量教育数据的精准挖掘与系统化分析,准确诊断教育治理中存在的问题,针对性地提出变革措施与创新机制,构建现代化教育治理体系,提升治理能力。

2. 推动教育决策科学化

教育决策是指为实现预定的教育目标,采用科学的理论和方法,从多种预选方案中选择一个最佳行动方案或就一种方案做出决定。[①] 在教育治理的过程中,为了实现科学决策,需要利用人工智能技术提升信息采集的全面性和准确性,对数据信息进行科学分析与归纳,利用算法优化决策流程,促进教育决策落地。

基于人工智能技术,学校可在编辑、整合、量化、分析各部门数据方面实现智慧化操作,动态抓取教师、学生、管理人员的实际需求,实现数据信息的智能分类与归纳,从教务管理、本科教学监测、研究生教育管理、校园安全防护等方面的实情出发,解决决策过程科学化的问题。通过校园数据的打通、汇聚与交换,形成学生、班级、学校多级数据体系,创建校园场景仓库,创建分析、度量、诊断、预测等各类模型,生成可视化分析图,为学校管理者提供基于数据与模型的决策建议,以实现数据驱动的管理过程的科学化。

第二节 人工智能促进课堂教学模式创新与实践

一、研究背景与分析框架

(一)研究背景

随着人工智能技术的发展与应用,在教与学的过程中,教师逐渐从低效重复的教学工作中解放出来,借助人工智能的工具与技术开展批改作业、自动答疑等,从而提升教学效率和教学质量。

人工智能作为辅助教学的工具与手段,虽然扮演教师的角色,但并没有改变教学本身的结构,只在机器学习、模式识别、自然语言理解等方面为学生创造了学习、评价与反馈的环境,实现了对认知过程的追踪和评估,替代教师完成重复性的指导与反馈任务。例如,模式识别通过建立数据常态化采集的模型,实现自动批改、实时互动的智慧课堂教学体系;机器学习的算法和预测模型,可建立以教师为基准的评价体系;智能导学系统能提供多样化导学

---

① 何文萱,柯政.教育政策仿真:推进教育决策科学化的方法基础[J/OL].现代远程教育研究,2022(4):65-72,90.

方式,给予学生个性化的指导。

不同领域的研究者从不同角度研究了人工智能技术在课堂实践、教师协作、学生支持等方面的应用,并取得了丰富的研究成果,开发了各类人工智能教学应用工具,如自动命题和批阅作业、学习问题诊断与教育决策、身心健康检测与综合素质评价、个性化指导与生涯规划等,并在教学中进行了大量实践。

此外,还出现了智能机器人替代教师答疑。美国佐治亚州理工大学艾休克·戈尔(Ashock Goel)教授尝试用聊天机器人作为助教,回答慕课中学生的课程提问。这位基于IBM沃森技术的聊天机器人名叫吉尔·沃特森(Jill Watson),它回答问题的能力惊人,能快速及时地反馈学生的疑问,在5个月的课程学习期间,甚至学生都没有注意到这位助教老师是个人工智能机器人。

(二)分析框架

Ruben认为技术在教学中可发挥四方面的作用,分别是代替、增强、革新与重塑,并据此提出技术应用的SAMR模型。[①] 其中S(substitution)意为代替,指信息技术作为一种新型工具代替传统工具,但在功能上并未发生实质性的变化。例如,文字处理软件代替机械打字机。A(augmentation)意为增强,表示技术不仅作为代替工具,而且在功能上得到了增强。例如,打字软件中的剪切、粘贴、拼写检查等功能相对于传统文字编辑具有了极大的提升。M(modification)意为革新,表示技术支持对重大任务进行创新设计。例如,在打字软件中整合邮箱、表格、绘图包以支持新的任务。R(redefinition)意为重塑,表示技术支持创造全新任务。例如,在文字处理软件中加入群组和内容管理软件创造全新的任务。基于SAMR模型,我们认为可从"替代"与"赋能"两个维度分析技术在教学中的应用,其中"替代"(涵盖代替与增强)代表智能技术替代教师教学,革新传统教学方式,实现教学的自动化与智能化;"赋能"(涵盖革新与重塑)代表智能技术赋能教师教学,推动教学的精准化与个性化。

二、人工智能代替教师:提质增效助力高效教学

人工智能代替教师,将教师从低效重复的教学工作中解放出来,从而提升教学效率和教育质量。在教学过程中,人类教师无须参与,由人工智能助教系统独立处理,如智能测评、批改作业、自动答疑等重复性体力劳动,重塑了学生的学习体验,实现优质教育资源共享。

(一)智能纸笔推动提升教学质量与效率

在传统课堂中,教师的板书及学生的笔记都有大小和容量的限制,教学测验和练习也无法及时反馈教学效果,给教学带来了极大的不便。借助智能纸笔"实时记录"和"动态监控"技术,新型纸笔进入课堂,以无线蓝牙互动AP(access point)为核心,组成了"数据常态化无感采集、测验自动批改、实时互动"的智慧课堂教学新体系,满足日常教师教学的监督及学生学习的自查。

[①] http://hippasus.com/resources/tte/puentedura_tte.pdf.

智能纸笔保留传统课堂纸笔书写的形式,通过课堂互动、课后作业、常规测验等教学环节的全覆盖,快速完成学情检测和针对性反馈,精准讲评,多样化互动,促进全体学生参与,提升课堂效率,还原学生答题思路,及时点评纠错。加上 AI 录播系统记录下的典型课堂教学片段,自动生成课堂教学分析报告,实现远程精准教学优质资源共享。

2021 年 7 月 24 日,国务院推出了"双减"政策,直面当前义务教育中学生学业负担过重的痛点,提出减轻学生作业负担和校外培训负担。"双减"的本质在于提质增效,在智能化时代背景下,充分利用智能技术优势,对标"双减"要求对传统课堂教学进行革新,有效组织课堂教与学路径,创新重构课堂教学活动,优化课堂教学组织结构,促进教师高效教学与学生有效学习,减轻学生学业负担,使课堂教学回归育人本质,促进学生全面发展。而智能纸笔推动课堂高效教学、学生高效练习,向有限的时间要效率,是对传统课堂教学的突破和创新。

(二)智能测评系统实现精准化的教与个性化的学

在传统教学评价中,每逢考试,教师总面临改卷量大、工作时间过长、重复性工作多等困难。借助机器学习的算法和预测模型,可建立以教师的评价标准为基准、计算机程序点评文本内容的评价体系,不仅可以大大缩短改卷的时间,更具有客观性高、成本低的特点,大大提升教学评价的效率。

智学网是一个提供针对性教与学服务的智能化分析平台,为用户提供更加简单易用的系统操作和全面完善的资源服务,平台功能包括人工智能的过程化教学大数据采集分析、知识图谱的个性化学习分析和推荐、以学生为中心的教育评价,为用户提供了大数据标注题库、教与学综合提升以及优质的多媒体学习资源。智学网的解决方案如图 3-3 所示。

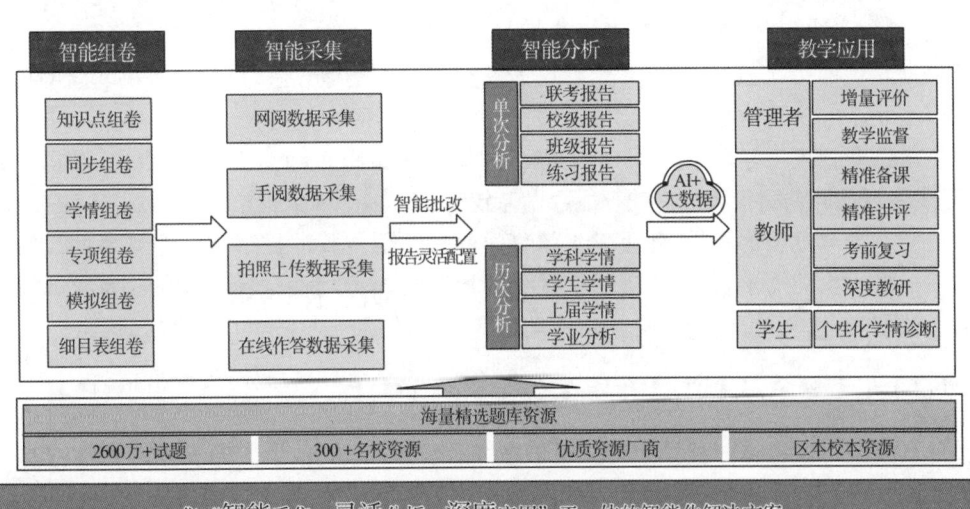

图 3-3　科大讯飞的智学网解决方案

1. 机器学习算法支持精准化的评价反馈

(1)建立语言特征编码和预测模型,实现文本智能测评

对学生的文本写作进行测评的主要目的在于衡量学生的写作水平、写作内容,为进一步指导提供依据。以教师的评价标准为基准,借助计算机程序自动对文本内容进行评价,相比传统的人工评价,具有客观性高、效率高、成本低等特点。

做好文本智能测评首先需要明确学生的写作特征,利用自然语言理解技术对学生的语言词汇、句法、语篇等语言特征进行编码,对语言属性进行建模。然后利用这些特征在两个数据集上分别建立预测模型,并对最具预测能力的特征进行比较。最后根据预测模型评价学生的写作能力,并进行针对性指导。

(2)利用数据驱动,为学生提供个性化提示

数据驱动方法将对学生的辅导决策建立在已有学生的数据分析基础上,而不是由专家建立的知识库。机器学习算法系统能够自动捕捉学生的行为数据,了解学生的知识掌握程度,按需自动产生提示,从而给予个性化的辅导决策,降低学生的学习难度,缩短学生完成辅导课程所用的时间,从而提高学习效率。

2. 智能导学系统助力个性化学习

(1)提供多样化智能导学方式,开展学习指导与监控

受计算机硬件处理速度和人工智能技术进步的影响,智能导学系统的功能在不断完善。为了帮助学生在学习过程中认识自身思维存在的问题,智能导学系统能够通过学生已有的图形与文字描述,不断给出阶段性的提示,帮助学生注意到所面对问题的关键点,鼓励他们直面并抓住关键的学科思想。

(2)根据学生个体特征,支持差异化学习

根据学生的个人偏好,智能导学系统能够使用模型跟踪方法,将学生解决问题的行为和认知模型联系起来,以提供个性化的反馈。

美国伍斯特理工学院的 ASSISTments 智能导学系统自 2005 年创建以来,获得了迅速发展,成为目前影响力很大的一款智能导学系统,在 20 多个国家被广泛使用。ASSISTments 平台强调对学习过程的指导,侧重学生解决问题时解题步骤的提示和解题结果的反馈。它一方面根据学生的需求,为学生提供个性化的指导;另一方面根据诊断报告,为教师提供及时的反馈信息,实现精准教学,进一步推动教育质量的提升。

(三)自适应学习系统提升学生的自我调节能力

自适应学习系统是一种基于计算机的在线教育系统,根据学生的表现调整学习材料的呈现方式和内容。简单来说,就是学习系统根据学生的表现,适应学生的发展水平和个性化的学习过程。例如,如果一个学生英文课学得很好,系统就会了解到这个特定学生的发展模式,从而进一步开发这个学生的潜力。目前的自适应学习系统更多的是采用人工智能技术判断学生是否需要帮助,而不是让学生自己判断并决策是否需要帮助。

Knewton 是一个自适应学习平台,由美国纽约的一家自适应技术公司 Knewton 创建,公司的核心业务是教育领域的数据分析。Knewton 平台集数据科学、统计学、心理测量、内

容绘图及学习、标记和基础架构于一身,旨在最大限度地实现个性化。除了高度的自适应性,Knewton 平台还能够为教师和学生提供概念层面的分析、精准的学生掌握程度测量、内容效度测量、学习投入优化等。Knewton 的自适应以其科学的严密性和范围的大规模化而著称。利用先进的数据科学和机器学习技术,Knewton 平台能够时时分析每一个学生的优点、缺点以及学习行为习惯。

Knewton 认为自适应学习意味着系统是持续性地自适应,系统对每一位学生的学习表现和活动能够及时给予反馈,并且在正确的时候基于正确的内容提供正确的学习指导来使学生获得学习效益最大化。基于完成的给定活动,Knewton 将引导学生进入下一个活动。例如,当一个学生被一系列个人问题困扰时,Knewton 能够发现与这些问题相关的概念中学生的薄弱之处,并推送相应的内容以加强学生对这些概念的学习。这样,持续自适应的 Knewton 就能在任何时刻为每一位学生做出个性化的学习进度安排。图 3-4 所示为 Knewton 自适应学习平台核心技术的组织架构。

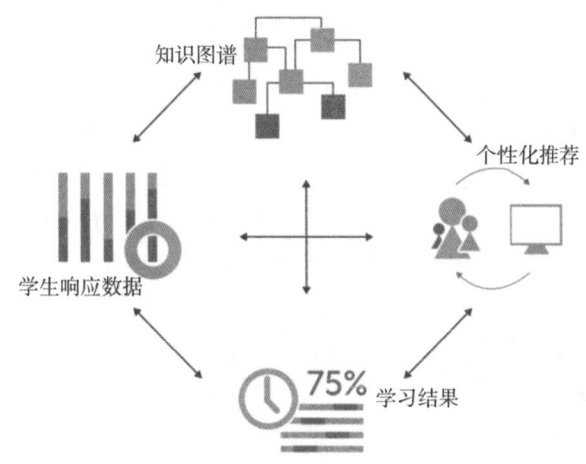

图 3-4　Knewton 自适应学习平台核心技术的组织架构

Knewton 通过知识图谱来定位学生困难模型,其具有可扩展、可伸缩、可测量等特性,而知识图谱的构建是通过自适应本体来实现的。通过将知识图谱与学生心理测试数据相结合,Knewton 能够为学生提供适应性的内容推荐。

学生响应数据。根据学生的答题情况,给予结果反馈,调整学习进度,继续呈现试题让学生进行作答响应。

个性化推荐。根据先前完成的作业,学生将获得个性化的作业序列集推荐,同时作业序列集还能基于学生的活动进展情况进行实时更新和适应。

学习结果。学生能够拥有持续更新的学习档案,档案包含学生所知道的内容以及如何学得更好的信息。随着学生使用平台的时间变长,档案袋将会变得越来越智能。

为了实现持续的自适应,Knewton 采集概念层面的专业化数据。专业化数据不像测试分数或者学习实践这样的表层观察数据,采集学生的测试或者作业成绩数据往往不会考虑学习材料本身的难度,不会考虑与测试或作业相关的其他概念,更不会考虑学生对相似内容的先前学习经验。而一个专业化的模型不仅能评估学生做了什么,还能在概念层面分析学生掌握了什么。专业化的数据能够展示学生为下一步学习或评估所做的准备以及评估他们的能力是如何随时间变化的。因此,在持续的自适应方面,Knewton 还采用了空间强化(分布式强化)、记忆力和学习曲线、学生学习档案、跨越学科和年级的自适应、项目反应理论(IRT)等,使得差异化学习的自动化进程变得可能。

三、人工智能赋能教师:深度赋能助推教学创新

人工智能赋能教师是在人机协同背景下,利用人工智能提供的学习障碍诊断与及时反馈、问题解决能力测评、心理素质测评与改进、元认知支持等功能,为学生设计个性化学习路径、创设沉浸式体验学习场景、提供智能代理、推送学习资源等,并帮助教师精准了解学生的学习进度、学习效果等,从而进行教学决策。人工智能赋能教师实现了教学功能上的扩增,提升了学业成就与学习动机,凸显了个性化培养优势。

(一)AI 双师课堂推动更加公平、更有质量的教育

2018 年,余胜泉提出面对人工智能挑战,未来的教育将进入教师与人工智能协作共存的时代,教师与人工智能将发挥各自的优势,协同实现个性化的教育、包容的教育、公平的教育与终身的教育,促进学生的全面发展。① UNESCO 在 2019 年发布了《教育中的人工智能:可持续发展的机遇和挑战》研究报告,报告系统提出了人工智能作为虚拟教学助理,开展人机协同教学,实施"双师课堂"的融合策略,有助于提供公平和包容的教育机会,促进个性化学习,提升学习质量。②

AI 双师课堂指人工智能教育机器人和教师共同在课堂中承担教学工作,是一种由人工智能教育机器人承担教师的部分教学任务,并提供个性化学习服务的新型课堂模式。③ AI 双师课堂充分利用机器学习、语音识别、知识图谱、自然语言处理、人机交互等技术,来优化学生的学习策略,为异步协作学习的有效开展提供强有力支持。对学习过程进行有效监控,能够为教师提供学生的过程性信息与多模态数据,为学生提供个性化的学习支持,推动更加公平、更有质量的教育。

汪时冲等人基于人工智能教育机器人的应用场景,分析人工智能关键技术对教育机器人的支持,提出了电子白板和平板环境下的人工智能教育机器人支持的新型"双师课堂"。人工智能教育机器人支持下的新型"双师课堂"数据交互模型(图 3-5)所示,在进行学生分析时,教师根据教育机器人提供的学情数据对班级的学生做整体的了解,并对学生进行分层。人工智能教育机器人会为学生推送不同的学习资源,通过学生的智能移动终端呈现给学生,教师根据知识点以及学生的分类情况,为每类学生选择不同的资源;学生在智能移动终端上产生的数据传输到人工智能教育机器人中,人工智能教育机器人再为教师实时反馈。

---

① 余胜泉.人机协作:人工智能时代教师角色与思维的转变[J].中小学数字化教学,2018(3):24-26.
② PEDRÓ F, SUBOSA M, RIVAS A, et al. Artificial intelligence in education: challenges and opportunities for sustainable development[R].UNESCO,2019.
③ 汪时冲,方海光,张鸽,等.人工智能教育机器人支持下的新型"双师课堂"研究——兼论"人机协同"教学设计与未来展望[J].远程教育杂志,2019,37(2):25-32.

课堂完结后,人工智能教育机器人根据本堂课多终端反馈的数据,实时为教师呈现单个学生的评价报告以及整个班级的学习情况,进而了解这次课堂的学生分类情况,为下一次做教学设计提供可参考的依据。

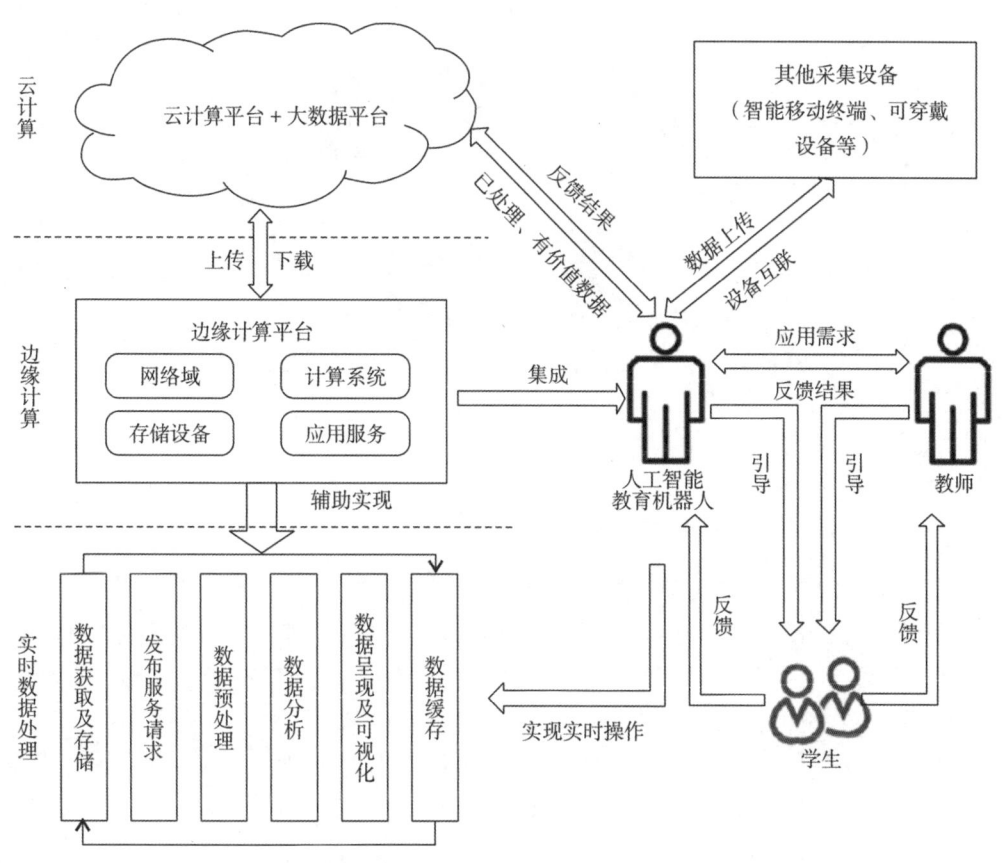

图 3-5　人工智能教育机器人支持下的新型"双师课堂"数据交互模型

如今,我国乡村教育环境已经在基础设施、教师团队建设和儿童入学等方面有一定改善,但乡村教育资源与城市之间的差距依旧无法忽略。对于偏远地区的农村学校而言,人们迫切期待借助互联网新技术和人工智能教育等创新发展措施,打破中国城乡教育均衡性壁垒,为乡村教育带来更多的发展空间。为帮助偏远地区的孩子适应网络化、信息化、个性化的教育需求,2018 年,编程猫与华中师范大学携手开展乡村教育赋能计划,赋能乡村教育。2019 年,该计划走进湖北省麻城市宋埠镇李胜阳光希望小学,带来了优质的 AI 双师公益课堂,采取 AI 双师课堂"3 对 1"教学,利用 AI 智能引擎和编程猫专业教师,依托这种"线上授课+线下老师"的教学方式,学校授课教师在 AI 及线上优秀教师的辅助下,将巧妙化解大班课授课难的问题(图 3-6)。通过智能批改技术,学生的编程作品能够在课堂上得到实时批改,批改结果可具体到参数级别。智能反馈批改结果在帮助老师和学生提高教学效率的同时,还让无论是城市还是乡村的师生都享受到同等的教育资源。

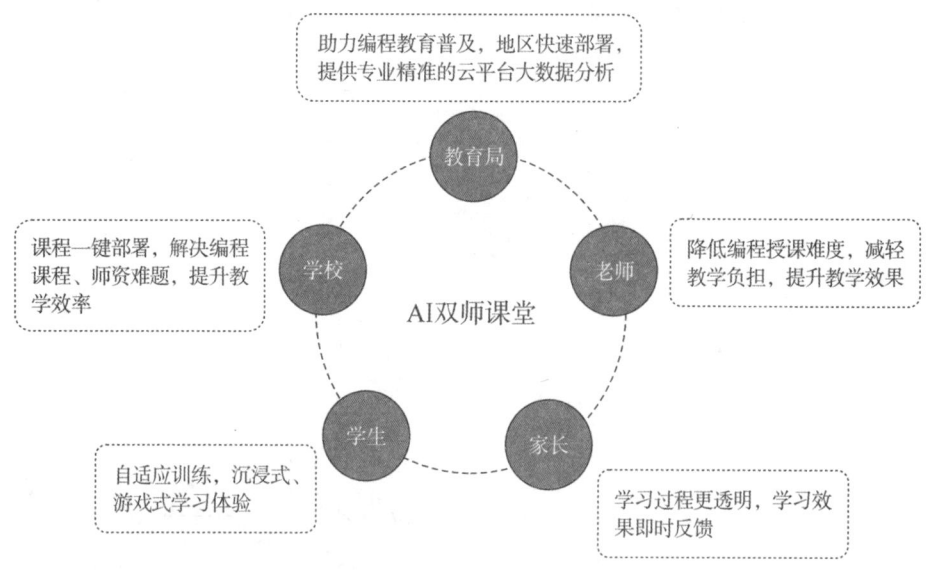

图 3-6　编程猫的 AI 双师课堂

(二)VR/AR 技术创设高度沉浸的学习体验

虚拟现实(virtual reality,VR)技术也称为"沉浸式多媒体"或"计算机模拟现实",是一种综合了计算机图形学、人机接口技术、传感器技术以及人工智能技术等多领域成果的新技术,具有较高的实用价值,将此技术应用到高等教育当中,能够对教学设计、实验分析及专业技能培训起到一定的辅助和推动作用。①

本质上来讲,VR 技术就是利用人们视、听、触等感官器官,通过虚拟画面与声音传感,制造高度仿真的虚拟画面,让人们身临其境(图 3-7);同时也可以利用语言和手势等,形成人机交互模式,带给人们更好的仿真体验。VR 技术具有沉浸性、交互性和想象性等特征,其中重点以人的心理和生理特点为基点,设定人体传感交互模式,使人沉浸在虚拟环境中,获得创造和想象空间,从而获得丰富的情感体验。

图 3-7　VR 技术

---

① 钟强.VR 虚拟现实技术在高等教育的应用[J].科技风,2020(11):123.

为此,越来越多的教育工作者进行了 VR 技术的研究,以期引入更加多样化的教学手段,改变原本枯燥乏味的传统教学方式,激发学生的学习兴趣,提高教学内容的互动性以及教师的工作效率。

1. 现实的课堂情境与虚拟学习环境融合

VR、AR 技术等发展迅速,使学生能够在更加真实的情境中实现教与学的互动。[①] AR 技术教学资源如图 3-8 所示,这类技术常常应用在医学、工程学等操作类教学中,需要学生佩戴专用设备观看。如人民卫生出版社出版的《3D 系统解剖学》教材,就是将完整的人体解剖结构真实地导入 3D 数字技术平台,学生可以通过专用设备观看和操作,从而更真实、全面、立体地了解人体器官。

图 3-8　AR 技术教学资源

2. VirtUAM 三维虚拟德语学习游戏平台

Burns 等设计开发了 VirtUAM 三维虚拟德语学习游戏平台(图 3-9),它能够记录和存储使用者与系统交互的相关数据。[②] VirtUAM 通过创设虚拟游戏场景,提供实时反馈,帮

---

① 彭雪庄.人工智能时代数字教材的创新应用与发展[J].中小学数字化教学,2021(S1):11-15.
② BERNS A,GONZALEZ-PARDO A,CAMACHO D. Game-like language learning in 3-D virtual environments [J]. Computers & Education, 2013, 60(1): 210-220.

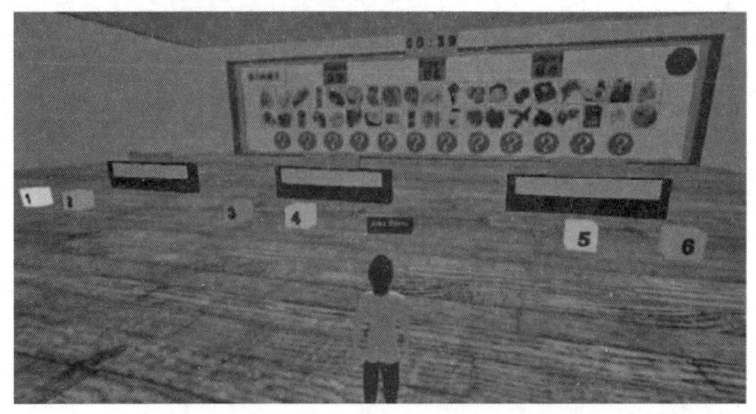

图 3-9　VirtUAM 三维虚拟德语学习游戏平台

助学生在不同的语言游戏中获胜,使学习过程更加高效和轻松,虚拟游戏场景中出现的词汇更加方便学生理解和掌握。学生沉浸在三维虚拟游戏中需要与他人形成竞争与合作的关系,使得学生更加积极主动地去面对语言学习游戏中的挑战。

3. 北京外国语大学试点全球语言文化 VR 实验室

全球语言文化 VR 实验室(图 3-10)旨在培养学生的英语演讲能力,通过 VR 环境的构建,模拟真实的英语演讲环境,包括环境音、观众与观众互动。使用者需要按照 VR 眼镜的提示在虚拟环境中准备抽取演讲题目,使用者准备好后即可开始演讲演练,该过程可以录制下来,以便教师后续对其进行个性化评价。

图 3-10　全球语言文化 VR 实验室

(三)智慧学习空间连通线上线下实现融合式教学

智慧学习空间为教与学活动创设问题情境,教师基于真实情境的设计任务支架,为教学活动提供协同和任务支持,串联整个单元的知识。智慧学习空间还能为教师提供学情分析和个性化诊断。①

智慧学习空间采集师生参与教学的过程和课堂学习行为状态数据,并能以大数据分析和可视化呈现教与学的活跃程度,随时随地对课内课外、线上线下的教学过程进行全状态、全流程跟踪分析统计,可生成科学化、定制化的课程学习质量报告,从而完成形成性评价体系的构建,有利于给老师教学和课堂管理提供辅助决策信息,创新教学模式,打造出智能、高效的智慧课堂,充分助力线上线下混合学习质量的提高。

1. AI+OMO教学模式

5G、大数据、人工智能等前沿技术的教育应用为促进信息技术和教育教学的深度融合提供了新思路和新手段,必将推动线上教学和线下教学融合发展。同时受新冠疫情影响,线上线下融合教学受到更广泛的关注,成为教育领域发展的迫切需要与趋势,并助推学校构建无缝融合、智能化、一体化的学习空间。

新一代学习环境下智能技术为OMO(online merge offline)教学模式提供了更远的愿景,OMO教学模式是原有线上形式和线下形式的融合变迁与创新发展,它要求构建下一代学习环境,并基于下一代学习环境创新教学实践形式。通过技术手段打通线上和线下、虚拟和现实学习场景中各种结构、层次、类型的数据,形成线上线下融合的场景生态,实现个性化教学与服务的教学新样态(图3-11)。OMO教学模式兼容混合学习(blended learning)和混

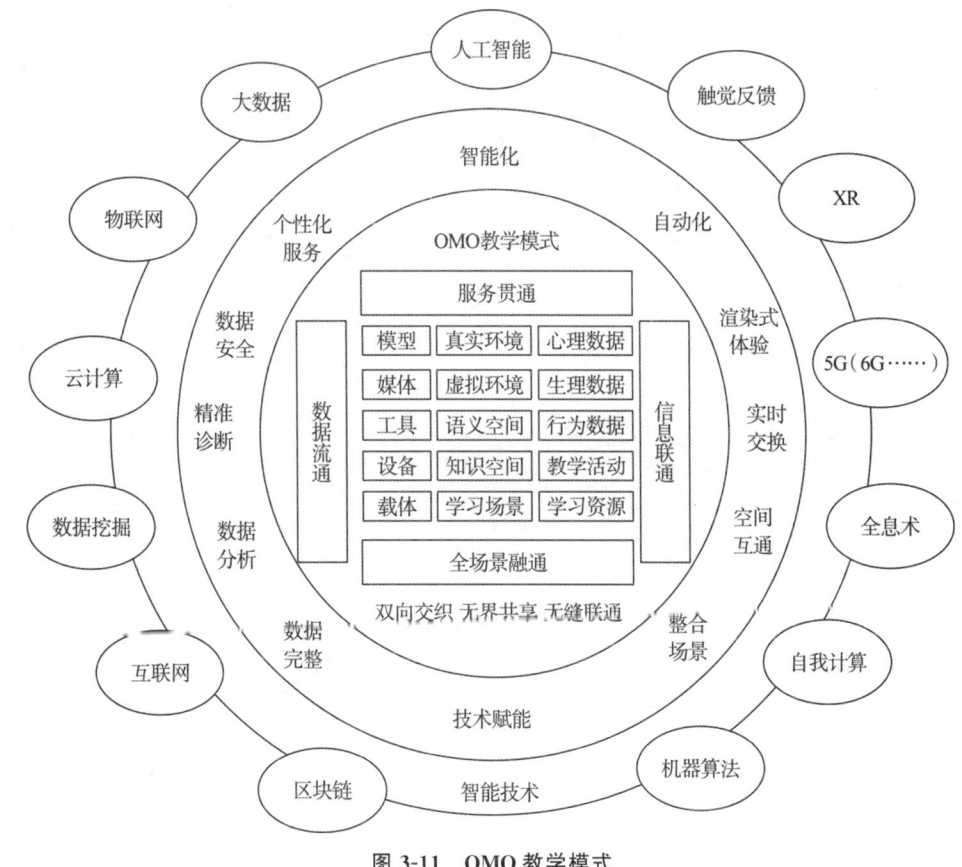

图3-11　OMO教学模式

---

① 贺相春,郭绍青.人工智能助力教学创新的路径研究[J].国家教育行政学院学报,2021(9):31-38.

成学习(hybrid learning)模式,体验无缝学习(seamless learning),并促进智慧学习的发展。①

2. 5G多模态智慧课堂模型

5G网络下的多模态学习环境充分利用5G高带宽、低时延、大连接的技术特性,通过接入多种形态的智联终端和教育装备,如VR/AR/MR设备、全息投影、智能白板、移动终端、智慧学习笔等,实现多种软硬件设备间的无缝互联、协同工作,为学生提供真正沉浸式的实时学习体验。②

基于5G多模态智慧课堂的模型(图3-12),以小学科学五年级上册科教版第二单元"光"和苏教版第二单元"光与色彩"为基础设计了综合拓展课——"彩虹的秘密",并在深圳、北京、贵阳三地进行了实时同步教学。基于5G的三大技术特性,"彩虹的秘密"这一堂课实现了异地实时全息投影、沉浸式和交互式AR技术和智慧学习笔的使用,并构成了师生平板、智慧学习笔、AR眼镜、教室白板和云端的互联互通。在课堂中,多元技术的运用拓宽了媒体的形式,设备间的互联使得教学过程中使用的资源和产生的数据可以在多个终端传递、呈现,充分调动学生多个感官对学习环境的感知和加工,形成多模态的交互。

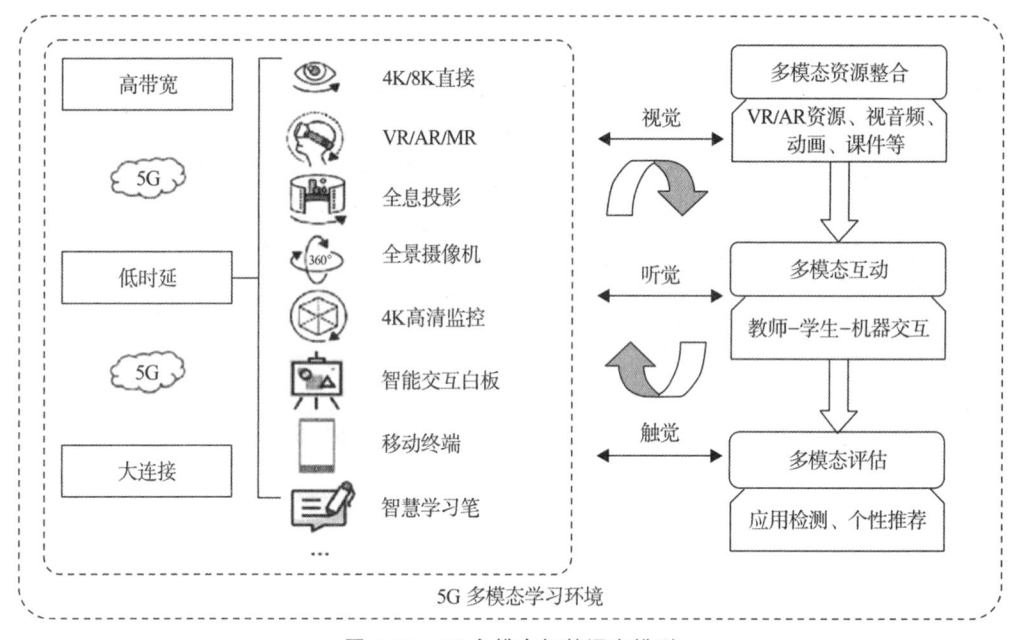

图3-12　5G多模态智慧课堂模型

通过AR眼镜为师生提供沉浸式的彩虹观测体验,创设体验环境,丰富学生的感性认识(图3-13)。

---

① 祝智庭,胡姣.技术赋能后疫情教育创变:线上线下融合教学新样态[J].开放教育研究,2021, 27(1):13-23.

② 蔡苏,焦新月,杨阳,等.5G环境下的多模态智慧课堂实践[J].现代远程教育研究,2021,33(5): 103-112.

图 3-13　师生通过 AR 眼镜观察彩虹现象

基于 5G 传输的全息投影,将北京学科专家的影像、声音、课件和板书实时呈现在课堂中,现场师生进行实时的问答和交流(图 3-14)。

图 3-14　北京专家冯鸣老师在深圳会场的投影

使用智慧学习笔作为多模态评价的工具。智慧学习笔实时捕捉和统计学生的答案,得到实时的学情统计,帮助教师精准获取学生的理解难点,进行有针对性的讲解,从而实现评价方式(小组评价、教师评价)、评价手段(智慧学习笔过程检测)、评价维度(认知、情感等)的多模态应用。

四、小结

(一)提升教师"技术素养＋设计思维"相融合的能力

当前由于缺乏统一的智能教育能力框架指导,未形成智能教育能力培养的课程体系,亟须形成包含素养框架、课程体系、培养模式、教学案例的体系化解决方案。因此,全面提升教师智能教育能力,尤其是技术素养和设计思维的融合能力,是教师开展人工智能创新应用储备基本技能与核心能力的当务之急。

设计思维,作为人类智能与人工智能的显著区别之一,是教学智慧至关重要的一部分。设计思维具有几乎能够创变万物的力量,是一种以人为中心的方略,能为棘手问题找到创新的实际解决方案。① 智能教学情境对教师提出了更高的要求,教师应学会运用设计思维精准定位学生的需求,发掘潜在问题,通过发挥主观能动性提出创造性解决问题的方案,并展开实践与总结。

基于人工智能与教学融合的形态,教师应明晰开展人机协同所需要的基本能力,具备人工智能知识、人机协同思维、数据思维、人工智能教学应用能力等,才能在充分了解人工智能教学系统功能的前提下,根据学科特点和学生情况,通过在课堂教学和课外学习环节应用人工智能教学系统,实施翻转课堂和混合式教学等新的教学方式,服务于分组教学、层次化教学、个性化教学。人工智能融入课堂教学,主要负责重复性、单调性、常规性的工作,教师与机器各自发挥所长,优势互补,互惠协作完成人机协同教学,相得益彰,赋能人工智能教育完成复杂决策,发挥"优化+创新"的教育价值。

(二)构建面向场景的智能教育教学助手应用资源库

国务院颁布的《新一代人工智能发展规划》提出,要围绕教育的需求加快人工智能创新应用,为公众提供个性化、多元化和高品质的服务;在中小学阶段开设人工智能相关课程,逐步扩大编程教育,培养计算思维等。

人工智能产品的整体开发框架正朝着基于多模态数据的实时感知,结合多种智能技术和算法,能够在多应用场景中不断呈现多种功能的方向迈进,如在教学场景中有优质教学资源个性化推荐系统、答疑机器人等应用,在管理场景中有走班排课、班级管理等应用,在评价场景中有智能组卷、作业批改等应用。然而目前已有的智能教育教学产品在内容和功能上都存在一定的同质化,在教学中也存在着简单盲目的误用。② 因此,开发人工智能产品应基于教学理论、教育规律等,结合机器的数据和算法进行优化升级,做进一步精准性、实用性、易用性的设计,构建能真正理解教育场景的应用资源,增强产品的适用性。

(三)家校联动推动人工智能助力"双减"落到实处

落实"双减"政策,应结合教育信息化发展的技术优势,让区域间教育资源从集中走向共享,让课后服务从粗放走向精准,让作业布置与管理从零散走向科学,让学生发展从单一走向综合。智能技术能为"双减"政策的落地提供不可替代的助力。智能技术支持作业布置和批改,对作业数据进行诊断和学情分析,突出作业个性化特征,提高作业精准性,学生合理利用课后时间完成作业并开展延展性活动。家长作为学生校外生存空间的主要陪护者,要理解学校和教师在应用人工智能等前沿技术促进学生学习上的研究、探索和实践,支持学生在家中使用电脑等设备和智能教学系统参与学习活动。

在推进人工智能助力"双减"的过程中,应以教师和学生的真实需求为导向,深入真实的

---

① 祝智庭,韩中美,黄昌勤.教育人工智能(eAI):人本人工智能的新范式[J].电化教育研究,2021, 42(1):5-15.

② 王开,汪基德.人工智能赋能课堂教学减负提质的机制、风险与应对[J].当代教育科学,2022(2): 57-65.

教学情境进行细化和深耕，真正解决教学过程中的关键问题，减轻教师和学生的负担，充分发挥人工智能的技术优势，整合学生监管、课后服务、学习课程、费用监管等功能，契合"双减"政策中提到的保障学习课后服务条件，提高工作效率和教育管理的智能性。学校在平台端上传学生的在校信息和学习数据，家长可以通过手机端实时查看孩子的状况，实现信息共享。虽然人工智能可以精准匹配学生的个性化学习需求，为其定制作业，但单纯依靠减少学习内容和作业量只能从外在的数量上实现学生学业负担的减少，只有家校联动形成合力，才能将"减负"落到实处。

第四章

人工智能助推基础教育课程高质量规划

第一节 智能技术支持的STEAM基础理论

国外的跨学科教育以STEAM教育为主,STEAM教育是一种重视实践的多学科融合教育理念,是对科学(science)、技术(technology)、工程(engineering)、人文艺术(arts)、数学(mathematics)五个科目的缩写,最早由美国弗吉尼亚理工大学Yakman于1990年在美国国家科学委员会(NSF)上提出。[1] STEAM教育旨在加强基础教育阶段学生跨学科知识素养和解决真实问题的能力[2],具有跨学科、趣味性、体验性、情境性、协作性等特征。该理念强调整合的教学方式,注重实践和过程、解决真实问题、知识与能力并重,倡导"做中学"、创新与创造力培养、知识的跨学科迁徙及其与学生之间的关联[3]。

STEAM教育的实践工作一般包括课程设计、资源开发、学习方式、认知发展、能力发展几个环节,总结已有的智能教育支持的STEAM教育的经验,可以分析发现在每一个跨学科实践环节中都体现了丰富的教学理论、学习理论与认知理论,通过对STEAM教育的基础理论的梳理,能够进一步总结经验、提炼典型模式,进而为我国开展更加具有适用性的STEAM教育提供重要借鉴。

一、课程设计理论

STEAM课程的设计既是重点,也是难点。在过往的STEAM教育实践中,教学者通常按照教学设计的一般流程进行课程设计,同时,也对这些基本的范式提供了具有STEAM

---

[1] KANEMATSU H, BARRY D M. STEM and ICT education in intelligent environments[M]. Switzerland: Springer International Publishing, 2016.

[2] 秦瑾若,傅钢善.STEM教育:基于真实问题情景的跨学科式教育[J].中国电化教育,2017(4):67-74.

[3] 王娟,吴永和."互联网+"时代STEAM教育应用的反思与创新路径[J].远程教育杂志,2016(2):90-97.

特色的理论创新。

(一)跨学科教育 CER 设计原则

源于以实践为重心,跨学科教育与项目式学习(project-based learning,PBL)具有天然的联系。项目式学习是一种动态的学习方法,通过该方法能够让学生主动探索现实世界的问题和挑战,从而促进学生更深刻地领会知识和技能。根据已有关于项目式学习的研究,项目式学习活动一般分为六个步骤:

(1)选定项目;
(2)制订计划;
(3)活动探究;
(4)作品制作;
(5)成果交流;
(6)活动评价。①

根据项目式学习的特色,我们提出了跨学科教育课程或活动设计的 CER 原则(图 4-1),该原则能够为其他类型的课程或活动提供跨学科化的支撑,帮助教学者更有效地进行跨学科课程设计。CER 原则具体来说是跨学科性(cross-disciplinary)、体验性(experiential course)和真实性(real problem)。知识的跨学科性是跨学科教育特征的体现,而体验性和真实性则来自项目式学习活动中有关"内容""活动""情境""结果"四个要素的支撑,在设计跨学科课程或活动时,更应强调在多学科融合的同时,为学生提供真实的体验,从而促进其对知识的理解与运用。

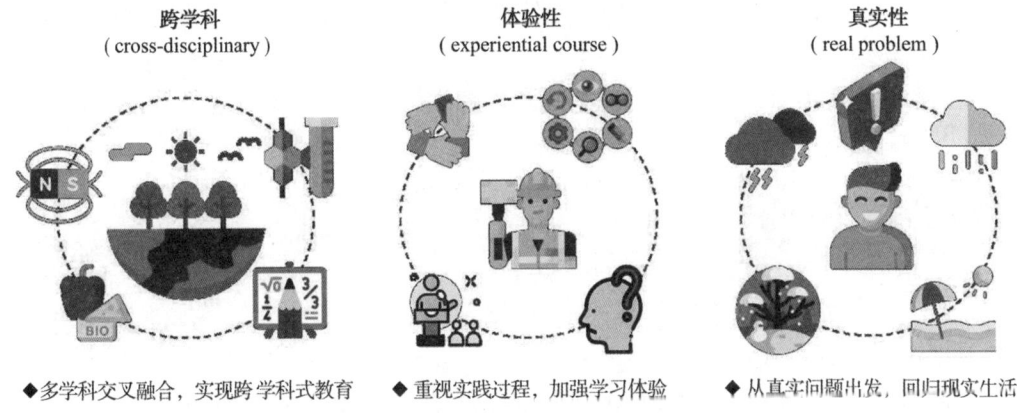

图 4-1 跨学科课程设计的 CER 原则

(二)STEAM 教育教学设计模式

STEAM 课程在中小学的实践较多的是在信息科技课、科学课、综合实践课中,在信息科技中实施跨学科教育更强调信息技术的融入,信息技术支撑的跨学科教育所构建的教学

---

① 刘景福,钟志贤.基于项目的学习(PBL)模式研究[J].外国教育研究,2002(11):18-22.

环境是一种教学系统,所以,对 STEAM 课程的设计就是一个教学系统设计过程。

教学系统设计(instructional system design,ISD)是一种系统的教学计划过程,完善的教学系统设计可以保证学生学习的有效性。教学系统设计是运用系统的方法,将学习和教学的诸多原理转换成教学目标、教学内容、教学方法、教学策略和教学评价等环节,并进行具体的设计、创设教与学的系统过程。① 教学系统设计也是教师运用系统的观点和方法,以各种学习理论和教学理论为基础,依据教学对象的特点,对教学目标、教学过程、教学策略、教学方法、教学内容、教学评价等环节进行的规划和安排。②

1. 肯普模式与史密斯-雷根模型

肯普模式包含四个基本要素:目标、学生、方法和评价。③ 肯普模式通过四个基本要素开展教学模式的设计,在确定目标的前提下根据学生特征制定学习内容,进而设计教与学的方法,最后进行学习评价。史密斯-雷根模型包含三个步骤,即分析、策略和评价,通过对学习环境、学生和学习任务的分析,确定教学策略,进而对教学结果进行形成性评价和总结性评价。

2. ADDIE 教学设计模型

肯普模式和史密斯-雷根模型虽然具有重要指导作用,但是依然在跨学科课程设计方面存在缺陷,因此,应结合一代和二代教学设计的要素,以更具有针对性的教学设计理论为指导。

作为一种通用教学设计模型(general instructional design model),ADDIE 教学设计模型包含教学系统设计过程的一系列核心步骤,以教学目标为首位④,对教学系统设计流程具有普适性,因此以 ADDIE 模型为框架,能够设计适用于体感技术支持的课堂学习模式。ADDIE 模型从 20 世纪 50 至 60 年代开始广泛使用,佛罗里达州立大学学者 Branson 等(1975)首先对 ADDIE 模型做出了定义和描述。ADDIE 模型是一种教学系统设计过程,被广泛应用于个体训练⑤和课程开发⑥。

ADDIE 模型包括五个部分:分析(analysis)、设计(design)、开发(development)、应用(implementation)和评价(evaluation)。⑦

---

① 何克抗,郑永柏,谢幼如.教学系统设计[M].北京:北京师范大学出版社,2002:3.
② 刘学利,傅义赣,张继瑜.课程与教学论[M].北京:中国人民大学出版社,2013.
③ ABDULLAH K A. Instructing educators in the use of assistive technology listening devices in the classroom[J]. International Education Studies,2014(7):55-67.
④ 李向明.ADDIE 教学设计模型在外语教学中的应用[J].现代教育技术,2008(11):73-76.
⑤ RUARK B E. ISD model building: from tabula rasa to apple peel[J]. Performance Improvement,2008,47(7):24.
⑥ BRANSON R K,RAYNER G T,COX J L,et al. Interservice procedures for instructional systems development: executive summary and model[J]. Educational Development,1975:157.
⑦ 谢幼如.信息时代高等学校课程与教学设计[M].北京:北京师范大学出版社,2013:53-54.

3. 教学系统设计理论的启示

教学系统设计理论指导课堂学习模式的要素分析,肯普模式提出教学设计包含目标、学生、方法和评价四个要素。我们吸收了肯普模式中关于学生和评价的要素,根据个案研究中学生对工程知识、3D 打印知识的需求以及自主学习、协作学习、探究式学习氛围较强的特征,优选与开发课堂学习资源,以微课视频资源支持学生的自主学习,以可互动的课堂学习资源支持学生的协作学习,以作品、任务资源支持学生的协作学习与探究学习,并且对学生的学习活动进行评价,评价学生的学习质量,调查学生的学习态度,调查课堂学习资源,评价学生作品,评价学生任务完成度。

(三)STEAM 教育课程设计模式

在强调基于我国学情的学科分析与知识整合基础上,面向核心素养的探究过程,借鉴跨学科实践框架①与"项目引路计划"②的"问题""项目""活动"要素,我们提出了跨学科课程设计"三引导五环节"模式(PPA-5)(图 4-2)。"三引导"即问题引导、项目引导、活动引导,其中,"问题引导"的作用是引出主题,"项目引导"的作用是整合知识,"活动引导"的作用是解决问题。"五环节"即学科分析、整合设计、实验项目、作品制作、完善优化。

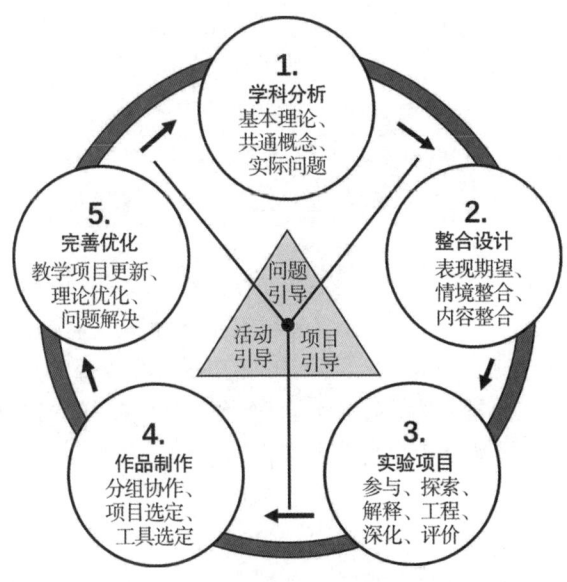

图 4-2 跨学科教育"三引导五环节"模式

---

① WALTMAN S, HALL B, MCFARR L, et al. Clinical case consultation and experiential learning in cognitive behavioral therapy implementation: Brief qualitative investigation[J]. Journal of Cognitive Psychotherapy,2018(2):112-126.

② 钟柏昌,张禄.项目引路(PLTW)机构的产生、发展及其对我国的启示[J].教育科学研究,2015(5):63-69.

1. 问题引导:学科分析

问题引导是以真实问题引入主题,以促进学生能力发展为目标。它根据跨学科知识的基本理论和多个学科的共通概念,聚焦实际问题,进行学科分析。

2. 项目引导:整合设计+实验项目

项目引导是以整合性的项目开展教学,结合真实性和情境性的教学内容进行整合设计,开展项目实施工作。

3. 活动引导:作品制作+完善优化

活动引导是促进学生在项目中以"活动"作为主要学习方式,注重实践性对学生融入项目、完成作品的辅助,最后根据项目的实施经验不断完善项目的设计。

二、技术应用理论

(一)人机交互理论

人机交互理论(human-computer interaction,HCI)是指关于设计、评价和实现供人们使用的交互式计算机系统,并围绕相关现象进行研究的学科理论。[①] 人机交互是一门综合学科,它与计算机工程学、心理学、多媒体技术、虚拟现实技术密切相关。

人机交互理论以认知心理学、计算机科学为基础,研究人的视觉、听觉、触觉与交互设备进行交互的过程。一个计算机交互系统一般包含三个元素:人、交互设备及实现交互的软件。

在我们已有的研究中,人机交互三要素的结构模型一般用来研究支撑跨学科教育过程的资源开发和过程评价。[②] 人的因素在教育领域就是教师和学生的因素,一般包括性别、年龄、学历、学科、技术使用经验、技术教学经验等;交互设备是支撑 STEAM 教育过程的硬件因素,一般包括硬件安装、价格因素、稳定性等;交互软件是支撑 STEAM 教育过程的软件因素,一般包括情境输入、资源支持、个体开发时长等。

(二)技术接受模型

承接人机交互理论中的三要素观点,技术接受模型(technology acceptance model,TAM)为学生使用技术的主观态度提供了解释,该理论基于理性行为理论的基本概念,研究用户对信息系统接受程度,其最初设计的目的是对计算机广泛接受的决定性因素做模型解

---

① 孟祥旭.人机交互基础教程[M].北京:清华大学出版社,2010.
② 华子荀,欧阳琪,郑凯方,等.虚拟现实技术教学效用模型建构与实效验证[J].现代远程教育研究,2021(2):43-52.

释。① 根据我们已有研究,技术接受模型包括三个关键要素,并且每一要素下又各自包括若干子要素。

(1)感知有用性(perceived usefulness,PU):个体差异、系统特征、动机。

(2)感知易用性(perceived ease of use,PEU):使用经验、教学经验、社群影响、便利条件。

(3)行为意向(behavioral intention,BI):理解、应用、教学过程、混合教学、教学方式、个体适应性。

技术接受模型的关键要素为研究者提供了一个逻辑严密的技术交互解释过程,以使用者为核心,研究技术影响(人机交互基本要素)和技术对人的影响(技术接受模型)两者的互动关系。在学生首先使用技术时,受到了软件因素和硬件因素的影响,其动机和经验产生变化,以这种调节变量为基础,使得其感知有用、感知易用的态度产生变化,从而促使学生产生"不使用""使用""深度使用"的行为意向,并且不同程度的行为意向将会对学生本身的个体差异、社群影响、系统特征、便利条件产生影响,进而又回馈给软件、硬件要素,实现迭代优化(图4-3)。

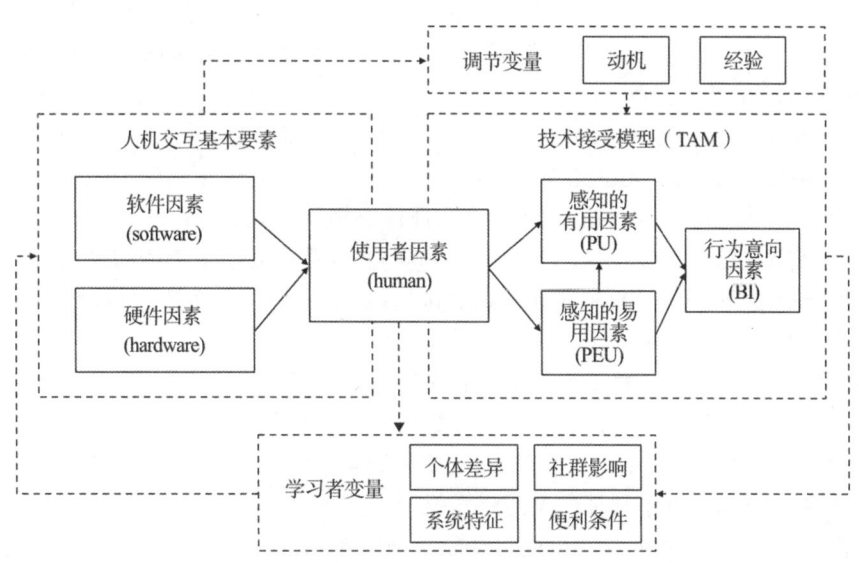

图4-3 技术支持的学习者交互过程

三、学习方式理论

跨学科学习方式理论描述的是在跨学科教育过程中所开展的具体学习方式,在跨学科教育实践中,游戏化学习法、6E学习法和混合学习法等为跨学科教育提供了重要的基础理论。

---

① LEE Y, KOZAR K A, LARSEN K R. The technology acceptance model:past, present, and future[J]. Communications of the Association for Information Systems,2003(12):752-780.

(一)IEP 游戏化学习法

跨学科的关键特征其实就是将游戏化活动自然地融入多学科学习过程,因此,游戏化学习法是跨学科的重要基础理论。在理论探究的基础上,有学者提出了 IEP 游戏化学习的理论构想,由趣味性(innate interest)、表现性(aesthetic expression)、投射性(psychological projection)三个部分组成。① 趣味性即吸引学生积极参与游戏的游戏机制;表现性即通过视听觉元素的组织,促进学生认知的设计机制;投射性即通过一定的社群游戏互动机制,反映、测试、锻炼、提升学生的态度与认知的心理机制。不仅一种游戏活动要符合以上三要素的要求,每一种要素都有其特别的设计原则。

通过 IEP 游戏化学习法及其原则,既可以较好地设计互动性强的跨学科教育游戏活动,也能够以该方法设计跨学科教育游戏道具,融入互动学习活动中,以增强学习过程的实践性和互动性,提高学生参与的积极性。

(二)6E 学习法

6E 学习法是在美国生物学课程研究(biological sciences curriculum study,BSCS)的 5E 教学模式基础上提出的,它其实是一种融入活动的学习活动理论,强调以学生为中心,主张在课堂教学中组织学生活动,以达到理解知识、深化知识和运用知识的目的。具体来说,6E 学习法包含六个学习步骤:

(1)参与(engage),通过互动性活动引导学生参与到实践中,通过实践让学生亲身感受活动中所蕴含的知识,以首先感知知识。该环节的要点是提高学生的学习积极性。

(2)探索(explore),通过小组协同让学生自行发现问题,提出解决问题的假设,为后续的新知识讲授提供思想准备、情境支撑。该环节的要点是提高学生群体的探究欲望。

(3)解释(explain),通过教师对新知识的讲授,让学生明了所实践的活动中蕴含的科学内涵。该环节的要点是促进知识与实践活动内涵的有效衔接。

(4)工程(engineering),通过组织学生制作作品以表现知识学习程度,以小组为单位,促进学生对已掌握的知识进一步深化。该环节的要点是在教师辅助下保证作品的顺利完成。

(5)深化(enrich),通过小组作品的协作、交流,促进学生对知识内涵的深化。该环节的要点是引导学生制作适合于特征的学习材料。

(6)评价(evaluation),通过小组的自评和组间的互评进行评价,以发现自身的不足与对方小组的优点,促进作品的迭代优化。该环节的特点是促进小组中每个学生都进行反思,以实现认知的提高。

(三)混合学习理论要点

1. 混合学习

一般认为,混合学习(blend-learning)是把传统教与学的方式与数字化学习方式相结合②,

---

① JESSE S. The art of game design: a book of lenses[M]. Boca Raton: CRC Press, 2008:274-276.
② 袁磊,陈晓慧,张艳丽. 微信支持下的混合式学习研究——以"摄影基本技术"课程为例[J]. 中国电化教育,2012(7):128-132.

但混合学习不仅仅局限于以上概念,混合学习可提高学习效果,在适当的时机给予学生适当的手段。[1] 在混合学习理论框架下,信息技术能够促进学生在任意时间(anytime)、任意地点(anyplace)进行学习。[2]

2. 线上与线下的混合学习

美国新媒体联盟(NMC)发布的《地平线报告(2015)》指出,混合学习方式将成为高等教育亟待解决的挑战以及扩大发展的机遇,随着美国开放课件资源运动(OCW)的开展,对于世界特别是中国的网络教育、在线学习发展提供了契机。教育正逐渐向着资源全球化、教学个性化、学习自主化、管理自动化和环境虚拟化的方向发展[3],在教育领域使网络学习与课堂教学相混合,这种融合多种媒体技术、工具的网络协作学习方式支持了课堂学习活动,极大地优化了学生的学习过程,融合了翻转课堂先学后教的混合学习方式,促进学生在混合学习过程中对知识的理解和能力的发展[4],实现学生对知识的内化(internalization)和外化(externalization),进而实现知识的联通过程。[5]

一般的网络课程以视频为主要支撑,但有研究者发现单纯的视频绝非重点,关键还是丰富的教学活动[6]以及较真实的学习环境和氛围[7],真实作业是教学活动的支点,混合线上的互动学习资源以及线下的体感技术活动能够有效提升学生网络学习参与度和课堂表现积极性。[8]

3. 翻转课堂与混合学习

翻转课堂(flipped classroom)是教师创建视频,学生通过登录互联网在线观看网络视频中教师的讲解,完成任务清单中学习任务,课堂上师生面对面交流、答疑和完成作业的一种教学模式。[9]

翻转课堂与混合学习的关系:翻转课堂能体现混合学习的优势,翻转课堂不仅是能增加

---

[1] 黄荣怀,马丁,郑兰琴,等.基于混合式学习的课程设计理论[J].电化教育研究,2009(1):9-14.

[2] SU W, DAVIS H, DICKENS K, et al. Crafting a rich and personal blending learning environment: an institutional case study from a STEM perspective[C]//5th International Conference on Computer Supported Education,2013:142-147.

[3] YOUNG S C, HUNG H C. Coping with the Challenges of open online education in Chinese societies in the mobile era: NTHU OCW as a case study[J]. International Review of Research in Open & Distance Learning, 2014(3):158-184.

[4] VAUGHAN M. Flipping the Learning: an investigation into the use of the flipped classroom model in an introductory teaching course[J]. Education Research & Perspectives, 2014(1):25-41.

[5] KIVUNJA C. Using De Bono's six thinking hats model to teach critical thinking and problem solving skills essential for success in the 21st century economy[J]. Creative Education, 2015(3):380-391.

[6] FINDLAY T S, MOMBOURQUETTE P, JALBERT T. Evaluation of a flipped classroom in an undergraduate business course[J]. Social Science Electronic Publishing, 2014:6.

[7] BROWN S. MOOCs: opportunities, impacts, and challenges. massive open online courses in colleges and universities by Michael Nanfito[J]. American Journal of Distance Education,2014(2):139-141.

[8] HOFFMAN E S. Beyond the flipped classroom: redesigning a research methods course for e3 instruction[J]. Contemporary Issues in Education Research, 2014(1):51-59.

[9] 蔡宝来,张诗雅,杨伊.慕课与翻转课堂:概念、基本特征及设计策略[J].教育研究,2015(11):82-90.

学生与教师之间的互动及学生个性化学习的手段,更是一种全新的混合式学习方式,是在以混合学习为标志的教育思想指引下,对课堂教学模式实施重大变革所产生的结果[①],进而产生更好的学习效果。翻转课堂教学模式是对混合学习理论的典型应用。祝智庭在对国内翻转课堂实践案例分析中,针对不同学校课前、课中、课后的教与学活动,发现技术支持多为视频、学习平台和学习终端。[②] 翻转课堂是对教学流程的颠覆,使"讲解—练习—评阅"的传统教学模式变为"自学—测评—研习"的翻转课堂教学模式,提倡有效的翻转课堂的实施需要专业的教师、优质的微课、配套的学习环境和课堂活动设计。

4. 混合学习的启示

混合学习理论对跨学科教育实施的启示与指导作用在于,混合学习理论指导了跨学科线上与线下相融合学习活动过程的设计。

线上与线下的混合学习指出,为优化教学效果,应在适当的时机给予学生适当的手段,在线学习是学生充分利用网络资源进行自主学习的有效手段,将线上的视频、学习资源与现实课堂中的教学活动相结合,能够调动学生学习的积极情绪。而在实际开展跨学科实践中,学生通过网络学习平台获得用于自学的微课视频资源和可互动的课堂学习资源,有助于其在现实课堂活动中开展小组协作学习,完成作品和任务,能提高学习效果。翻转课堂能够发挥混合学习的优势,不仅增加了师生互动,更能够促进学生产生更好的学习效果。

第二节 智能技术支持的 STEAM 实践模式

基于虚拟现实环境开展的动觉学习是一种可以调动人的视觉、听觉等多种感官认知的学习过程,对人类的认知发展具有促进作用。然而,应用虚拟现实技术开展动觉学习,既是技术的问题,也是教学方法的问题。该部分研究实践是在粤港澳大湾区的高校中开展的,在虚拟现实环境下开展研究,在跨学科教育现状研究的基础上,以认知学习理论为指导,开展跨学科动觉学习机制研究[③]、跨学科教学效用机理研究[④],分别解决在跨学科学习过程中,学生如何利用技术提高认知,并且如何利用技术实践有效教学。该部分研究在理论模型的基础上,开展了丰富的实践研究,既为虚拟现实等技术对学生学习的影响机制提供了理论解释和实践验证,也丰富了跨学科实践研究范例,具有重要的理论价值与实践意义。

《教育信息化"十三五"规划》指出:"应利用信息技术改造传统教学中'进不去、看不见、动不了、难再现'的难题。"虚拟现实等技术具有利用躯体与周围环境进行互动的特点,通过动作模仿、技能训练、情境演练、动态展示等使学生利用交互式技术进行学习。另外,跨学科

---

① 何克抗.从"翻转课堂"的本质,看"翻转课堂"在我国的未来发展[J].电化教育研究,2014(7):5-16.
② 祝智庭,管珏琪,邱慧娴.翻转课堂国内应用实践与反思[J].电化教育研究,2015(6):66-72.
③ 华子荀.虚拟现实技术支持的学习者动觉学习机制研究[J].中国电化教育,2019(12):16-23.
④ 华子荀,欧阳琪,郑凯方,等.虚拟现实技术教学效用模型建构与实效验证[J].现代远程教育研究,2021(2):43-52.

教育是各个国家共同关注的教育理念,源于其促进技术发展[①]、推动学科融合[②]和促进教育持续发展[③]等方面的重要作用。因此,在跨学科教育理念下开展虚拟现实技术支持的教学应用,既在虚拟现实技术支持的跨学科教育实践中促进了学生的学习认知发展,也实现了信息技术与跨学科教育的深度融合,在虚拟现实技术和跨学科教学实践两个方面都具有较高的理论价值和实践研究意义。

一、学习者动觉学习机制理论基础

(一)虚拟现实技术与动觉学习

虚拟现实技术是一种可以创建和体验虚拟世界的计算机仿真系统,虚拟现实技术以体感设备、虚拟现实设备、头戴眼镜等为代表,包括互动设备、互动资源和互动内容,文字、图形、动画、声音和视频是最早的互动媒体形式,存在相互独立开展教学的问题[④],现代的虚拟现实技术所支持的教学过程具有整合多种媒体资源的独特优势[⑤],通过较强的感官沉浸再到意识沉浸[⑥],提高了学生的学习积极性[⑦],并能够为学生提供真实的学习体验,促进学生对所学知识和技能的强化[⑧]。

动觉学习(kinematic learning)是一种通过肢体运动感觉进行学习的方式,是对身体各部位位置和运动状况的感知进行学习认知的过程[⑨],当前实现动觉学习的主要方式就是虚拟现实技术。自维果茨基在 20 世纪 70 年代提出机器学习的概念[⑩]以来,研究者就开始关注互动性媒体对学生认知的影响,虚拟现实技术的主要作用是能够让学生综合性地调动视

---

① GEORGE M D,BRAGG S. Shaping the future:new expectations for undergraduate education in science, mathematics,engineering, and technology[M].Darby:DIANE Publishing,1996.

② 唐烨伟,郭丽婷,解月光,等.基于教育人工智能支持下的 STEM 跨学科融合模式研究[J].中国电化教育,2017(8):46-52.

③ LI Y. International Journal of STEM Education—a platform to promote STEM education and research worldwide[J].International Journal of Stem Education,2014(1):1-2.

④ BARRON A E, GARY W O. Multimedia technologies for training:an introduction[M]. Englewood:Libraries Unlimited,1995.

⑤ 孟庆峰,尚艳亮,马祥旺.虚拟现实与传统教学整合的教学方法研究[J].教育与职业,2010(24):149-150.

⑥ 孔少华.从 Immersion 到 Flow experience:"沉浸式传播"的再认识[J].首都师范大学学报(社会科学版),2019(4):74-83.

⑦ HOFFMAN E S. Beyond the flipped classroom:redesigning a research methods course for e3 instruction[J].Contemporary Issues in Education Research,2014(1):51-59.

⑧ 钟正,陈卫东.基于 VR 技术的体验式学习环境设计策略与案例实现[J].中国电化教育,2018(2):51-58.

⑨ SIVILOTTI P A G, Pike S M. The suitability of kinesthetic learning activities for teaching distributed algorithms[J].Acm Sigcse Bulletin,2007(1):362-366.

⑩ VYGOTSKY L S,COLE M. Mind in society:the development of higher psychological processes[M].Cambridge:Harvard University Press,1978.

觉、听觉、动觉等感官活动开展学习,实现动觉性学习过程(kinesthetic learning activity, KLA)[①]。VR 在教学资源设计中的融合性应用方法[②]、虚拟现实技术支持的跨学科教学法[③]是虚拟现实技术与教学活动进行结合的主要教学方法。

(二)跨学科教育的研究现状

近年来,互联网+背景下学生的学科核心素养培养[④]、3D 打印融入 STEM 项目式学习[⑤]、STEM 与创客空间互鉴[⑥]、STEAM 融入多工具智创空间[⑦]等理念成为热点,产生了中国本土化的 STEAM 教育实践路径。但是,中国化的 STEM 教育依然存在问题,表现比较突出的有:缺乏课程资源与硬件环境支撑[⑧],对利用 STEM 培养学生创新实践能力的呼吁不够[⑨],未能真正实现跨学科知识与能力的整合[⑩]等。

(三)虚拟现实技术支持的跨学科教育

跨学科教育不是对单一知识型学科的学习,而是更为关注真实世界情境中的真实问题[⑪],通过互动式学习技术开展跨学科的教与学的活动,能够提高学生的创新实践能力和学习认知发展。

动觉学习工具尤其是体感技术被广泛应用于跨学科教学过程中,是因为体感技术支持的教学过程能够提高学生在动作模仿、技能训练等方面的能力,充分利用体感技术可以调动学生的听觉和视觉,可以帮助教师创造多感官互动学习活动。[⑫] 互动体感技术可供选择的

---

① BEGEL A, GARCIA D D, WOLFMAN S A.Kinesthetic learning in the classroom[J].Acm Sigcse Bulletin,2004(1):183-184.

② 李亮,朱津津,祝凌宇.虚拟现实与移动增强现实复合性教学环境设计[J].中国电化教育,2019(5):104-111.

③ MICHELE D E, JUHONG L, SHENGHUA Z, et al. Designing for problem-based learning in a collaborative STEM lab:A case study[J].TechTrends, 2014(6):90-98.

④ 常咏梅,张雅雅.基于 STEM 教育理念的教学活动设计与实证研究[J].电化教育研究,2018(10):99-105.

⑤ 孙江山,林立甲,任友群.3D CAD 支持中学生创造力和空间能力发展的实证研究[J].中国电化教育,2016(10):45-50.

⑥ 殷朝晖,王鑫.美国 K-12 阶段 STEM 教育对我国中小学创客教育的启示[J].中国电化教育,2017(2):42-46,81.

⑦ 王同聚.基于"创客空间"的创客教育推进策略与实践——以"智创空间"开展中小学创客教育为例[J].中国电化教育,2016(6):65-70.

⑧ 胡畔,蒋家傅,陈子超.我国中小学 STEAM 教育发展的现实问题与路径选择[J].现代教育技术,2016(8):22-27.

⑨ 魏晓东,于冰,于海波.美国 STEAM 教育的框架、特点及启示[J].华东师范大学学报(教育科学版),2017(4):40-46,135.

⑩ 陈鹏,田阳,黄荣怀.基于设计思维的 STEM 教育创新课程研究及启示——以斯坦福大学 d.loft STEM 课程为例[J].中国电化教育,2019(8):82-90.

⑪ 祝智庭,雷云鹤.STEM 教育的国策分析与实践模式[J].电化教育研究,2018(1):75-85.

⑫ SMITH H J, HIGGINS S, WALL K,et al. Interactive whiteboards:boon or bandwagon? A critical review of the literature[J].Journal of Computer Assisted Learning,2005(2):91-101.

设备非常多样,研究者普遍关注厉动体感控制器(leap motion)的教学应用,该体感控制器在曲率特性(curvature features)、距离特性(distance features)、相关特性(correlation features)、连接特性(connected features)四个方面具有较好的表现。[①] 通过体感设备的选择、软件的设计,在认知、行为主义(cognitive-behavior)、建构主义(social constructivist)[②]等学习理论的指导下,能够使体感技术与教学内容相结合。

将体感技术融入课堂教学,探索体感技术支持的跨学科教学法[③],发现体感技术支持的跨学科课堂教学能够给予学生自我展示、交流讨论和解决应用问题的机会。创客空间中,可以将 App Inventor、Scratch、机器人、3D 打印等技术引入中小学的课堂,使得学生能够动脑动手创造出具有创意的作品,在促进学生创新意识、创新能力发展方面具有重要作用。有学者基于创客文化设计了一个基于沙箱游戏"Minecraft"的教学项目[④],通过创客空间让学生利用电脑、网络平台在创作作品的过程中进行协作学习;也有一种基于创客媒体教育的新形式,让学生在混合项目中通过实际操作提高高阶思维能力[⑤];STEAMtrax 是由 3D 打印机制造商 3D 系统公司(3D Systems Inc.)设计的面向中小学的一种科技创新课程[⑥],在创客空间中将 3D 打印技术和工程设计整合到科学、数学的核心知识实践体验中,在相关的学习情境里,培养解决问题、协作、沟通和批判性思维的基本技能等。这些案例都能够为基于虚拟现实环境的 STEAM 实践项目提供指导。

（四）研究启示与目标

根据上述文献综述我们提出以下研究目标:

(1)动觉学习是一种有效的互动性学习方式,能够提高学生的学习积极性和学习体验,该部分研究将选择虚拟现实技术实现动觉学习过程,并且在现有资源基础上进行设备和资源的自主设计。

(2)根据跨学科教育的实践过程现状研究,发现协作学习、基于项目的学习、基于问题的学习、学科整合式项目教学、创客空间都是行之有效的跨学科实践路径,该部分研究将结合已有的实践路径,采取知识融合性项目式学习的跨学科实践开展案例研究。

(3)根据虚拟现实技术支持的跨学科教育研究现状,在跨学科教育实践中,应充分利用

---

① MARIN G, DOMINIO F, ZANUTTIGH P. Hand gesture recognition with jointly calibrated Leap Motion and depth sensor[J].Multimedia Tools & Applications,2015(1):1-25.

② MATTAR J. Constructivism and connectivism in education technology：active, situated, authentic, experiential, and anchored learning[J]. RIED(Revista Iberoamericana de Educación a Distancia),2018(2):201-217.

③ MICHELE D E, JUHONG L, SHENGHUA Z, et al. Designing for problem-based learning in a collaborative STEM lab:a case study[J].TechTrends,2014(6):90-98.

④ NIEMEYER D J, GERBER H R. Maker culture and minecraft:implications for the future of learning[J].Educational Media International,2015(3):216-226.

⑤ ZHONG X M, FAN K K. A new perspective on design education：A "creative production-manufacturing model" in "the maker movement" context[J].Eurasia Journal of Mathematics Science & Technology Education,2016(5):1389-1398.

⑥ 孙江山,吴永和,任友群. 3D 打印教育创新:创客空间、创新实验室和 STEAM[J].现代远程教育研究,2015(4):96-103.

视听虚拟技术、互动式体感技术、手势交互设备、创客空间的技术和教学特性,创新性地呈现跨学科中的学科融合性知识,该部分研究将选择创客空间场室,利用手势互动设备、三维虚拟软件和3D打印机支撑跨学科项目的开展。

二、虚拟现实环境支持的跨学科融合知识动觉学习机制研究

该部分研究利用文献研究法收集近年来国内外期刊、专著及网络期刊数据库中关于动觉学习、虚拟现实技术与跨学科教育的相关研究,关注其分析、设计、开发、应用与评价过程,通过对文献的收集、整理,得到虚拟现实技术能够对学生的学习认知产生影响的因素。研究虚拟现实环境支持的跨学科融合性知识动觉学习的相关机制,与跨学科教育的项目实践相结合,系统分析动觉学习机制促进学生的知识理解、学习认知、实践能力、创新能力、协作学习的动因。

对行为主义学习理论、认知主义学习理论、建构主义学习理论进行内容分析,借鉴皮亚杰[①]在学习认知方面的理论,抽取互动式技术影响学生认知的因素——同化(assimilation,AS)和顺应(accommodation,AC);研究奥苏贝尔关于学习行为方面的理论[②],抽取了机械学习(rote learning,RL)和意义学习(meaningful learning,ML)的影响因素。

虚拟现实技术支持的认知学习过程根据同化、顺应、机械学习与意义学习四个要素,提出该部分研究四元素相结合的学生认知学习过程,包括同化知识的机械学习过程(rote learning to assimilation,RA1)、顺应知识的机械学习过程(rote learning to accommodation,RA2)、同化知识的意义学习过程(meaningful learning to assimilation,MA1)、顺应知识的意义学习过程(meaningful learning to accommodation,MA2)(图4-4)。通过对以上四组认知学习过程描述和定义,为后续的跨学科动觉学习机制影响因素分析提供变量基础。

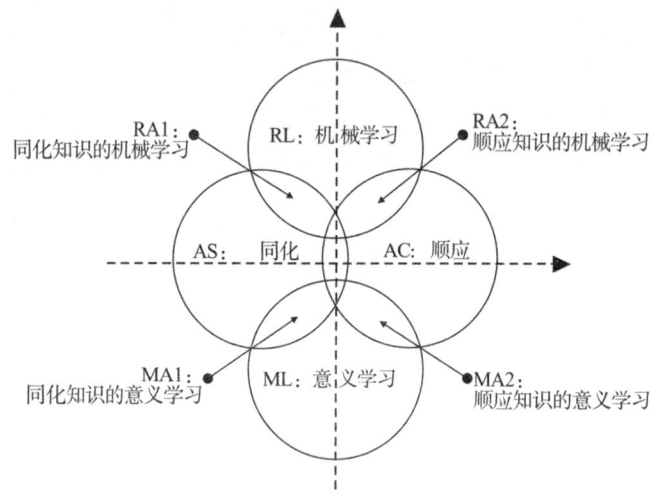

图4-4 虚拟现实环境支持的动觉学习机制

---

① BARROUILLET P. Theories of cognitive development: from Piaget to today[J]. Developmental Review,2015(38):1-12.

② KING D J, RUSSELL G W. A comparison of rote and meaningful learning of connected meaningful material[J].Journal of Verbal Learning & Verbal Behavior,1966(5):478-483.

当分析得到虚拟现实技术支持的认知学习过程后,结合虚拟现实技术的使用流程进一步分析学生使用虚拟现实设备的学习步骤,应包括"任务设计—交互模块—肢体互动—动作捕捉—系统处理—任务完成—促进认知"七个步骤,进而分析各个流程对学生认知发展的影响。

虚拟现实技术的学习过程根据其交互的特点分为了认知层面、交互层面和交互认知层面。在认知层面上,学生根据任务提示理解交互模块的知识,根据知识与学生已有认知的匹配,实现同化知识(AS)或顺应知识(AC)的过程;在交互层面上,学生根据对同化或顺应知识的理解,进行肢体互动,实现人机交互,在交互过程中,学生可能会根据任务进行机械学习(RA),或者根据理解程度进行意义学习(MA);在交互认知层面上,学生已经在认知层面上进行了同化知识或顺应知识的步骤,并且在交互层面进行了机械学习或意义学习的步骤,最后通过学生的互动,交互系统进行处理并给予学生反馈,到达交互认知层面,学生根据系统反馈对反馈结果的进一步的理解,促进认知。在此过程中,学生实现了在认知层面和交互层面各学习过程的交互融合,实现了上述 RA1、RA2、MA1、MA2 的四种学习认知过程(图 4-5)。

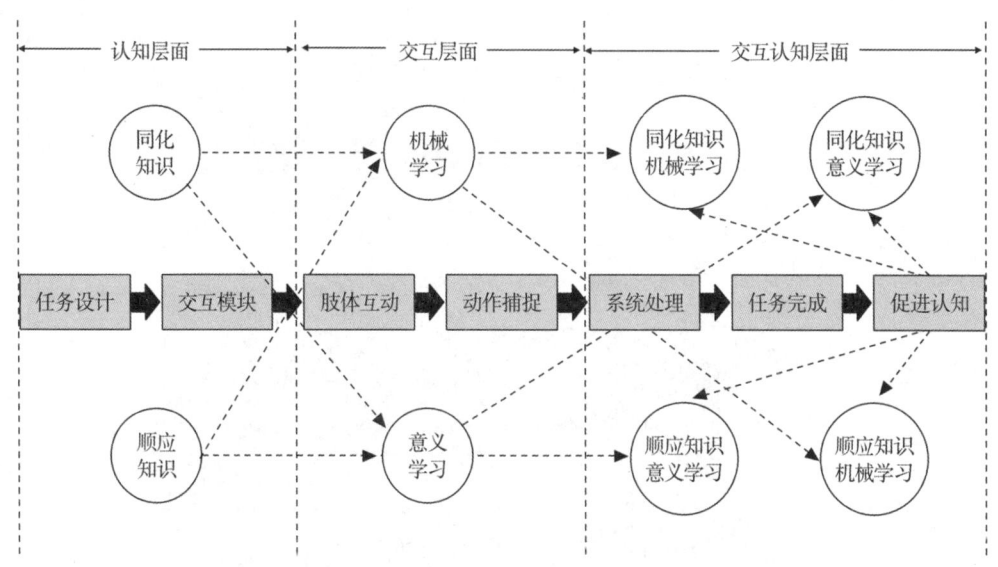

图 4-5　跨学科教育动觉学习流程促进学习认知过程

三、跨学科融合知识的交互模块结构与路径设计研究

交互模块结构与路径设计部分研究了虚拟现实技术所构成的环境特点,构建跨学科融合知识的互动性模块结构与路径,发现促进学生多元学习认知的最优解结构。

（一）基于 ISM 方法建构知识交互模块的学习路径

根据跨学科动觉学习认知影响因素的分析，得到四个影响因素中的四个类别认知学习过程，而每一个类别又包含 S、T、E、M 四类知识内容，因此交互模块可以包含 32 个知识内容。例如同化知识（AS）类别包含了 S1、T1、E1、M1 四个交互模块。然而，针对交互性的学习过程，不可能在短时间内学习完所有 32 个交互模块，需要根据学生的认知水平和学习需要进行动态路径规划，交互模块学习路径构建选择了解释结构模型法展开。

跨学科项目的交互模块路径过程基于以上解释结构模型法过程，将交互模块定义为 Node，而交互模块 Node 由各要素构成的矩阵计算构成，路径 Path 则通过区域分解和级间分解确定其层级关系，形成交互模块路径 Path。

$$(\text{Path})_i = (\cdots, (\text{Node})_{j-1}, (\text{Node})_j, (\text{Node})_{j+1}, \cdots) \tag{1}$$

$$(\text{Node})_j = (x, \xi, \eta, y)_j \tag{2}$$

该部分研究选择 Ucinet 软件实现解释结构模型法过程，通过结构方程分析得到潜变量及子因素，运用解释结构模型法构建以上因素的可达矩阵并进行区域分解和级间分解，求得各因素的层级结构，即跨学科动觉学习实践项目的交互模块路径，所形成的层级结构表示虚拟现实环境中学生利用体感设备与虚拟模块进行互动的流程（图 4-6）。

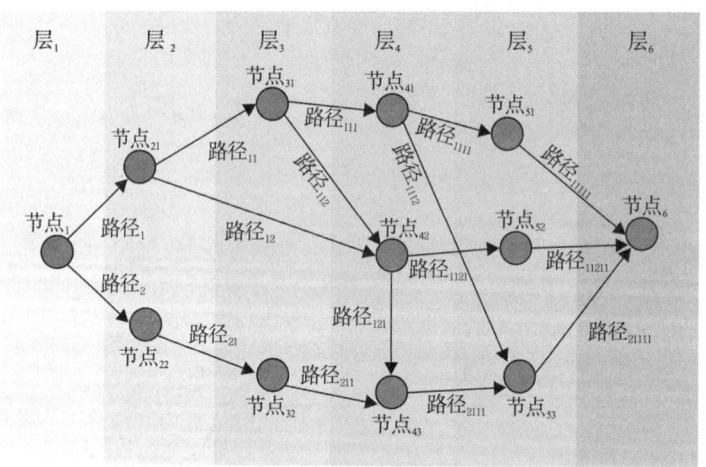

图 4-6　跨学科动觉学习实践项目的预设交互模块路径示意

（二）虚拟现实环境的软硬件实现

该部分研究计划选择 Leap Motion 体感控制器和 Oculus Rift 虚拟现实设备组成虚拟现实学习环境，基于 Unity3D 软件实现 Leap Motion 手势控制，利用 Leap Motion 的 sdk 开发者语言进行软件开发，对手势命令进行定义，定义命令包括手掌位置（palm position）、手掌速度（palm velocity）、手掌法向量（palm normal）、方向（direction）、球心（direction）、球半径（sphere radius）、长度（length）、宽度（width）、指尖位置（tip position）、指尖速度（tip velocity)、画圆动作(circle)、挥动动作(swipe)、点击动作(key tap)、触屏动作(screen tap)（图4-7）。

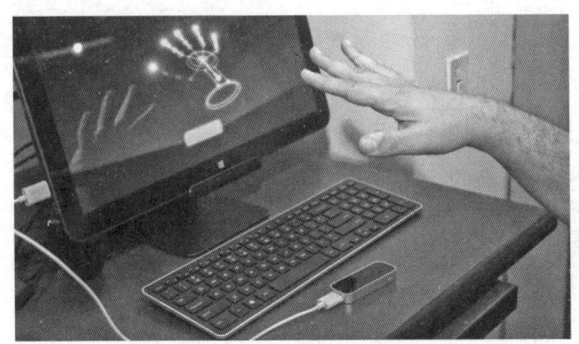 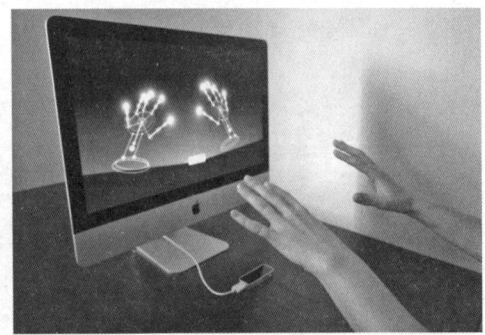

图 4-7 虚拟现实设备 Leap Motion

在 Unity3D 中加入定义的 Leap Motion 手势命令，设计"3D 模型设计与制作"虚拟现实交互程序，利用 Leap Motion 对 3D 模型进行手势控制和操作，将制作的模型继续优化，形成作品。

四、跨学科教育实践项目的设计

为研究虚拟现实环境与跨学科实践项目相融合的过程，探索所建构的学科融合知识动觉学习模型对跨学科实践项目的相关作用，将基于虚拟现实环境的"3D 模型设计与制作"跨学科动觉学习项目应用于实践教学，在本项目前期已经对其他实验组开展了"3D 模型设计与制作"跨学科实践项目中"3D 建模软件""Form 1+3D""Sculpting 建模软件"的案例研究，积累了较多关于 VR 教学的实际经验，取得较好的教学效果。本项目只加入体感控制设备，加入的虚拟现实技术将进一步提高学生操作的体验性和交互性，同时也有利于开展虚拟现实技术支持的跨学科动觉学习机制研究。

(一)研究过程

该部分研究在粤港澳大湾区某高校和美国某州立大学联合开展，所有参与的志愿者都是该校理工、科学、技术类专业学生，在 58 个参与者中，男性占比 63%，女性占比 37%，参与者被随机分配为实验组（30 人）和对照组（28 人），在实验开始前参与者都是自愿参加本次实验，并且对虚拟现实技术或者体感技术的认识水平处于基本认知的状态。

作为"3D 模型设计与制作"实践项目的一部分，该部分研究开展"Cyber Science Skull"（CSS）跨学科项目式学习过程，为期三周的学习过程分为五个部分（表 4-1）。针对实验组和对照组的实验都配备了 Leap Motion 体感控制器、Form 1+3D 打印机和计算机及设备构成的虚拟现实学习环境。前两个部分双组教学计划一致，为学生提供了前测测试、Leap Motion 基本教学、准备知识和以小组为单位的学习指导过程；从第三部分开始双组实施不同的策略，对实验组进行"CSS"跨学科项目的知识讲解和小组训练指导；第四部分为"CSS"跨学科项目的知识建构指导和基于社交网络 App 的协作学习指导；第五部分为体感控制、

3D 打印、虚拟现实操作的组合知识指导、3D 打印过程指导和后测。对照组在后三个部分仅提供了基本的设备指导,无实践操作指导和小组协作指导。实验组与对照组在设备方面条件一致,仅在虚拟现实环境中的指导和小组协作指导方面存在差异,其目的是验证学生提高程度来源于虚拟现实环境支持的跨学科融合知识动觉学习机制的策略,而非虚拟现实环境本身(图 4-8)。

表 4-1 "CSS"跨学科项目的教学计划

实验周期	"Cyber Science Skull（CSS）"跨学科学习项目（3 周）				
	第一部分	第二部分	第三部分	第四部分	第五部分
实验组活动（30 人）	1. 前测 2. Leap Motion 体感控制器介绍	1. 准备知识讲解 2. Leap Motion 的使用 3. 基于社交 App 的小组协作	1. "CSS"跨学科项目的介绍 2. "CSS"跨学科项目的小组协作学习过程及指导	1. "CSS"的知识建构指导 2. Form 1+3D 打印机基本功能介绍 3. 小组协作学习过程及指导	1. 各种设备组成的虚拟现实环境融合应用指导 2. "CSS"作品 3D 打印 3. 后测
对照组活动（28 人）			"CSS"跨学科项目的介绍	Form 1+3D 打印机基本功能介绍	1. "CSS"作品 3D 打印 2. 后测
设备	Leap Motion	Leap Motion	Leap Motion	Leap Motion & Form 1+	Leap Motion & Form 1+
学习类型	线下	线上	线下	混合环境、小组协作	混合环境、小组协作
动觉学习机制	RA1	RA2，MA1	RA1，RA2	RA2，MA2	MA1，MA2

图 4-8 "CSS"跨学科项目的实验过程

(二)研究结果

该部分研究根据虚拟现实环境要素和实验过程评价,吸收虚拟现实环境、21世纪技能与STEAM教育评价[①]、ICT技能自主学习[②]、协作学习[③]、问题解决[④]、创新能力发展[⑤]和数字学习技能[⑥]的评价要素,设计了"虚拟现实环境支持的学习"五维调查问卷(GBTLS),包括虚拟现实环境的学习动机(GL)、虚拟现实环境的使用便利度(GT)、虚拟现实环境的资源有效性(GR)三个部分共六项二级评价指标,同时设计了"虚拟现实环境支持的跨学科融合知识动觉学习认知"五维调查问卷(RM2A-GBT),包括动觉学习中的技术熟练度(RM2A-GU)、动觉学习中的自主学习(RM2A-SL)、动觉学习中的协作学习(RM2A-CL)、动觉学习中的问题解决(RM2A-PS)、动觉学习中的创新发展(RM2A-CD)五个部分共15个二级评价指标。在正式使用问卷前对问卷进行了试测,选择了13位同类专业背景的学生志愿者在了解实验背景后填答问卷,其α信度分别为0.79和0.72,根据Gall对问卷信度评价的标准[⑦],0.79和0.72介于0.69和0.88之间,证明两套问卷具有较高信度。

1. 双组前后测成绩结果

对学生的前测评价得到双组平均值、标准差和 t 检验结果。结果显示双组前测成绩分别为2.37和2.12,表明双组基础处于对等水平,后测成绩对照组平均值为3.61,标准差为0.906,实验组平均值为4.39,标准差为0.936,且双组后测成绩的独立样本 t 检验在假设方差齐性条件下,其显著性 p 值为0.002(小于0.05),证明双组后测具有显著差异,实验组表现好于对照组(表4-2)。

表4-2 双组前后测成绩结果

测试	对照组(28人)		实验组(30人)	
	均值(mean)	标准差(SD)	均值(mean)	标准差(SD)
前测	2.37	0.995	2.12	0.968
后测	3.61	0.906	4.39	0.936

---

① 杨彦军,饶菲菲.跨学科整合型STEM课程开发案例研究及启示——以美国火星教育项目STEM课程为例[J].电化教育研究,2019(2):115-124.

② HANTRAKUL L, KACZMAREK K. Implementations of the Leap Motion device in sound synthesis and interactive live performance[C]. New York:MOCO'14 proceedings of the 2014 International Workshop on Movement & Computing, 2014.

③ 殷欢.STEM教育中合作学习质量影响因素及提升策略[J].中国民族教育,2018(6):50-51.

④ IBÁNEZ, JOSÉ DE JESÚS LUÍS GONZÁLEZ, WANG A I. Learning recycling from playing a kinect game[J]. International Journal of Game-Based Learning, 2015(3):25-44.

⑤ LIN J C, YANG W, GAO X, et al. Learning to assemble building blocks with a Leap Motion controller[M].Switzerland:Springer Cham, 2015.

⑥ RICHARD W C. Evaluating and adopting e-Learning platforms[J]. International Journal of e-Education, e-Business, e-Management and e-Learning, 2013(3):229-233.

⑦ GALL M D, GALL J P, BORG W R. Educational research:an introduction (7th ed.)[C]. Boston, MA:Pearson Education, 2003.

2. 学习态度调查评价结果

由对实验组进行后测调查的 GBTLS 和 RM2A-GBT 两套问卷的结果,分别得到了两套问卷一级指标的均值和标准差,对于 GBTLS 调查问卷来说,关注于被试在虚拟现实环境中的学习体验和资源使用情况,指标"虚拟现实环境的学习动机(GL)"和"虚拟现实环境的资源有效性(GR)"均达到较高的水平(均值=4.55,标准差=0.379;均值=4.28,标准差=0.639),而"虚拟现实环境的使用便利度(GT)"相对较低(均值=3.91,标准差=0.658),这表明学生在利用虚拟现实环境中的学习动机和资源学习体验较好,而互动使用的便利性相对一般,但总体来说三项指标依然达到较高水平(表4-3)。

表4-3 GBTLS 调查问卷的评价结果

一级指标项	二级指标项数	均值(mean)	标准差(SD)
虚拟现实环境的学习动机(GL)	2	4.55	0.379
虚拟现实环境的使用便利度(GT)	2	3.91	0.658
虚拟现实环境的资源有效性(GR)	2	4.28	0.639

对于 RM2A-GBT 调查问卷来说,关注学生利用虚拟现实环境进行学习的动觉学习过程,指出动觉学习所能够涉及的学生能力发展的部分。指标"动觉学习中的技术熟练度(RM2A-GU)""动觉学习中的自主学习(RM2A-SL)""动觉学习中的创新能力发展(RM2A-CD)"三项指标均值均大于4,达到了较高水平,表明学生在动觉学习过程中能够达到较好的技术熟练度,并且进行较好的自主学习,达到了创新发展的目的;而"动觉学习中的协作学习(RM2A-CL)"和"动觉学习中的问题解决(RM2A-PS)"得分相对一般,表明学生在使用虚拟现实环境开展协作式动觉学习依然存在难点,并且解决问题的过程成为其亟待突破的部分。但是总体来说,动觉学习的五项一级指标依然达到较高水平,表明参与实验的学生能够利用虚拟现实环境开展有效的动觉学习过程(表4-4)。

表4-4 RM2A-GBT 调查问卷的评价结果

一级指标项	二级指标项数	均值(mean)	标准差(SD)
动觉学习中的技术熟练度(RM2A-GU)	3	4.51	0.461
动觉学习中的自主学习(RM2A-SL)	3	4.53	0.407
动觉学习中的协作学习(RM2A-CL)	3	3.87	0.719
动觉学习中的问题解决(RM2A-PS)	3	4.03	0.645
动觉学习中的创新能力发展(RM2A-CD)	3	4.32	0.564

3. 学习态度评价指标的相关性分析

为探究虚拟现实环境对学生认知发展、学生能力发展及其与动觉学习的关系,对 GBTLS 和 RM2A-GBT 两套问卷进行了相关性分析,得到表4-5所示的相关性分析结果。结果表明,

GR 与 GL、RM2A-GU 与 GL、RM2A-GU 与 GR、RM2A-SL 与 RM2A-GU、RM2A-CD 与 RM2A-SL、CL、PS 存在较显著的正相关关系，相关性不能够指出因果关系，但通过分析表明虚拟现实环境的资源有效性促进了学生虚拟现实技术的学习动机，动觉学习中的技术熟练度促进了学生的学习动机和资源的有效性，动觉学习的自主学习过程反过来促进了技术的熟练度，最后动觉学习中的创新能力发展促进了自主学习、协作学习和问题解决的发展。

总体来说，在虚拟现实环境中的动觉学习以技术的熟练度为基础，促进了学生对虚拟现实环境的学习动机和资源有效性，以动觉学习中的创新能力发展为关键突破点，通过促进这一能力的发展能够同时提高自主学习能力、协作学习能力和问题解决能力。

表 4-5　GBTLS 与 RM2A-GBT 调查问卷评价指标的相关性分析结果

项　　目	1.	2.	3.	4.	5.	6.	7.
1.GT	0.155	—					
2.GR	0.508**	0.243	—				
3.RM2A-GU	0.440**	0.089	0.487**	—			
4.RM2A-SL	0.341	0.065	0.349	0.681**	—		
5.RM2A-CL	0.341	0.291	0.297	0.445*	0.279	—	
6.RM2A-PS	0.416*	−0.074	0.241	0.225	0.383*	0.447*	—
7.RM2A-CD	0.324	0.105	0.184	0.434*	0.611**	0.544**	0.549**

注：* $P<0.05$，** $P<0.01$。

比较 GBTLS 和 RM2A-GBT 两套问卷的均值、标准差和相关性分析结果后发现，学生更倾向于机械学习的过程（RA1、RA2），如技术的熟练度促进了学生的学习动机和资源的有效性，表明在实验初期，学生需要更多的时间开展自主学习，促进其技术熟练度，进而提高学习动机和资源有效性。但是意义学习实验后期产生较大效应（MA1、MA2），如创新能力发展促进了自主学习能力、协作学习能力和问题解决能力的提高，表明以机械学习过程为基础，达到一定学习进度后，学生能够自然地适应技术和资源，促进其能力的发展，但是这个过程需要较长的时间。以上结论回应了该部分研究的目标，即虚拟现实环境对学生认知发展的作用是通过机械学习促进意义学习，由技术熟练到促进学习动机和资源有效性发展，进而促进能力提高，通过创新能力发展促进其他能力的进一步提高。

（三）研究结论

该部分研究为虚拟现实技术与学生认知发展的联系提供了理论框架，在文献综述、认知主义学习理论的基础上提出了虚拟现实环境促进学生认知的动觉学习机制，即虚拟现实环境支持的跨学科融合知识动觉学习机制，设计了跨学科融合知识的交互模块结构、路径与软硬件实现方式，并根据学习机制与路径开展了虚拟现实环境支持的跨学科实践项目的实证研究。实证研究为美国某州立大学的"CSS"跨学科项目，通过双组前后测分析得到实验组成绩高于对照组成绩，并且差异显著，实验结束后得到 GBTLS 和 RM2A-GBT 两套问卷的分析结果,表明基于虚拟现实环境的跨学科项目对学生的短期学习过程中的机械学习促进效果较好,即技术的熟练度促进了学生的学习动机和资源的有效性。如果能在一个较长的学习周期中开展研究,基于虚拟现实环境的跨学科项目可以逐渐有效地促进学生开展意义学习过程,即创新能力发展促进了自主学习能力、协作学习能力和问题解决能力的提高。

该部分研究实证过程依然存在不足,"CSS"跨学科项目的实施时间为 3 周,对于利用虚拟现实技术促进学生认知学习的过程来说依然具有时间局限性,后续需要进一步开展更长时间的实践研究。另外,该部分研究所提出虚拟现实技术支持的动觉学习机制模型以认知学习理论为基础,模型元素在呈现学习内容、知识内容、学习过程与技术本身的关系方面依然有待深化。因此,该模式可在国内开展针对不同学段和内容的研究,以进一步验证 RM2A 理论模型的有效性,同时也能够对基于动觉学习的学生认知促进机制开展国内外对比研究。

通过该部分研究,为虚拟现实环境和学生的认知发展提供了联系,为 VR、AR、MR 等技术对学生的促进作用提供了理论框架并进行了验证,为国内外同类研究的教学实践提供了参考,丰富了虚拟现实环境对学生动觉学习机制和认知能力发展的理论内涵和实践意义。总体来说,该部分研究在虚拟现实技术、跨学科教育、学生认知等领域具有较高的理论价值和实践研究意义。

第三节 智能技术支持的 STEAM 实践案例

一、课程设计

(一)多校协同课程群构建

深圳市龙岗区麓城外国语小学根据跨学科课程设计模式与实践共同体框架,实践开展了基于共同体的跨学科课程群建设。实践共同体开展基于大湾区的跨学科教育协同实践,对"传统文化与技术,自然、社会与艺术,科学、工程与设计,人工智能与编程"四个模块开发跨学科协同实践课程群,运用信息化技术手段,依托各自平台,开展共同体跨区域协同实践(图 4-9)。

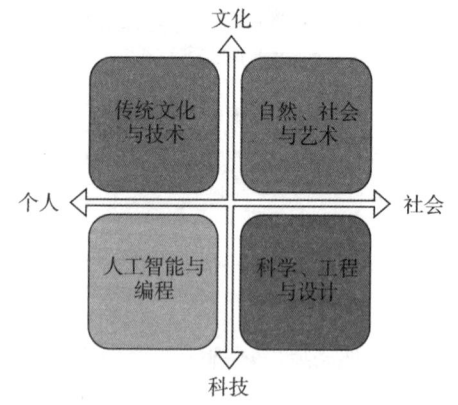

图 4-9 案例中跨学科协同实践课程群结构

对于项目启动阶段确立的跨学科教育分类及拟打造的精品案例,共同体成员学校在案例原有的实践经验与成果的基础上,加强互动交流,共同发现不足,提出优化改进建议并在实践中进一步打磨完善,最终形成了 6~8 个具有典型性的成熟的跨学科教育精品案例,帮助想要探索信息技术与学科教学融合实践的教育同行更好地理解基于大湾区的跨学科教育理念和教学模式,并能在教学设计方法和活动开展策略方面起到良好的引领和示范作用。跨学科课程群由多校协同,基于大湾区的协同实践模式贯穿其中。协同承建的课程组成共同体跨学科课程群,体现共同体一致认同的大湾区跨区特色和一致具有的教育信息化特征。

(二)跨学科教育多校协同课程开发

跨学科课程群由跨区域共同体成员共同通过信息化手段开展协同实践,基于跨学科整合性项目设计模式,共同体提出了 ACEIO 跨区域学校协同实践模式,该模式是基于网络学习平台和应用数字化工具来开展数字化探究学习的一种有效路径,包括学科分析(analysis)、整合设计(consolidation)、实验项目(experiment)、信息化融入(integration)、完善优化(optimization)五个步骤。

1. 学科分析

立足粤港澳大湾区学校及全国辐射成员学校的不同文化特色,融合共同体成员所遵循的基本理论,凝练共通概念,面向学校面临的实际问题进行跨学科课程的学科分析,形成适用于共同体成员的跨学科课程群。

2. 整合设计

基于粤港澳大湾区学校及全国辐射成员学校的实践和培养目标,共同体成员协商一致,以共同的表现期望为跨学科课程群设计目标,根据各共同体成员具体情境进行整合,以各个学校所实施的跨学科课程内容进行内容整合。

3. 实验项目

基于粤港澳大湾区学校及全国辐射成员学校的实践和培养目标,共同体成员在学科分析与整合设计的基础上,共同形成跨学科课程群,开展跨区域协同的实验项目,以参与、探索、解释、工程、深化、评价的标准化流程进行协同实施,促进共同体的深入实践。

4. 信息化融入

基于粤港澳大湾区学校及全国辐射成员学校的实践和培养目标,共同体以信息化工具为抓手,通过网络平台进行跨区域协作,选定项目和信息化工具促进共同体的进一步协作。

5. 完善优化

基于粤港澳大湾区学校及全国辐射成员学校的实践和培养目标,共同体在一段时间的协同实践过程中,对形成的跨学科课程群及其教学项目进行更新,提炼优化理论内容,解决问题,形成典型案例、典型经验,开展推广辐射(图 4-10)。

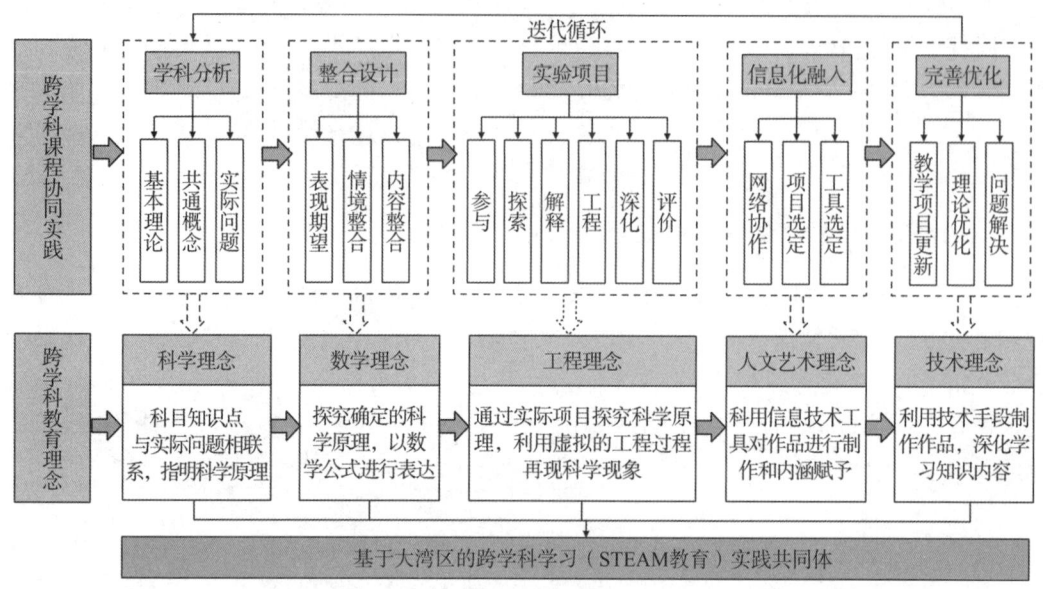

图 4-10 基于大湾区的跨学科课程 ACEIO 协同实践模式

二、课程实施

根据跨学科课程 ACEIO 模式，深圳麓城外国语小学与多所学校协同开发、实施了"园艺农耕"跨学科课程。"园艺农耕"跨学科课程是麓城外国语小学与南兆旭名师工作室共同体设计的跨学科学习课程，课程的实施以社团活动为主要形式，面向学校 1~6 年级的学生开展，学生可以自愿报名参加。

（一）课程特点

（1）设计协同性。该课程已麓城外国语小学学生为主体，在整合设计时融入了多方课程内容、技术手段和专家理论。

（2）项目实践性。课程实施位于教学楼的顶楼，具有开阔的空间和较好的日照条件，学生能够自主设计营造模拟生态环境，亲近了大自然。

（3）技术融入性。园艺农耕的园地在设计、实施、教学、养护等过程中都融入了信息化手段。以上特点成为该共同体实施教育信息化教学应用实践共同体项目的重要基础。

（二）"园艺农耕"课程的跨学科协同实践

1. 学科分析阶段

麓城外国语小学的科学教师、信息技术教师与南兆旭名师工作室的专家团队共同开展了学科分析，以"科学"科目为主体，遵循杜威"做中学"的基本理论，以"科学"和其他学科中的植物、动物、热、电、空气、环境作为共通概念，以指导学生直面自然、认识植物、认识土壤、认识生命的实际问题进行教学设计（图 4-11）。

图 4-11　学生开展"园艺农耕"实践活动

2. 整合设计阶段

教学设计团队以认识土壤、学会种植、热爱环境作为表现期望,与教学楼顶层的园地作为情境整合环境,将园地中的种植地、水生环境、水稻池和生态森林作为内容进行整合。

3. 实验项目阶段

学生按季节进行"园艺农耕"课程的跨学科学习实践。秋冬学期,利用水稻池和食物森林开展学习:水稻池中引入水稻种植和鲤鱼养殖,形成水稻环境供养鲤鱼、鲤鱼环境供养水稻的循环生态环境;食物森林种植橘子树和养殖凤蝶,橘子树秋天所产的橘子可以供学生们收获,同时橘子树也成为凤蝶的栖息场地,让学生认识植物与动物相互依存的基本知识。该过程中学生需要观察、记录植物生长,利用3D打印机制作园地植物的辅助支撑材料,将观察到的动物进行3D模型构造并开展细致观察,制作生态系统循环模型并进行展示。

春夏学期,利用水生环境和土壤园地开展实践学习:教师和学生通过技术和工程手段营造湿地、平水区、浮水区、沉水区、水底区多层次水生环境,在湿地中种植芦苇,平水区种植薰衣草,浮水区种植茭白和菱角,沉水区种植睡莲,水底区养鱼,形成模拟自然水生环境的完美生态链;在土壤园地营造U形山脊地,通过摄像头和传感器研究阳光对植物生长的促进作用及阳光对土壤养分形成的作用,利用工程研究山窝遮阴与种植技术、三明治堆肥法,发展学生的园艺农耕方法与技巧。

通过以上参与、探索、解释、工程、深化、评价的六环节,学生学习到了环境中的生命奥秘,养成保护环境、爱护生态的意识。

4. 信息化融入阶段

在对水稻池、食物森林、水生环境、土壤园地的构造方面，教师指导学生利用信息化工具进行园地设计、园地生态运行模拟、园地建造、植物种植，同时利用网络进行知识探究，学习植物、土壤、环境的营造方法和原理，最后利用信息化展示工具对所养护的土地、营造的模型、改良的方法、探索的原理进行展示，提高了学生真正参与园艺农耕的技巧。

5. 完善优化阶段

该课程以麓城为核心形成了框架完善的"园艺农耕"跨学科课程，应用信息化工具与生态模拟环境技术、山窝遮阴与种植技术，发展了学生园艺农耕的方法与技巧，优化了"做中学"理论。然而通过分析发现，深圳气候温暖且湿度较高，同时缺乏更加有效检测植物生长的信息化工具和园艺农耕方法，使得共同体成员学校促进该课程优势互补的需求变得十分迫切。

通过以上案例，主要表达的共同体诉求是：在ACEIO实践模式框架下，基于大湾区的跨学科学习（STEAM教育）实践共同体能够融合各个成员学校在课程、工具、理论、方法等方面的优势形成互补，同时能够带动其他弱校协同提高，利用共同体实现了协同创新。

三、结果与讨论

（一）跨学科课程群成长阶段

共同体成员界定好统一的跨学科课程实践模式后，以该模式为路径，以协同共建的跨学科课程群为内容，开展协同实践活动，通过多个阶段的共同体实践促进共同体由核心成员引导转变为由所有成员自组织的良好机制，共同体实践过程模式包含四个阶段，即共同体组建阶段、共同体成员成长阶段、共同体实践经验形成与辐射阶段、共同体对外扩大阶段。

1. 共同体组建阶段

由牵头单位带头，确定核心成员和实施机制，确定跨学科教育实践框架的共同愿景和协同形式，设计跨学科协同实践活动与过程。此过程由牵头单位向其他成员单位进行组织、指导。

2. 共同体成员成长阶段

此阶段主要聚焦于共同体核心成员的成长，核心成员需要确定自己所带领的边缘成员单位，贯彻落实牵头单位制定的实施机制，支持和支撑共同愿景和协同活动，开展跨学科实践活动。此过程核心成员单位需要向牵头单位进行反馈和集体观摩学习，同时核心成员单位还需要对积极参与单位进行组织、引导和评价。

3. 共同体实践经验形成与辐射阶段

此阶段主要聚焦于由牵头单位和核心成员单位在典型经验和模式成型之后向其他成员

辐射的过程,面向积极参与单位,该类单位需要积极参与相关活动,贯彻实行实时机制,不断深化理解共同愿景,参与跨区域协同活动,开展实施跨学科实践活动。此过程积极参与单位需要向核心成员单位进行反馈、观摩学习和实践协同,同时积极参与单位还需要对边缘参与单位进行组织、引导、示范和评价。

4. 共同体对外扩大阶段

此阶段主要聚焦于在原有共同体经验定型后,将典型经验和模式向非成员推广,促使非共同体成员成为边缘参与者,鼓励他们贯彻实施机制,认同、理解共同体愿景,边缘性地参与协同活动,开展实施跨学科实践活动。此过程边缘参与单位需要向积极参与单位进行反馈、观摩学习、实践协同,实现自身成长。

以上四个阶段共同由信息化协作支撑平台支撑,体现教育信息化教学应用过程,选择国家教育资源公共服务平台、"双融双创"智慧共享社区和实践共同体协同工具/平台进行环境搭建,使共同体跨学科的实践理念能够得到统一与落实,实践活动能够得到协同实施,内容资源能够得到共建共享支持。

(二)跨学科课程群辐射推广

成立实践共同体的初衷是将多学科融合教学中实践经验丰富的学校集合起来,相互学习,共同提高,让共同研究的成果引领更多的学校、学科教师投入跨学科教育研究中来。因此,发挥共同体的辐射、引领作用是该共同体成立课程群的一项重要任务。在项目实施的过程中,该共同体通过多种形式的专家讲座、参观学习、集体教研、成果展示、经验分享、论文发表、双师课堂、教师课例比赛、学生作品比赛、线上主题研讨等活动实现共同体内外的辐射带动作用和跨学科、跨学校、跨区域甚至国际的引领示范作用。

第五章

人工智能助推教师专业能力高质量提升

第一节 教育信息化2.0时代的教师信息素养

2018年4月,教育部印发《教育信息化2.0行动计划》,标志着我国教育信息化从"1.0时代"迈进"2.0时代"。与1.0时代相比,2.0时代的教育系统内部各要素发生明显变化,面临转型升级。从战略层面来看,党的教育信息化对教育现代化的作用从"带动"发展为"支撑引领",重要性提升且上升为国家战略。从技术角度来看,2.0时代的技术触发点从计算机和半导体技术转变为大数据和智能技术,尤其是人工智能技术为教育的变革创新提供更多的可能性。从人才培养的社会需求来看,十九大以来,创新成为引领社会发展的第一动力,因此需要着力培养富有创新精神和实践能力的各类创新型、应用型、复合型优秀人才,而非原来强调基本知识、基本技能的标准化人才。课堂是教育信息化的主阵地,推动教育信息化转型升级,更多地需要依靠广大教师的力量,因而提升教师应用信息技术教学能力的需求十分迫切。

《教育信息化2.0行动计划》明确提出"大力提升教师信息素养",对教师的信息素养提出了更高的要求。2019年3月,教育部发布《关于实施全国中小学教师信息技术应用能力提升工程2.0的意见》(以下简称《工程2.0》),突出以学校信息化教育教学改革发展引领教师信息技术应用能力培训,注重培养教师将技术深度融入教学全过程、推动教育改革发展的融合能力。在探讨教育信息化2.0时代对教师信息素养的要求之前,首先应当了解什么是教师信息素养。教师的信息素养可大致分为信息技术素养和信息人文素养,信息技术素养是指教师在教学实践活动中运用信息知识和信息技能,解决实际教学问题并促进自身专业发展的能力;信息人文素养包括信息意识、信息道德等一系列面对信息、处理信息时表现出的心理状态及人文修养。

从教师信息素养的内涵不难看出,它强调教师应该具备应用信息技术开展数字化教学,在此过程中促进自身专业发展并培养信息人文素养的能力。

在教育信息化2.0时代,教育发展受到大数据、人工智能的强烈冲击,智能信息技术对教育的影响日益深刻。首先,在此形势下,教师应该主动适应大数据、人工智能等技术变革,走出教学舒适区,提升数字化学习能力,积极应对信息时代的教育挑战。其次,教师应该在开展信息化教学时,将信息技术深度融入教学设计、教学方法运用、教学媒体选择、教学实施、评价反思等教学全过程中,有效地推进教育教学质量提升和教育教学改革。再次,教育信息化发展为教师个人成长带来了良好机遇,教师应抓住机遇,提升在线课程设计与开发、混合式教学、数据分析和评价等信息化职业能力,不断更新专业知识、提高专业技能。研究表明,智能信息技术的应用可加快教师专业发展步伐,新手教师应该抓住机遇,有效利用智能信息技术提高自身专业技能,缩减成长为专家型教师的时长。最后,教师应在信息化教学实践中培养信息人文素养,包括信息批判意识、信息安全防范等,了解相关的网络安全法律、法规,做到文明、安全、健康上网,并为学生营造良好的网络学习氛围。

第二节 当前教师信息素养的现状与困境

尽管国家高度重视教师信息素养的提升,教师信息技术应用能力提升工程项目也极大地提高了教师应用信息技术改进教育教学的意识和能力,但与教育信息化2.0时代对教师信息素养的要求相比,在许多方面还存在较大的差距,无法满足教育教学改革发展的需要。

第一,教师信息技术应用能力亟须提升。教师在对应用信息技术开展教学的困难进行归因时,认为自身信息技术应用水平是阻碍信息技术应用的最主要因素。

第二,教师的信息化教学能力严重不足。在教学设计、教学方法运用、教学实施等过程中,教师都难以做到真正将技术与教学深度融合,信息化与教育教学"两张皮"现象仍然存在。培训时,课件制作技术最受教师欢迎,而整合技术的学科教学知识能力受欢迎程度较低,说明教师整体信息化教学能力较低,较少开展相应活动。

第三,教师极少在教学中使用在线课程。仅7.3%的教师在教学中使用过在线课程,各地市建成的区域共享课程只占总课程的1.9%,14.0%的学校认为本校教师完全不具备利用在线课程、开放资源和校外资源设计开放式学习活动的能力。

第四,教师缺乏应用数据辅助教学的能力。8.0%的学校认为,本校教师无法应用即时反馈系统或教学行为数据对学生个体或群体发展进行诊断与分析。

第五,教师欠缺信息批判的意识和能力。只有18.1%的教师对"网络上所提供的课程相关信息来源就是正确的"表示质疑,18.5%的教师会对从网络中找到的课程问题答案的唯一性表示质疑。

不仅如此,教师信息素养提升还遇到诸多阻力。首先,目前教师信息技术应用能力培训易流于形式。许多培训项目采用大班讲座的形式开展,教龄、专业背景、学段、区域和信息化能力水平不同的教师经常被混在一起参加同一个培训活动。对于不同主题、类型的培训项目,经常采用相同内容进行培训,导致重复培训,且培训内容陈旧,未随技术的发展而及时更新。其次,信息化教学的支持服务体系尚未形成。从学校视角看,76.1%的学校认为信息技术人员配备不足是学校开展信息化教学改革的最大阻力。从个人角度看,信息化教学缺乏教学创新团队的支持和帮助,相当多的教师不具备较强的信息素养和改革创新精神。最后,教师信息素养提升缺乏氛围。目前很多学校基础设施落后,校园中缺乏应用信息技术的氛围,不利于教师养成使用信息化手段进行工作、交流与成长的习惯。

第三节 有效提升教师信息素养的策略与路径

进入教育信息化 2.0 时代,教师信息素养提升虽面临严峻挑战,但同时也迎来前所未有的巨大机遇。国家从顶层设计层面整体推动教师信息素养提升,教育部启动新一轮中小学教师信息技术应用能力提升工程;"三通两平台"成效显著,极大地改善了中小学信息技术应用环境;教育领域对信息素养重要性的认识在不断深化。因此,我们应抓住机遇、迎难而上,从个人、学校、区域三个层面共同努力,切实有效地提升教师信息素养。

一、个人:提升整合技术的学科教学知识能力

从教师个人角度看,信息素养提升的关键在于提高整合技术的学科教学知识(TPACK)能力。TPACK 是 technological pedagogical and content knowledge 的英文缩写,包含三个核心要素,即技术知识(TK)、学科内容知识(CK)、教学法知识(PK)。

TPACK 是美国在大力推进教育信息化进程中总结出的每一位教师都必须认真学习的全新学科教学知识,是教师专业化过程中出现的一个新概念,也是未来教师必须具备的一种知识。教师在信息素养提升过程中,可以将 TPACK 作为总体发展目标,并根据框架将其细分为三个步骤。

第一,教师需深入了解、认真学习信息技术,不断提高自身信息技术理论水平和应用能力。从最基本的信息检索工具、信息交流工具,到教学过程中最常用的多媒体教学工具,再到思维导图、网络学习空间等知识管理工具,教师必须循序渐进,熟练掌握并在教学中有效运用。

现阶段,教师尤其要发挥网络学习空间在实现课前、课中、课后学习无缝衔接上的优势,将其与学科内容知识和教学法知识进行整合,以此带动教育理念和教学模式的革新。

第二,教师需在学科教学过程中有效应用信息技术提升教学效果和教学效率。事实上,处于这一阶段的教师已基本掌握信息技术及其应用,需要将重心放在促进信息技术与学科教学的整合上,有效应用信息技术提升教学效果和教学效率。

这里的"整合"更多的是直接在个别教学环节中应用技术或工具达到某种特定效果,例如在课堂教学中利用多媒体资源呈现教学内容、利用虚拟实验室进行实验教学、利用在线考试系统评价学生知识掌握度、利用在线教学平台开设一门课程等。

第三,教师需在学科教学中应用信息技术促进教学方式方法的变革与创新。在这一阶段,教师必须将技术知识、学科内容知识、教学法知识融会贯通,着力提升整合技术的学科教学知识能力。

在教学方面,教师可通过在线课程开展混合式教学;通过网络学习空间开展自主、合作、探究等新型教学方式;加强与其他学科教师的交流合作,开展跨学科教学等。

实际应用中,这些教学方式方法往往相互融合在一起,共同服务于教学质量提升及教学

改革创新。例如,探究式学习提倡采用混合式教学方式组织探究活动,利用技术(如学科工具、虚拟学习系统、探究实验设备等)创设探究学习情境,用翻转课堂、可视化学习、问题解决式学习、基于资源的学习等方式,组织探究学习活动。

掌握了 TPACK 能力,教师能更有效地推动信息技术与教育教学的深度融合,促进教育的变革与创新,最终实现教育个性化、公平化、智慧化、现代化等发展目标。在 TPACK 能力提升过程中,教师的专业能力得到极大提升,发展步伐进一步加快,发展途径进一步拓宽,教师的信息人文素养也在潜移默化的过程中得到提升。

二、学校:优化支持服务体系,营造校园信息化氛围

从学校角度看,教师信息素养提升需要一定的校园信息化环境氛围及信息化教学支持服务。学校应加速校园数字化进程,完善校园基础设施建设及软文化环境建设,提升学校教育治理的科学化和现代化水平,便于教师在工作过程中使用信息化手段进行有效的沟通与交流。

另外,学校还需为教师设立信息化教学支持服务中心,为教师提供信息化教学技能培训、课程制作与运营支持服务、信息化教学研修支持服务等。

三、区域:保障教师信息技术应用能力培训质量

从区域角度看,提升教师信息素养最直接、最有效的方式是开展教师信息技术应用能力培训。

各级教育行政部门应在《工程 2.0》引领下,一是要创新教师培训方式方法,推动基于网络学习空间、名师工作坊、网络研修社区等的混合式培训与跨学科培训;二是在培训前对各级各类学校教师的信息化水平进行摸底测试,并根据结果进行相应培训,提高培训指导的针对性;三是优化培训团队建设,对经常承接信息技术应用能力提升工程培训项目的培训机构,应慎重考察、严格要求;四是根据信息技术发展趋势,组织培训团队及时更新培训内容;五是变革教师信息技术能力测评方式,充分利用新技术开展教师研修伴随式数据采集与过程性评价,提高测评助学的精准性,满足教师个性化发展需求。

第六章

人工智能助推校长领导力高质量建构

第一节　智能时代校长信息化领导力建设

人工智能技术在智能导学、沉浸式学习、图像识别、情绪辨别等方面的教育应用,为教育发展提供了更多的可能性与路径。2018年4月,教育部颁布《教育信息化2.0行动计划》,强调需开展以学生为中心的智能化教学支持环境建设,推动人工智能在教学、管理等方面的全流程应用。人工智能赋能教育教学已成为我国教育信息化发展不可忽视的关键议题。一般而言,校长信息化领导力是指校长在推进学校教育信息化过程中,能够规划、建设信息化发展愿景,并能影响和带领全体师生员工共同实现愿景的能力与智慧。作为学校教育的核心管理人员,校长如何利用人工智能技术推动校园建设与教育发展极具价值意义,人工智能时代中小学校长信息化领导力的实践取向值得学者关注。

近年来,随着人工智能的发展,教育空间已由传统的物理空间逐步扩展为智能互联空间。相关学者已针对人工智能的种类以及目前在学校的运用等问题,对人工智能时代学校教育的基本特征做出解释。例如,利用机器学习可定制化并自动化完成教学与学习活动;利用自然语言处理可实现智能化的人机互动及师生反馈;利用虚拟与增强现实有助于转变学生学习方式、教师教学角色;利用情感计算功能可辨识、调节师生情绪。概括相关研究论点,可发现,人工智能通过云端运算、物联网、大数据、移动互联、机器学习等多类技术为教育教学带来了新的样态与发展空间。

在人工智能时代,以智能科技与媒体技术来支持教育改革与创新发展成为诸多国家的重要战略选择。然而当前人工智能的发展仍有其局限性,尚不能完全取代人类,人工智能在人性互动、情感表达、学生品格培育、因材施教、技术伦理等多个方面存在不足与缺陷。在智能技术的影响与冲击下,如何通过人工智能的应用,提升教学和学生学习成效,如何有效使用及管控智能技术方式与资源,成为学校教育信息化发展的重要议题。面对相关问题,我们的学校成员能沉着应对信息技术浪潮所带来的冲击吗?相关问题的破解与回应在一定程度上呼唤学校教育信息化领导力的研究与建设。

教育信息化的发展问题也在一定程度上呼唤"人的信息化",尤其是管理人员的信息化。仅有"硬件的信息化"无法真正驱动技术与教育有效整合。作为学校领导团队的核心人员,校长肩负着领导学校成员共同进步并实现学校目标的领导使命,其信息化领导力是破解信息化发展困境、推动学校信息化发展的关键所在,该能力的高低直接决定学校能否有效应对人工智能对学校教育带来的机遇与挑战。在未来教育中,为应对人工智能的冲击,校长应具备较高水准的信息化领导力。

毋庸置疑,技术与领导过程的关系必然是校长信息化领导力建设的基本关注点。从技术的存在来看,技术承载着人的价值,可以对其进行好坏对错的价值判断。人工智能对师生群体影响作用的发挥可被看作校长信息化领导力建设的价值起点。对此种影响作用的发挥来说,主要涉及人工智能技术的接受与扩散两个层面。我们认为,人工智能时代校长信息化领导力建设可从技术接受与技术扩散两种视角予以分析。

从技术接受的视角来说,技术接受将在很大程度上影响技术在校长信息化领导过程中的应用与推广。一般而言,技术接受视角可用于对某一信息技术方式被用户广泛接受的影响因素做解释说明,其涉及两个主要影响技术接受的因素:感知的有用性和感知的易用性。人工智能时代,校长信息化领导力建设需首先考虑智能技术对教育教学是否有用及易用。校长在推进智能教育发展时,应先了解各种可能影响学校成员感知易用性及有用性的相关因素,根据学校成员信息素养、教育教学需求、技术复杂程度、技术伦理规范等方面的实际情况,着力于提供以人为本的智能服务,并促进学校人员之间的交流与合作,合理引导智能技术在教育教学中的有序融入。

从技术扩散的角度来说,技术扩散是事物或观念通过传播管道,在某个社会环境里寻求社会成员支持与认同的一种过程,通常需要一段相当长的适应时间。在技术使用者比例达到临界值后,创新扩散过程就会快速地增加,并且,较有影响力的人更容易影响他人的技术态度及行为。在人工智能时代,校长通过影响力的发挥引导师生进行智能技术的选择、批判与创新应用。校长应注重人工智能教育应用的时间节点控制与技术传播。一方面,给予学校成员利用智能技术进行教学尝试与反思的时间,及时判断人工智能的教育应用成效;另一方面,需及时判定当前人工智能在技术扩散过程中的时间成本与使用者比例分布,及时调整人工智能的教育应用规划与校长领导策略,促进人工智能技术优势能够被师生群体认同与传播。

校长信息化领导力的建设路径与其信息化领导过程密切相关。人工智能时代校长信息化领导力建设路径需关注"技术愿景""技术与学校管理整合""技术伦理与合法性"等要素。

从技术愿景来看,技术愿景可为学校的信息化发展指明方向,同时也可激发学校成员的热情,进而促使学校成员共同实现学校信息化发展目标。在人工智能时代,校长可尝试凝聚学校成员共识,与组织成员沟通和塑造智能教育的愿景,并能清晰制定学校的人工智能应用目标,根据愿景及目标推动人工智能与教学管理、课程教学及教学评价等方面的深入融合,并可根据人工智能的应用实情及时调整愿景规划。

从技术与学校成员成长整合来看，作为学校的领导者，人工智能时代的校长应持续关心人工智能技术的教育应用趋势及其相关议题，尝试了解如何使用人工智能技术才能有效地推动学校教育的发展，通过加强师生信息素养建设，引导师生在人工智能辅助下共同成长与进步，提升教师的教学成效以及学生的学习成效。一方面，校长在引入与应用人工智能技术时，应注重提高师生对人工智能教育优势及劣势的认知，应提供必要的技术培训课程，推动师生发展；另一方面，校长需致力于利用人工智能整合与分析教育资源，注重智能化教学与学习环境建设，并注重师生信息素养的培育。

从技术与学校管理整合来看，人工智能时代的校长应致力于利用人工智能技术推动班级管理、行政管理、教学管理等方面工作的高效开展，利用人工智能技术实现班级沟通、行政事务及教学事务处理的智能化运作，提升学校组织人员间的沟通效率，并着重智能搜集和分析与学校信息化发展相关的资料及数据，运用大数据评估学校信息化发展现状及问题，以便根据问题诊断及分析结果制定合理的教育决策，进而提升学校的管理效能。

从技术伦理与合法性来看，技术本身存在两面性，人工智能在推动学校发展的同时，也带来了一些网络安全及个人隐私问题。人工智能时代，校长信息化领导力建设不可忽视与技术有关的伦理和法律责任。校长需确保人工智能的教育应用遵循相应的伦理与法规，应及时关注人工智能技术使用过程中相关的责任、隐私、保密、环境安全问题，并制定规范技术使用行为的相关规章制度，引导师生遵守有关技术应用的安全、伦理、合法性等方面的政策、制度及规章，以便有效提升技术效能。

第二节　校长信息化领导力的概念

教育信息化在一定程度上可被视为"信息化＋教育"，但这并不是简单的两者相加，而是利用信息通信技术以及互联网平台，让信息技术与教育领域进行深度融合，创造新的发展生态。顺应信息化潮流是教育领域的必然选择，但是必须认识到，教育参与人员才是教育的根本，技术只是工具和手段，"人"的信息化尤为关键。作为教育参与过程的重要引领者，校长有效利用技术，对学校教育教学改革具有极大的推动作用。信息技术的兴起与发展，为校长的领导实践带来诸多机遇与挑战，校长的领导实践亟需新的能力框架作为理论支撑。如何在教育信息化背景下将技术能力与领导能力融合，不断生成新的信息化领导力，俨然已成为我国中小学校长探索教育信息化发展的必然要求。

信息化领导力属于技术能力、领导能力二维融合的产物。从融合论的视角来看，在领导情境下，技术能力、领导能力可通过相互作用转化生成校长信息化领导力。为深入剖析校长信息化领导力的本质，可从技术能力、领导能力两个方面予以解读与分析。

技术能力包括校长对于技术方式的感知能力、应用能力以及反思能力等方面。在技术能力方面，校长需了解技术方式（包括传统技术和数字技术）的功效与价值，比如信息化管理平台技术、多媒体教学技术、家校沟通平台技术等的价值意义，需尝试将技术应用于教育领导过程中,并及时针对技术的应用细节予以反思。校长通过对信息技术知识的了解与掌握,提升相应的技术能力,有利于其将技术能力深度融合于教育领导过程中,进而有利于提升学校管理效率和教育信息化水平。

领导能力是指校长在领导过程中解决教育问题、促进教育发展的能力,其离不开教育素养、领导素养的双向互动。基于相关的教育理论,为完成特定教育目标或教育任务、解决教育问题以及促进教育发展,校长在规划设计、组织实施、评价推动等领导过程中,通过选择与应用领导手段、领导方式、领导策略以及领导模式,进而形成领导能力。

校长是学校信息化工作的带头人,是学校信息化工作的组织者,是学校信息化工作的践行者,校长应该履行规划设计、组织实施和评价推动三个方面的学校信息化工作的专业职责。这三个方面的要求分别体现了三个基本理念,即引领发展、协同创新、提升素养。引领发展、协调创新与提升素养覆盖了校长信息化领导实践的三个核心领域。由此,校长在其信息化领导过程中必然涉及规划设计、组织实施以及评价推动三个维度,这三个维度又可划分为众多具体的子维度。然而,这三个维度仅仅代表校长信息化领导力的权力性成分,校长信息化领导力还包括一些非权力性成分,比如信息技术能力、道德影响力等。其中,因技术的变革性力量,信息技术能力属于校长信息化领导力结构中变动性较大且较为关键的非权力性成分。

从本质上来说,校长信息化领导力属于校长根据具体的领导情境,在综合考虑技术方式与领导实践的基础上,在规划设计、组织实施以及评价推动等领导过程中形成的复合型领导能力。至于校长信息化领导力的结构成分如何,不同学者基于不同视角也往往予以不同解读,有学者认为其包括信息化系统规划能力、信息化应用指导能力、信息化管理评价能力、信息化沟通协调能力等方面,也有学者认为其包括信息技术能力、信息化决策与规划能力、信息化组织与管理能力、信息化评价与发展能力。分析校长信息化领导力结构成分的相关研究可以发现,校长信息化领导力主要包括信息化规划能力、信息化建设能力以及信息化管理能力三个维度。鉴于校长信息化领导力相关研究大多忽视信息技术能力和信息化评估能力,且信息技术能力属于推动校长信息化领导力生成的基础性动力,信息化评估能力属于信息化建设能力的核心组成部分,因此,为凸显信息技术能力与信息化评估能力,本研究认为,可将校长信息化领导力的结构成分具体划分为信息技术能力、信息化规划能力、信息化管理能力与信息化评估能力四个方面。其中,信息技术能力属于技术理解、操作、反思等方面的能力,信息化规划能力、信息化管理能力、信息化评估能力分别属于规划设计、组织实施以及评价推动三个方面的能力。由此,本研究尝试从信息技术能力、信息化规划能力、信息化管理能力、信息化评估能力四个方面予以分析与解读。

在信息技术能力方面,校长的信息技术能力体现在校长对信息技术的理解、操作、反思等方面。由此,信息技术能力包括信息技术理解能力、信息技术操作能力、信息技术反思能力等方面。其中,信息技术理解能力是指校长对信息技术的价值、功能、方式、伦理等众多方面的理解能力,信息技术操作能力是指校长对信息技术的使用方式、使用技巧等方面的操作能力,信息技术反思能力是指校长对信息技术的使用方式、使用过程以及使用价值等方面的反思能力。

在信息化规划能力方面,其主要体现在制订信息化发展规划、信息技术与学科教学融合的计划、教师信息技术应用能力的培训研修计划,以及信息化规章制度体系四个方面;其一,校长需依据有关标准、目标与要求,结合学校实际情况,组织编制学校信息化发展规划;其二,校长需遵循课程改革的理念、原则与规律,以转变教育理念、优化教学模式为突破口,组织制订信息技术与各学科教学融合的具体办法与计划;其三,校长需组织制订教师信息技术应用能力培训研修计划,提高教师信息素养和信息技术应用能力;其四,校长需依据有关政策、规章与制度,组织制订与完善学校的信息化规章制度体系,建立人事、财务、资产管理等信息化工作保障机制。

在信息化管理能力方面,其主要体现在推动教师信息化教学、组织教师信息化培训、优化信息化学习环境、建设信息化发展规章制度、推动信息化管理五个方面;其一,推动教师运用信息技术,开展多样化、个性化的信息化教学,创新教学模式,提升教育教学质量;其二,组织教师参加培训,引导教师通过网络自主学习的方式,有效使用网上优质教育资源,搭建网络研修社区以及网络学习共同体,促进教师专业成长;其三,以教育规律和学生身心发展规律为出发点,不断优化信息技术学习环境,引导学生健康上网,满足学生的个性化发展需求,提升学生运用信息技术发现问题、分析问题和解决问题的能力;其四,组织建设学校信息化发展规章制度,引导、规范广大教职工积极有效应用信息技术;其五,组织运用信息技术对人事财务、资产后勤、校园网络、安全保卫与卫生健康等进行管理,并逐步加强对教学过程的监测,提高利用信息技术服务师生的能力水平。

在信息化评估能力方面,其主要体现在评估学科信息化教学水平、评估学生的信息化学习水平、评估学校信息化环境建设水平、评估学校的信息化制度体系四个方面;其一,组织评估教师的教育技术能力、信息技术与学科教学的融合程度等信息化教学的诸多方面,依据评估结果,调整学科教学的发展策略;其二,组织评估学生的信息素养以及信息化学习能力,不断提高学生利用信息技术发现问题、分析问题和解决问题的综合性能力;其三,组织评估学校信息化环境的建设水平,发现终端设备、工具平台、软件资源等方面的使用问题,提升软硬件资源的使用效率;其四,组织评估学校信息化的制度体系等方面的合理性及有效性,并依据评估结果,制定相应的整改措施。

第三节 校长信息化领导力的生成过程

校长信息化领导力并非一成不变,而是不断生成的,其生成过程就是将技术灵活地运用于领导实践的过程。在领导实践中,校长通过对技术的认知、取舍和使用,达到对技术、领导两者关系的深刻认知,并根据具体领导情境中出现的问题进行合理反思,积极探索技术在领导领域运用中的优势和不足,当技术能力、领导能力彼此之间的相互作用维持在一定的张力状态并且二者关系整体呈现相对平衡时,校长信息化领导力就得到了一定程度的发展。由此，信息化领导力的发展过程大致需要经过认知、探索和提升三种不同阶段，且其强调技术能力融入领导能力这一本质特征，这在一定程度上为采用技术接受模型阐述与分析信息化领导力的发展提供了理论方面的可行性。

在认知阶段，校长对技术所产生的感知有用性和感知易用性属于信息化领导力形成与发展的基础性影响因素。其中，感知有用性和感知易用性取决于技术本身的特点、领导对象的需求、技术本身的经济费用等外部因素，这些外部影响因素往往能通过表象渗透到校长的意识中，从而促使校长形成对技术手段的感知效果，进而影响校长对信息技术方式的使用态度，具体表现为校长赞同或者不赞同在领导过程中使用某种技术手段。然而，校长在对某种技术手段形成积极的使用态度，只可在一定程度上表明校长愿意在领导实践过程中使用信息技术，并不代表校长具有在领导实践中使用技术的行为意向。

在探索阶段，校长决定在领导实践中是否使用信息技术，并尝试在领导实践中将技术运用于规划设计、组织实施、评价推动等诸多方面。在此阶段，"行为意向"和"领导情境"属于影响校长信息化领导力发展的两个关键方面。校长的行为意向受到其对技术使用态度的直接影响，校长可根据使用态度选择使用或拒绝使用某项技术。在领导情境下，校长积极地在教育领导过程中运用适当的技术手段，并生成相应的技术使用经验。此阶段的领导情境因素（例如学校环境、教育需求等因素）将会在领导能力的基础上实现技术手段与特定领导主题活动的有机融合，从而促进技术能力与领导能力的融合。

在提升阶段，校长对信息化领导效果予以评估，并对信息化领导效果进行分析、反思与调整，从而促使自身的领导力结构产生变革，进而促进校长信息化领导力的形成与发展，并且校长信息化领导力主要可划分为四个方面的能力，即信息技术能力、信息化规划能力、信息化管理能力、信息化评估能力。其中，信息技术能力包括校长对信息技术的理解能力、应用能力以及反思能力等诸多方面；信息化规划能力属于校长规划设计能力的范畴；信息化管理能力属于组织实施能力的范畴；信息化评估能力属于评价推动能力的范畴。校长信息技术知识水平的提升可直接促进信息技术能力的提升，因此，信息技术可促进校长信息化领导力的发展便存在一定程度的合理性。校长的信息化规划能力、信息化管理能力以及信息化评估能力的发展需依托校长对信息技术应用于领导过程的实践探索与经验反思。

第四节　校长信息化领导力的培养策略

陶行知说："校长是一个学校的灵魂。"在学校信息化进程中，能否在其特有的领导和管理岗位上，找准自己的角色定位，理清自我发展思路，关注并有效提升自己的信息化领导力，成为广大校长的当务之急。2014年12月，教育部教师工作司印发了《中小学校长信息化领导力标准（试行）》，各地积极落实，通过组织实施中小学教师信息技术应用能力提升工程，一大批中小学校长参加了培训，许多地区将信息技术应用能力培训纳入校长培训必修课程。然而，校长具备信息技术应用能力，并不能说明其就具备了信息化领导力。诸多学者指出，校长信息化领导力目前仍存在较多问题。通过梳理相关问题,我们可以发现,校长信息化领导力的现存问题整体表现为校长对信息化领导力的理解、实践与目标尚存一定的差异,主要表现在以下四个方面:其一,在信息技术能力方面,校长的信息化意识与技术能力不足;其二,在信息化规划能力方面,缺乏愿景的共享,校长在制定学校的信息化办学规划方面,还存在较多不足;其三,在信息化管理能力方面,对信息化资源建设认识不足,信息化沟通不善,校长的人力资源信息化管理能力存在较大不足;其四,在信息化评估能力方面,忽视教学评估的激励作用,导致教师信息化专业发展不力。

一、认知阶段:以技术感知为落脚点,提升校长的信息技术能力

在认知阶段,校长对信息技术的感知程度(例如,感知有用性与感知易用性)可对信息技术的使用态度产生影响,进而影响生成新的信息化领导力结构。信息技术能力对校长的技术感知具有一定程度的影响作用,校长信息技术能力的提升,有利于改善技术感知状态与效果。由此,以技术感知为落脚点,提升校长的信息技术能力,可有效影响技术融入领导力结构的过程与成效。已有研究表明,在校长信息技术能力方面,学校信息化建设与运用的基本知识和能力比较欠缺,校长的信息技术能力亟需提升。在信息技术能力提升方面,一方面,引导校长明晰需提升哪些方面的信息技术能力、领导实践需要何种技术,以便提升技术感知的有效性。因此,校长需做好基本的技术需求分析,培养尊重不同教师和学生需求的技术价值观,明晰何种信息技术能力的提升具有价值功效,尝试融合不同价值取向的技术应用,以便通过有针对性的技术需求分析与技术能力提升,有效改善技术感知状态。另一方面,可选择一系列技术知识的理论学习活动以及技术信息化应用的体验活动,增强技术分析意识,扩展技术分析思维,构建技术分析观念,引导校长深入了解教育信息化背景下新的技术方式和技术理念,通过理论知识学习以及信息化体验提升自身的技术能力,以便改善自身的技术感知能力。

二、探索阶段:以领导情境为关注点,提升校长的信息化规划与管理能力

在探索阶段,校长尝试将技术融合于规划设计、组织实施这两个环节,这一过程属于校长的信息化探索过程。与这两个环节相对应,校长理应具备信息化规划能力与信息化管理能力。领导情境对于校长的规划设计与组织实施具有极大的影响作用,厘清领导情境因素有助于为校长信息化规划与管理的问题解决及能力提升奠定环境基础。由此,可尝试以领导情境为关注点,提升校长的信息化规划与管理能力,具体可分别从增强情境分析意识、提升情境协调能力两个方面着手:其一,感知教育环境,反思学校建设成效,增强校长的情境分析意识,可尝试为校长提供优秀的信息化规划范例作为情境分析意识培养的切入口,以便从意识改善的角度有效解决校长在信息化规划方面存在的诸多问题(例如,共享愿景较为缺乏、信息化办学规划不足),从而为校长信息化规划能力的提升奠定观念基础;其二,通过信息化沉浸提升校长的情境协调能力,尝试通过开设专门的信息化管理培训课程,促使校长沉

浸于信息化资源建设、信息化沟通、人力资源信息化管理等方面知识的学习情境,这在一定程度上有利于处理与解决校长信息化管理方面存在的诸多问题(例如,信息化资源建设认识不足、信息化沟通不善、人力资源信息化管理能力不足),从而为校长信息化管理能力的提升奠定知识基础。

三、提升阶段:以技术反思为出发点,提升校长的信息化评估能力

在提升阶段,技术反思有利于校长及时总结技术应用的优势及不足,有助于校长凝练技术应用的实践经验。当前,在校长信息化评估能力方面,存在忽视教学评估的激励作用这一现象,容易导致教师信息化专业发展不力。有鉴于此,以技术反思为出发点,提升校长的信息化评估能力,并尝试对评估结果予以深刻的反思与提炼,有利于最大化发挥信息化评估的激励功效。为有效提升校长的信息化评估能力,具体可从技术反思意识、技术反思素养、技术反思渠道三个方面入手:其一,提升校长在学校信息化发展方面的技术反思意识,引导校长不断分析与发现学校的信息化发展规章制度、信息化管理体系等方面的问题与不足,引导校长理解与反思信息化评估的激励价值,解决以往校长信息化评估易忽视教学评估的激励作用这一现实问题,促进校长以服务全校师生的视角来审视学校的信息化发展;其二,提升校长的技术反思素养,尝试引导校长对技术应用于人事财务、安全保卫与卫生健康等方面的过程及成效进行合理评价,并逐步加强对教学质量的监控和学习过程的记录,提高服务师生的能力水平;其三,推动校长组织建立家庭—学校—社会沟通机制,扩展技术反思渠道,尝试获取社会和家长方面对信息化评估的意见与观点,引入科学的社会专业评估组织参与学校的信息化评估工作,营造指向技术反思的和谐沟通氛围。

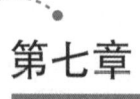

第七章

人工智能助推教研队伍高质量建设

第一节 互联网技术支持的教研形态演化

随着网络技术日新月异的发展,其支持的教师教研形态也不断发展,并经历了从数字化文本交互的信息化教研、教师在线实践社区的社群教研,到智能互联技术支持的"互联网+教研"的过程,呈现出继承基础上的创新发展特征。

一、基于数字化文本交互的信息化教研

以教研博客圈的兴起为标志,基于数字化文本交互的信息化教研依托松散的教师网络联盟和自发自为的博客教研或论坛教研,开展网络环境下的教研实践。例如,潘华东等通过调研总结了网络环境中的九种教研技术和五种虚拟教研方式;胡小勇等分析教师教研博客平台"天河部落"后,指出其以学科内容分析与建设为教研核心,基于教师教研反思日志、教学设计案例等生成性资源,有效地促进了区域学科资源建设和教师专业发展,形成了基于教师教研博客平台的网络学习共同体。与此同时,也有学者注意到博客教研因人而异、因地区政策等而异,其效果和质量参差不齐。"李克东难题"即为这一反思的例证,并引发了诸多的研究和追问。有学者以海盐教师博客群体的互动分析为例,发现教研浅层交互问题突出,如停留在博客文本的浅阅读、互动受限于单方评论、关注平台建设而忽视交流,以及缺少对教学问题分析解决的深度互动等,并提出博客教研应走出个体化展示的困境,转向社群化教研。

二、基于教师在线实践社区的社群教研

自2010年以来,基于教师在线实践社区、网络研修工作坊等形式的社群教研获得了快速发展。其中,在线社群平台和基于计算机终端的视频技术是其重要的教研交互媒介,并在

教研的目标、过程、交互媒介等方面呈现出新特点。

首先,从教研目标来看,更加强调提升教师信息技术应用能力、创生实践性知识、促进教学能力发展。例如:通过区域网络协同备课促进教师知识建构;以教育信息化草根共同体形式开展研修活动来提高教师的信息技术应用能力。其次,从教研过程来看,为有效解决博客教研的困境,社群教研进一步突出了教研活动的系统设计与过程的管理评估。例如,李克东提出网络教研应包括活动平台、信息工具、促进教师知识发展的教育与教学问题、主题研讨与资源研用、基于个人反思与协作交流的网上活动、成果展示与评议六大要素,通过应用绩效评价手段,有针对性地对教师在线实践社区开展绩效评估;王陆等开展了基于教师在线实践社区的教师教学行为分析和教师实践性知识创生的系列研究。最后,从教研交互媒介来看,针对当时国内视频技术难以支持课堂教学定量分析的困境,有学者开发了基于HTML5的微格教学视频标注系统,为教研提供移动终端对接、在线视频"字幕"标注、轻量化的视频逻辑切片标注等功能,但受当时互联网技术条件所限,在导出教研评价数据、提供个性化教研支持以及视频智能推送服务等方面,仍存在实操困难的问题。

三、基于智能互联技术的"互联网+教研"

2015年前后,伴随着以智能手机、平板电脑等为代表的移动终端的快速普及,以及网络带宽的提升,基于智能互联技术的"互联网+教研"应运而生。一方面,随着互联网、大数据、云计算、移动互联技术以及新型网络学习空间的发展,"互联网+教研"通过"云+网+端"的技术聚合,强调教研方式创新融合,促进专家、教研员及教研名师等智力资源能够高效快速流转,提高了教研空间、教研资源和教研成果的共享度。例如,教师可开展基于网络空间的协同教研、基于移动端直播平台的视频直播教研等。另一方面,更加重视以"互联网+"的用户思维来关注教师教研体验,强调个性化的教研服务。例如,通过大数据分析平台支持网络教研主题库的构建,为教师提供智能推荐个性化的教研主题、学科报告、学科作业分析等教研支持服务,实现基于数据驱动的教研。

第二节 "互联网+教研"形态的特征分析

目前,学界关于"互联网+"环境下教研形态变化的内涵界定尚不多见,仍在不断发展。其中,郑世忠等认为,"互联网+教研"是以提高教师的参与感与获得感为目标,以专业的教研信息化平台为基本工作场所,以互联网思维为基本工作思路,以混合教研、实证教研、合作教研为主要形式的新型教研方式。亦有学者从时代背景和价值意义方面研究,认为"互联网+教研"是信息化教学时期教师教研的引领方式,具有提高教学质量、实现教师终身学习和促进教师专业发展等重要价值和功能。

教研形态是指教研系统及其要素在特定条件下所表现出来的各种形式的总体状态。以

下从主体、环境、内容、过程及评价五个方面对其进行分析:

一、教研主体:覆盖面广,交互结构关系扁平化

借助互联网手段,有助于形成教研覆盖面的规模效应,使得教研交互结构关系趋于扁平化。以国家教育资源公共服务平台中的"一师一优课、一课一名师"为例,它汇集了来自全国范围内教师、教研员和专家的教研智慧和力量,并借助互联网面向所有人开放,使其受益面和交互关系突破地域和时空限制,教研参与主体数量得到规模化增长。

二、教研环境:互联互通和虚实融合的教研云空间

"互联网+教研"环境表现出具有"人-人、人-机、人-信息"互通性好的泛在教研空间特征。诸多教育云直播共享平台作为互联互通的云端教研空间,服务于跨区域的中小学教学与教研。专业教研网络平台通过教师在线教研、名师工作坊、在线会客室、学科专家团队工作室及直播教研等专业化教研空间,支持教师开展优课直播教研活动。社会化自媒体(如微信公众号、直播社区)搭建了移动泛在的教研交流空间,实现教师线上线下的个性化教研互动。更进一步,智能技术提供了"真实、可感知"的虚实融合型教研环境。例如,在虚拟学校教学仿真社区(cook school district)中,系统为教师提供示范性教学案例并随机分配一批虚拟学生,支持教师开展模拟真实情境的教学实践,并为教师提供虚拟学生的学习行为及学习效果反馈。融合人工智能技术的第二人生(second life)虚拟社区,被用于支持职前教师开展提升课堂行为管理方面的教研实践。

三、教研内容:培育教师智能教育素养和提升教师高阶教学创新设计能力

培育教师智能教育素养和提升教师高阶教学创新设计能力成为"互联网+教研"的核心和关键。教育部办公厅印发的《关于开展人工智能助推教师队伍建设行动试点工作的通知》指出,要推动并开展教师智能助手应用、智能教育素养提升、基于教育教学的智能测评诊断以及远程同步智能课堂等系列建设应用行动。同时,教师信息技术教学应用能力升级转化为"技术创新课堂"的教学创新能力、综合性跨学科教学能力以及面向智能教育时代的教师教学变革领导力,教师的设计思维、数据思维以及评估素养等逐渐成为教研新焦点,以促进教师知识创造,提高智能教育素养。教师需要通过教研提升数据素养,打破以经验和观察为基础的教学决策,形成多元数据驱动的教学专业技能,并能够开展利用机器进行学习预测、学习迁移与学习增强的智慧教学新实践。

四、教研过程:以优质资源为支撑,注重教研的针对性和有效性

模块化、生成性和个性化的教研资源建设与应用,提升了教研活动的针对性和有效性。

《教育部关于实施卓越教师培养计划2.0的意见》指出,要推动人工智能、智慧学习环境等新技术与教师教育课程全方位融合,充分利用虚拟现实、增强现实和混合现实等技术,建设开发一批交互性、情境化的教师教育课程资源,并建设200门国家教师教育精品在线开放课程。同时,通过自适应系统和个性化推荐等自动化技术手段对教师教研过程开展持续动态的需求分析,生成个性化的优质教研课程及项目资源。微视频、自媒体(微信公众号平台、直播空间)等新技术极大地提高了教研过程中人-人、人-资源的交互频率,促进教研过程个性化和协同化,提升教研效果。课堂教学视频能够捕捉到教学情境中的复杂性,促进教师基于真实课堂开展教研和学习,并为反思提供充足空间。其中,基于视频的自我反思可以帮助教师鉴别教学问题,基于视频的同伴反思能够帮助教师提出解决方案,整合多种视频方法能够更好地拓展教师教研的深度和广度。

五、教研评价:用智能化技术处理教研数据,促进精准教研

"互联网+"背景下,技术手段的智能化能够帮助教师实现更加精准高效的教研评价。在教师报告模式(teacher-reported model)中,借助 Geo Thentic 系统能可视化呈现教师 TPACK 知识,实现教师知识技能的"自检"。在用户路径模式(user-path model)中,系统对教师在线平台的使用数据进行追踪、挖掘和分析,能够自动评估教师 TPACK 情况并掌握教师行为和需求。同时,通过运用大数据和学习分析技术采集、分析、应用实际教学情境中的教学环境数据、师生行为数据及学业表现数据等多模态数据,能够弥补传统教研在数据采集、数据使用和效果评估方面的缺陷与不足。有研究指出,大数据技术可以智能化分析教师的讲课风格与授课模式,帮助教师诊断课堂教学中存在的问题;采用多种基于大数据的知识发现方法与技术,通过教师实践性知识大数据和课堂教学行为大数据可挖掘优秀教师群体特征并识别薄弱教师的教研需求,形成数据决策驱动的线上线下混合式教研新模式;采用实时社会网络分析工具 SNAPP 快速获取教师在线教研过程的数据,能够即时呈现基于数据的可视化社群结构,便于组织者实施更有效的指导方案和干预决策。

第三节 "互联网+教研"的研究趋势

一、通过混合研究范式来弥合理论与实践的断层

综合互联网技术支持的教研形态演化历程,"互联网+教研"在实践与理论的双向转化方面还存在着不足。从研究范式的角度加以分析,在价值取向上,偏重关注教研问题的现状描述;在研究主体上,形成了教师作为教研实践者、高校专家与教研员的角色分工,却同时遮蔽了教师作为重要研究者的实践需求,引发教研问题"不真实"和教研投入度不高的问题;在

方法论上,大多数研究设计方法都集中于统计分析、社会网络分析等,缺乏对潜藏在教师教研实践现象背后的重要理论机制及发展规律的深度论证。受研究对象范围、周期、教研情境多样性和复杂性特点的影响,"互联网+教研"模式策略推广应用的有效性也亟待由实践探索上升为理论建构。

基于设计的研究作为教师在线培训研究的方法论,可提升教师培训平台、学习支持服务和培训管理模式的可用性、适切度和有效性。与此同时,扎根研究(grounded theory)作为一种研究方法与分析技术,扎根于原始资料数据和经验事实,以归纳推导出理论,并通过比较来修正和完善理论,可将其深入而有效地应用于教师网络实践社区的理论与实践研究,帮助教师解决教育教学问题。

二、重视人工智能等新技术在教研中的创新应用研究

"互联网+"时代的精准教研新需求、国家教研政策的新导向及人工智能技术的新发展,将进一步加快推动新技术在教研中的创新应用研究。由于教师实践性知识的自身认知特征,"讲座""报告"等形式的教研容易割裂教师实践活动与知识之间的联系,这种"离身认知"是教师难以实现知识迁移和改进教学行为以实现精准教研的症结所在。人工智能、虚拟现实、增强现实等技术在模拟真实情境和优化感知体验方面,能够为促进教师实践性知识发展创设智能拟真的问题情境和实践环境。目前,宁夏和北京外国语大学等试点开展教师智能研修行动和教师发展智能实验室行动,以实现教育教学的智能测评和诊断,支持教学示范、模拟教学和虚拟教研。同时,研究者也已经开始探讨如何运用人工智能、增强现实、虚拟现实等技术支持新型的教师教研活动。例如,将人工智能教师助理作为精准教研中的互助同伴以及数据驱动的教育决策助手,通过"数据采集与存储、行为建模与计算、智能服务"的课堂教学行为智能分析模型,为课堂教学分析、教师教学分析和教学管理分析与决策提供精准教研服务。

三、开展大数据驱动的"互联网+教研"服务的综合效能评估

从技术平台服务效能、资源建设与应用效能及基于"目标—过程—结果"的实践绩效等方面拓展和深化"互联网+教研"质量评估研究。从技术平台服务效能来看,其一,数据是"互联网+教研"创新发展的重要因素,需注重教研数据采集技术的开发应用。目前,诸多教研活动虽采用智能录播系统等途径生成教研数据,但从数据生成过程来看,仍然难以满足大规模教研的精准评估需求。其二,注重进行教研行为的大数据挖掘,形成课堂教学行为大数据常模数据库,为教师提供基于大数据的教学行为诊断与干预,有效促进教师课堂教学行为改进。其三,增强基于数据驱动的"互联网+教研"平台的综合化应用服务。例如,增强教研平台的自动化数据采集能力、智能化数据分析能力、可视化数据表达能力,确保实现数据驱动的教研需求分析、教研过程管理、教研实施效果预测,提高教研平台的数据服务效能。

教育资源的建设、应用与评估研究成果较为丰富,但基于教研资源层面的建设和应用效

能评估研究却相对比较欠缺。总体来看,多元渠道建设、获取及应用优质教研资源是趋势,且个性化的教研服务仍是突出矛盾和关键难点,推动"互联网＋教研"资源评估和服务供给的结构性变革将成为未来研究的发展方向。有研究表明,乡村教师已不再满足于对传统培训内容的"照单全收",呈现出由习惯性消费需求向提升型消费需求转变的鲜明特征。应用"互联网＋"思维,通过研修组织模式、课程模式、资源模式、支持模式及交互模式等方面的协同创新,可促进教师专业发展供给侧结构性改革。因此,建立教研资源设计、开发和应用的评价标准,构建优质教研资源的分类框架和服务体系,并借鉴生态学视角和开源众筹机制,通过跨界融合来有效整合社会资源,为教师教研提供"规模化＋个性化"的优质服务,实现教研资源、活动及支持服务的智能化推荐将成为未来研究重点。

基于"目标—过程—结果"的实践绩效目标,构建"互联网＋教研"的系统性支持服务与管理体系仍有待进一步研究。在理论层面,需借鉴最新国际教师专业发展评估标准,结合教育信息化2.0教研政策导向和教师专业知识、技能、素养新需求,以精准定位教研评估目标和内容。在实践层面,应充分发挥新兴技术优势,开展并深化教师教研数字画像研究,优化教研评估手段和方法,以适应多样化的教研场域和个性化的教研服务需求。

第八章

人工智能助推基础教育评价高质量发展

第一节 智能技术支持的基础教育精准评价模型

一、模型建构思路

教师是提高学生学业成绩的最有力的影响者,但确定教师的效能或有效性不仅仅是列出他该做什么、不该做什么的清单那么简单,因为这样一份清单无法描述清楚教师教学表现的深度和质量,当今的教育者需要新的评价工具来有效地驾驭复杂的教与学。[①] 随着我国对大数据等相关智能技术的研究逐渐深入,利用大数据描绘的"教师画像"给每位教师贴上相应的"标签",而"教师画像"以及相应的标签都是取决于一定的指标体系,例如科研、教学等。董国玉等运用层次分析法,建构了模糊综合评判模型,在主观基础上结合具有逻辑性的数学方法,合理地确定评价指标权重。[②] 陈仲敏提出,在大数据时代,对教师的评价除了进行定量和定性的评价之外,还可以对教师进行有效的反馈,制定具有针对性的改进措施,来推动教师教学质量和教学水平的提升。[③]

本研究在对"人工智能+教育"发展背景与现状的综述以及人工智能助推基础教育精准评价等关键问题梳理的基础上,提出了对人工智能教育体制、人工智能教育的技术与环境、人工智能下教师与学生发展、人工智能课程与教学的四项关键问题。可以发现,当前以人工智能技术推动教育教学发展,尤其是推动基础教育精准评价,其关键是技术、教学、素养,即体现在教师如何应用人工智能技术、教师如何应用人工智能技术开展教学以及教师如何提高人工智能教育素养三个方面。

[①] 曾琳.中小学教师评价:美国 McREL 的评价模型[J].外国教育研究,2015,42(3):118-128.
[②] 董国玉,王秀玉.基于层次分析法的教学质量模糊综合评价模型及应用[J].科技创新导报,2014,11(12):125.
[③] 陈仲敏.大数据在高职院校教师教学质量多元评价体系中的研究与分析[J].学周刊,2019(21):5.

因此,为解决以上问题,我们根据已有文献及理论探究,提出了智能技术支持的基础教育精准评价模型,即教师智能评价"场域-教学法-素养"(environment-pedagogy-literacy,EPL)模型,按模型结构,评价可分为三个部分:(1)智能环境及其应用(environment)、(2)智能教学方法(pedagogy)、(3)教师智能教育素养(literacy)(图8-1)。

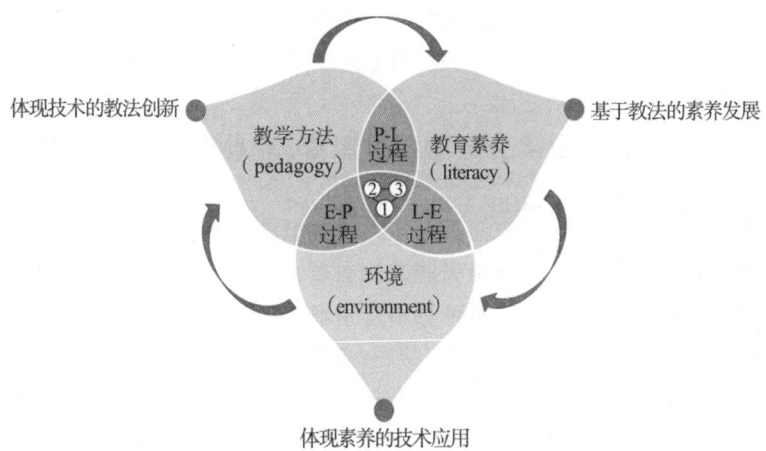

图 8-1　智能评价模型 EPL 一级指标及其关系

根据 EPL 模型三要素的逻辑关系,按照"人工智能＋教育"理念来正确理解人工智能技术与教师关系,可将智能技术融入教师教学分为三个阶段(图8-2)。

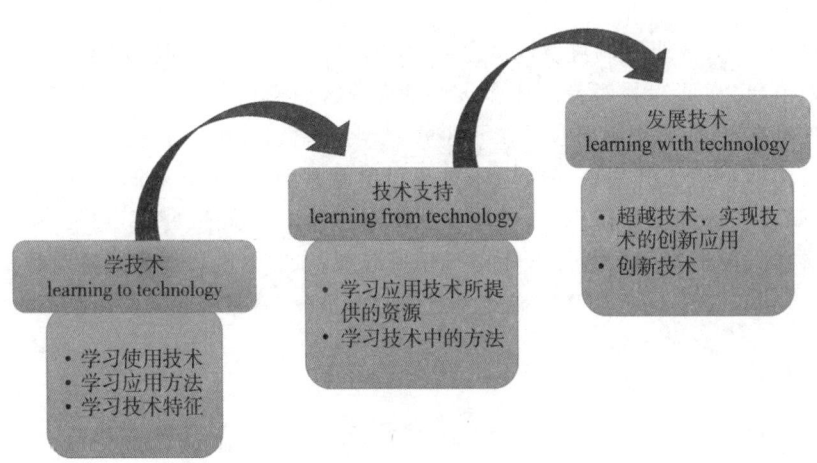

图 8-2　智能评价模型 EPL 一级指标进阶发展逻辑

二、模型基本架构

(一)智能技术学习阶段(E-P)

作为新手教师,创新应用人工智能技术应首先学习人工智能的概念与技术内涵,学习人工智能技术的基本思路和解决问题的方法,达到技术的识记、理解与应用。该阶段包含三个维度的层次:学习使用人工智能技术;学习应用人工智能技术于其专业教学领域;学习人工智能技术的内涵特征,并将智能技术融入教育教学过程。

(二)智能技术支持教学阶段(P-L)

当教师一定程度地掌握人工智能的技术与方法后,即可开展真正的人工智能融入式应用,进行人工智能技术支持下的教学。该过程能够应用教师的知识基础与学习方法,用以解决复杂的现实教学问题,是创新应用人工智能技术的阶段。它包含有两个维度的层次:学习应用人工智能技术所提供的资源开展教学,学习技术中的方法解决现实教学问题。

(三)智能技术发展与素养提升阶段(L-E)

当教师具备知识技术与应用方法,并将人工智能应用其教学过程后,教师就具备了较好的人工智能教育素养,但是依然需要超越技术,开展创新应用。首先应超越技术,实现技术在教育领域的创新应用;其次,实现技术的创新,发展具体领域的人工智能应用方法体系。

以上是人工智能评价模型 EPL 的基本思路,根据技术、教学与素养的递进逻辑,对材料开展调查,应用关键技术平台分析、人工智能助推教师队伍建设问卷调查等,对材料进行分析,发现智能教育评价 EPL 模型的要素内涵(图 8-3)。

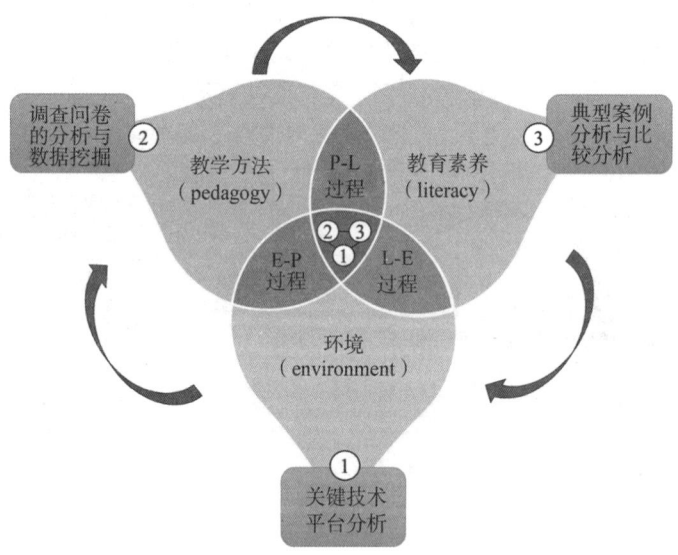

图 8-3 分析材料与调查逻辑

第二节　智能技术支持的基础教育精准评价分析

一、关键技术平台的分析

针对广东第二师范学院现有平台开展大数据采集与教师培训过程性分析。主要平台为：(1)广东省中小学教育信息技术应用能力提升工程项目管理平台(https://jstsgc.gdedu.gov.cn/info2/gateway/route/goIndex.action)；(2)广东省教师教育大数据智慧平台(http://210.38.65.111:8282/#/login)。

应用平台大数据管理平台和数据爬虫对平台数据进行收集和标签化，针对平台的内容，将数据标签分为几种类型(表8-1)。

表 8-1　数据标签与数据采集方式

数据标签	数据类别	数据来源	数据采集方式
教师特征标签	用户特征	用户名	平台数据库采集
		登录名	
		邮箱	
		状态	
		手机号码	
	教师特征	角色	
		所属地区	
		姓名	
		性别	
		单位	
教师研修标签	期次信息管理	开设年度	
		期次名称	
	培训期次信息	期次名称	
		所属地区	
		培训年度	
		计划人数	
		面向学段	

续表

数据标签	数据类别	数据来源	数据采集方式
教师研修标签	学员报名信息	期次名称	平台数据库采集
		所属地区	
		报名时间	
		成功报名人数	
	学员选课信息	期次名称	
		所属区域	
		报名人数	
		已选课人数	
	网络研修过程	选课率	
		参训率	
		完成率	
	网络研修成绩	参训人数	
		录入成绩人数	
		录入合格人数	
教师交互标签	社会交互行为	培训期次管理	平台数据库采集
		参训报名管理	
		学员选课管理	
		学习过程管理	
		培训成绩管理	
	教学过程行为	教学计划	平台数据库采集 过程性数据收集 问卷调查
		教学管理	
		教学过程	
		教学评价	
		教学反思	
	教学成果信息	发布资源	平台数据库采集 过程性数据收集 问卷调查
		发布信息	
		优秀课例	
		科研成果	

二、平台大数据的序列挖掘

对平台现有大数据进行序列挖掘（sequential mining）分析，应用挖掘转移矩阵中的滞后序列分析对使用者按时间发生的先后顺序进行使用者行为分析。应用 GSEQ 分析逻辑，对平台使用者动作进行集合分类，目前大致分为 6 类，即动作集合 A、B、C、D、E、F：

A：个人账户管理；

B：培训期次管理；

C：参训报名管理；

D：学员选课管理；

E：学习过程管理；

F：培训成绩管理。

利用概率统计 z-score 二项式检定的显著性来描述数据，其中，z-score＞1.96 表示有显著影响（表 8-2、图 8-4）。

表 8-2　序列挖掘数据分析示例

z-score	A	B	C
A	−1.9	5.22*	6.71*
B	−1.1	−1.27	7.22*
C	7.44*	−2.25	6.72*

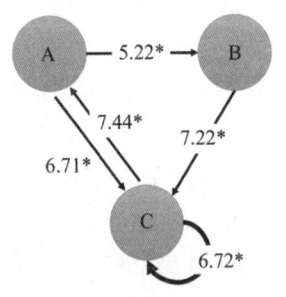

图 8-4　序列挖掘行为分析

利用软件计算其显著性数据，获得对动作 A、B、C 的行为分析，进而提出不同用户具有趋向一致性的行为序列。

三、调查问卷的基本分析

首先根据文献调查和基本的逻辑分析研制调查问卷，之后开展了多轮试测和修正，最后形成具有内在逻辑的问卷，问卷的结构也是根据 EPL 模型结构进行设计。

问卷研制成功后进行发放，以随机抽样的抽样方法进行样本的选择，基本涵盖了广东省各地市幼儿园、小学、初中、高中及其他学段的教师，包括语文、数学、英语、信息技术、美术、体育等学科,以保证一定的调查覆盖面。

发放和收集到数据以后,即对数据进行分析,采用三种分析方法。

(一)基本分析

对数据进行基本分析,包括数据的信度、平均数、标准差、方差、相关性等,以了解数据的大致情况。

(二)探索性因子分析

在数据测试满足基本的信度系数和相关度后,即可对数据进行模型建构的探索性因子分析(EFA)。首先提出了 EPL 模型的大致框架,然后根据数据的分析对各指标的因子进行 KMO 测度检验和 Bartlett 球形检验,以验证变量存在有意义的相关关系,最后对数据进行因子负荷量分析,以一定标准(0.6)进行负荷量的测度,建构形成 EPL 模型的关键要素。

(三)结构方程模型分析

得到 EPL 模型的结构与基本的要素后,即可对要素关系进行深度验证。利用结构方程模型法(SEM)进行测度,首先基于前期的调查问卷数据进行模型适配,以验证模型的结构效度(construct validity),之后在 Amos 软件中进行 SEM 结构方程模型测度,得到适配指标的数值,如 NFI、RFI、IFI、TLI、CFI、GFI、AGFI、RMSEA 等,当数值大于 0.9 则视为模型的要素适配。

确定了模型的适配因素后,还要对要素及其关系进行路径系数分析与假设检验。根据要素与要素之间的路径系数确定要素的关系,通过 p 值进行假设检验,形成最终的模型要素关系及其路径关系。

四、调查数据信息熵的分析

信息熵可以作为系统无序程序的度量。对于现有平台和调查问卷数据,不确定性越大,则熵越大,确定该事件所需的信息量越大,也就越无序;不确定性越小,则熵越小,确定该事件所需的信息量也越小,也就越有序。采取算法如下所述。

(一)信息熵值

对于一个系统,不论是社会系统、信息系统或网络系统,它都存在各种状态,而每种状态出现的概率为 $P_i(i=1,2,\cdots,m)$,根据 P_i 确定该系统的熵值 e。

$$e = \sum_{i=1}^{m} P_i \times \ln P_i \tag{1}$$

(二)数据集的无量纲化

数据集的无量纲化是对缺失值数据集的解决方法,因为缺失值数据集无法求得熵值,对于一个系统状态发生概率的数据集来说,存在某些缺失的状态,例如缺少某个学生的成绩或缺少某个学校的科目成绩统计,针对这种情况需要对原始数据进行无量纲化的变换,对于

m 年中具有 n 个评价指标的原始矩阵 $\boldsymbol{R}=(R_{ij})_{m\times n}$，采用无量纲化中的功效系数法变换为新矩阵 $\boldsymbol{Y}_{ij}$。

$$Y_{ij} = \frac{R_{ij} - \min_j R_{ij}}{\max_j R_{ij} - \min_j R_{ij}} \tag{2}$$

（三）信息熵的权重模型

熵值即测定出的系统的不确定因素系数，熵值越大，不确定性越大，则权重越小，反之亦然。所以利用熵值来确定数据集各项目权重的大小，按公式计算熵值为：

$$e_j = -k \times \sum_{i=1}^{m} P_{ij} \times \ln P_{ij} \tag{3}$$

其中，常数 $k=1/\ln m$，保证 $0 \leqslant e_j \leqslant 1$，为保证熵值的统一度量，以 d_j 作为各数据集的一致性度量标准 $d_j = 1 - e_j$，则各项目的权重系数 w_j 为：

$$w_j = \frac{d_j}{\sum_{j=1}^{n} d_j} \tag{4}$$

第三节 智能技术支持的基础教育精准评价趋势

一、智能环境及其应用发展趋势

（一）以特色领域促进优势发展

2018 年，教育部发布《教育信息化 2.0 行动计划》，提出"智慧教育创新发展行动"，开展智慧教育创新示范，依据行动计划，创新区域教育发展机制，打造纵横衔接、横向贯通、全方位、多层次、立体化的教育新格局，构建网络化、数字化、智能化、个性化、终身化的教育体系，建立健全教育信息化可持续发展机制，为建设社会主义现代化强国提供人才支撑，为构建智慧社会奠定基础。

依据行动计划部署，2019 年"智慧教育示范区"开始部署，教育行政部门统筹相关机构，发挥市场机制作用，利用新一代信息技术为学生、教师和家长提供个性化支持和精准化服务，采集并利用参与者群体的状态数据和教育教学过程数据，促进学生在任意时间、任意地点、任意方式、任意步调进行学习，为区域师生提供高学习体验、高内容适配、高教学效率供给，促进教育公平，提高教育质量。

实现校园的可视化智慧管理，在校园中利用智能技术实现校园中物理对象的互联互通，全面感知校园环境，获取和汇总具有时效性、全面性的最新数据信息，并能够及时发现问题、分析问题、解决问题，实时对物理对象进行控制并反馈相关信息。因此，可视化管理系统一方面能够带来更全面的可视化服务，另一方面也能提高校园管理的智能化、人性化程度。此外，通过可视化系统的建设和校园服务，利用校园内部各种声、光、电传感器等设备进行数据收集,便于学校开展师生考勤管理、身份识别、报警跟踪等校园管理工作,从而开展可视化监测和智能化管控。

构建技术赋能的教学环境,利用"人工智能+教育",打通课内课外、校内校外,实现泛在化学习、课程视频精准推荐、校园智能管理,利用数字技术实现教学过程数据的自动采集、传输、处理、储存与管理,同时通过数据对学生的全部课程进行建模评估,形成动态数据图表,真正做到学生情况"一屏可览"。不断推进 AI 技术、大数据分析、移动互联与教学过程深度融合,为学校建立全媒体信息平台提供智能化教育应用,满足教学、教研、管理等多种教育应用场景。利用互联网将这些虚拟的学习环境和真实的现场教学方式结合在一起,实现了传统教学的突破,提高了教学质量和教学效率,为学生的教育提供了手段,同时可视化管理信息系统也实现了师生之间、生生之间的交流,促进了学生对于人际关系的学习。①

落实区域资源共享,从 2018 年至 2019 年,教育部发布了《中国教育现代化 2035》《教育信息化 2.0 行动计划》等一系列文件,直接吹响新一轮教育改革的集结号,其执行的关键词分别为教师培训、信息化和共建共享。教育资源作为教育的核心要素,其配置方式和结构成为影响教育资源的重要因素。从我国现阶段的教育发展可以看出,有限的教育资源的投入与分配方式依然不尽合理,城乡、校际的"数字鸿沟"都影响着我国教育事业的快速发展和人才质量的有效提升。因此,可通过物联网等技术实现教育资源的均衡,如一些大型的实验设备、图书资源可以利用物联网技术实现区域内各学校的共建共享,使得师生能够均等地享有教育资源,在低成本条件下获取高质量的教育服务。基于物联网的智慧校园的建立对于提高师资水平、消弭校际的差距、提升教育资源的利用率均具有重要意义。②

(二)以开放共享开展顶层设计

《教育信息化 2.0 行动计划》提出,到 2022 年基本实现"三全两高一大"。构建云端赋能系统实现智能远程化,带动学科治理数字化变革、教育学习智能化革命,是学科治理现代化和高质量发展的时代特征。探究 5G 通信、大数据、人工智能、虚拟现实、区块链等主流和新兴技术赋能智慧教育,助力智慧学习环境从 O2O 到 OAO 再到 OMO 的变革③,完善智能技术双线支撑的学科建设手段。在 UNESCO 报告中,《教育 2030 行动框架》强调利用互联网和在线技术制定高等教育远程学习服务方案,《共同重新构想我们的未来》鼓励充分发挥数字技术带来的教育红利④,推动学校教育教学变革,在数字校园的基础上向智能校园演进,构建技术赋能的教学环境,探索基于人工智能的新教学模式,重构教学流程,并运用人工智能开展教学过程监测、学情分析和学业水平诊断;建立基于大数据的多维度综合性智能评价系统,精准评估教与学的绩效;实现因材施教,推动学校治理方式变革,支持学校运用人工智能技术变革组织结构和管理体制,优化运行机制和服务模式,实现校园精细化管理、个性化

---

① 王丽娜.基于大数据背景下智慧校园的可视化管理信息系统研究[J].计算机产品与流通,2019(8):190-191.
② 陈明选,徐旸.基于物联网的智慧校园建设与发展研究[J].远程教育杂志,2012,30(4):61-65.
③ 祝智庭,彭红超.技术赋能智慧教育之实践路径[J].中国教育学刊,2020(10):1-8.
④ UNESCO. Reimagining our futures together: a new social contract for education[R]. Paris: UNESCO,2021.

服务;全面提升学校治理水平,推动终身在线学习,鼓励发展以学习为中心的智能化学习平台,提供丰富的个性化学习资源,创新服务供给模式,实现终身教育定制化。

(三)以校企合作促进技术迭代

2018年,国务院印发的《关于全面深化新时代教师队伍建设改革的意见》明确提出:"教师要主动适应信息化、人工智能等新技术变革,积极有效开展教育教学。"2019年,中共中央、国务院印发的《中国教育现代化2035》再次强调:"实施人工智能助推教师队伍建设行动,推动教师转变角色定位,做学生学习的指导者和支持者。"因此,在人工智能时代教师教育面临转型与变革,主要体现在三个方面:第一,教师需求正从数量到结构和质量的变化;第二,教师的学习要求从学历达标到素质提升的转变;第三,教师素质要从单一技能向研究型、专家型转变。在此背景下,以终身学习、泛在学习理念和智能移动技术为支撑的教师职后教研模式,如远程同步课堂、手机课堂直播、网络名师工作室、技术支持的教师工作坊等,正逐步推动教师职后研修走向数据化和深度化。此外,根据专业建设需求面向社会公开招聘高层次人才和骨干教师时,更注重实际工作经验及动手能力,优先引进具有企业背景、项目经验的人工智能专业青年教师,不断充实"双师型"教师队伍。[①] 在产教融合背景下,以智能技术为支撑的教师教育产业学院育人模式逐步走入教育者视野,依托产业学院建设,加强校企协同创新人才培养,提高实践教学质量,提升师范生职业技能和素养,而这一模式正成为解决当前师范生实践技能薄弱的新途径,在高校中获得关注。

既探索先进技术,又融合基础设施。聚焦人工智能前沿基础性问题,促进人工智能、脑科学、认知科学和心理学等领域深度交叉融合,重点推进大数据智能、跨媒体感知计算、混合增强智能、群体智能、自主协同控制与优化决策、高级机器人、类脑智能计算和量子智能计算等基础理论研究,为人工智能范式变革提供理论支撑,为新一代人工智能重大理论创新打下坚实基础。

(四)以法律规范促进良性发展

习近平总书记指出,要加强人工智能发展的潜在风险研判和防范,维护人民利益和国家安全,确保人工智能安全、可靠、可控。[②] 2017年7月,中共中央、国务院发布实施《新一代人工智能发展规划》,这是我国面向人工智能发展、打造先发优势的指导性文件,着重强调人工智能在法律法规、伦理规范、知识产权和安全监管方面的保障措施。

一方面,制定促进人工智能发展的法律法规和伦理规范。加强人工智能相关法律、伦理和社会问题研究,建立保障人工智能健康发展的法律法规和伦理道德框架。开展与人工智能应用相关的民事与刑事责任确认、隐私和产权保护、信息安全利用等法律问题研究,建立追溯和问责制度,明确人工智能法律主体以及相关权利、义务和责任等。重点围绕教育应用、教学辅助、个性化辅导、智能导师、智能评价等细分领域,加快研究制定相关安全管理法规,为新技术的快速应用奠定法律基础。开展人工智能行为科学和伦理等问题研究,建立伦理道德多层次判断结构以及人机协作的伦理框架。制定人工智能教育产品研发设计人员的

---

① 李强.人工智能教育研究专家系统构建框架及实施[J].天津市教科院学报,2020(1):42-48.
② 习近平.确保人工智能关键核心技术牢牢掌握在自己手里[N].人民日报(海外版),2018-11-01.

道德规范和行为守则,加强对人工智能潜在危害与收益的评估,构建人工智能教学复杂场景下突发事件的解决方案。积极参与人工智能全球治理,加强教育机器人异化和安全监管等人工智能应用共性问题研究,深化人工智能法律法规、国际规则等方面的合作,共同应对全球性挑战。

另一方面,应建立人工智能技术标准和知识产权体系。加强人工智能标准框架体系研究,坚持安全性、可用性、互操作性、可追溯性原则,逐步建立并完善人工智能基础共性、互联互通、行业应用、网络安全、隐私保护等技术标准。加快制定服务机器人等细分应用领域的行业标准,鼓励人工智能企业参与或主导制定国家级标准,以技术标准"走出去"带动人工智能产品和服务在海外推广应用。加强人工智能领域的知识产权保护,健全人工智能领域技术创新、专利保护与标准化互动支撑机制,促进人工智能创新成果的保护产权化。建立人工智能公共专利池,促进人工智能新技术的利用与扩散。

二、智能教学方法发展趋势

(一)以"学用新"三轮革新教学方式

2017年,我国颁布《新一代人工智能发展规划》,规划中强调了智能教育的全民性意义,鼓励大中小学开展人工智能教育,推动教育教学方式创新。"人工智能素养"加入"数字化学习与创新""计算思维"等信息技术学科核心素养成为学科教学的重要目的。人工智能、大数据、虚拟现实等新兴技术的广泛应用,推动社会进步的同时也促使教育改革。人工智能环境支持下的智能教育对教师提出新要求,要求教师不仅要适应人工智能对教育工作带来的改变,还要在教学中发挥人工智能的优势,在教育实践中创新发展。因此,本研究提出,通过运用"学用新"三轮驱动,将人工智能技术深入地融合到教育教学中,即通过学习技术、应用技术与革新技术让教师全面充分认知人工智能技术,将技术真正地融入教学中,助推在大数据背景下智能教学方法的发展。

田宏杰、龚奥提出,在智能时代的背景下,智能技术与教育教学的深度融合和广泛应用将在人类历史上掀起一场教学革命,这也对教师的教育教学带来挑战,教师需要从教学能力、技术能力、学术能力等方面重建个性化的教育生态体系。[①]

通过学习,教师一定程度地掌握人工智能技术的理论知识与应用方法,将理论和实践相互融合,将人工智能技术应用到其专业教学领域,通过开展真正的人工智能融入式应用,将人工智能技术融入教育和学习的各环节。结合各学科特色,引导教师学习应用人工智能技术所提供的资源开展教学,构建基于人工智能技术的教学策略,完善教学评价的模式。深度融合教师的知识基础与技术方法,解决复杂的现实教学问题。通过学习和应用形成良性循环,打破学科壁垒,为解决"用户缺技"与"技术缺用"的双向悖论问题提供了有效路径。

经过学习与应用两轮的驱动后,教师已基本具备完善的人工智能技术的知识理论体系与技术应用方法,并且已经有将技术进行实践应用的经验,教师智能素养已有提升,但为了

---

① 田宏杰,龚奥.智能教育时代高校教师教学能力体系研究[J].苏州大学学报(教育科学版),2020,8(4):73-82.

形成良性的发展体系,我们还需要培养教师的创新意识与能力。通过不断学习与应用,理论与实践相互促进,用辩证与革新的思维去审视技术,跳出技术的桎梏,超越技术,实现技术在教育领域的创新应用。创造新的教学资源,构建具体领域的人工智能应用方法体系。此外,引导教师构建人机结合的创新型思维,实现真正的优势互补,人机思维有机结合。

通过学习、应用和革新三轮的驱动,构建完善的体系,将人工智能技术真正融入教育教学。通过学习技术夯实基础、掌握技术;通过应用实践,增加教师的教学实践经验;通过革新技术,推动教师的创新意识、创新能力与创新思维的发展。将理论与实践相互结合,"学用新"三轮驱动人工智能技术深度融入教学,加强教师对人工智能技术的教育应用的理解,通过学习与实践,明确教学发展与革新的作用点与着力点,提升教师智能素养,推动教师队伍建设。

(二)以融合理念促进教育生产力

2018年4月,教育部印发《教育信息化2.0行动计划》,强调人工智能、大数据、区块链等技术迅猛发展将深刻改变人才需求和教育形态,推动教育模式变革和生态重构。人工智能与教育的融合创新已成为未来教育变革的必然趋势。[①] 2019年5月,国家主席习近平向国际人工智能与教育大会致贺信,指出把握全球人工智能发展态势,找准突破口和主攻方向,培养大批具有创新能力和合作精神的人工智能高端人才,是教育的重要使命;强调积极推动人工智能和教育深度融合,促进教育变革创新。[②] 在人工智能与教育深度融合的新形势下,发布教育创新战略,设计教育改革发展蓝图,积极探索新模式、开发新产品、推进新技术支持下的教育教学创新已势在必行。智能硬件服务提供商立足硬件优势,逐渐向教育场景渗透,希沃的交互大屏、奥威亚的云互动等,为学校建设类型多样的教学空间,如智能教室、智能图书馆、创客教室、人工智能实验室、智能学科教室和仿真实训室等。智能技术既提供了高效的教学场景,也帮助教师整理资源、备课以及评价等,简化了教学工作流程,如科大讯飞、商汤科技、旷视科技等智能技术服务提供商,依托先进的智能技术优势布局各个教学场景,逐步向智能教育服务转变。

为推进智能化科技与教育深度融合,在政策红利、资本的助推下,人工智能在教育领域的应用场景众多,涌现了一批创新型科技教育应用企业,如爱学习、夸克、猿辅导、作业帮等,这些教育产品将学生从学习到人生规划的全过程分为了教学、学习、考试、能力测评、人生规划管理五个场景。

虽然人工智能技术为学校教学带来一系列机遇与变革,但值得关注的是,"人工智能却是一种尚未定型、更未成熟的开放性、革命性、颠覆性技术"[③],由智能技术引发的教育教学问题和价值疑虑也由此产生。当前人工智能只是在技术层面实现和教育的融合,并未真正实现技术与人的融合,且教育人工智能行业尚处于发展早期,虽然目前市场上的人工智能教

---

① 任友群.走进新时代的中国教育信息化——《教育信息化2.0行动计划》解读之一[J].电化教育研究,2018,39(6):27-28,60.

② 习近平向国际人工智能与教育大会致贺信[EB/OL].(2019-05-16)[2022-03-10].http://www.xinhuanet.com/2019-05/16/c_1124502111.htm.

③ 孙伟平.人工智能与人的新异化[J].中国社会科学,2020(12):119-137.

育产品众多,但是各企业推出的智能化教学产品之间存在同质化现象,尤其是在资本的炒作助推下,对教育市场的健康发展存在一定程度的扰乱,且在实际的课堂教学应用时存在较大的局限性,缺乏基于智能技术的完备、有效的问题解决体系。虽然在教学中利用技术优势可在一定程度上帮助学生提升学习效果,但我们并不能认为只要应用了智能技术,学习效果或学习质量就一定会有所提高,教育效能并不能成正比转化,反而容易陷入形式化的技术陷阱。

基于此,我们从以下三个层面探寻深度融合路径:

首先,政府政策层面,政府及学校要明确人才培养职责,创立良好的人工智能教育环境。教育部等六部门《关于推进教育新型基础设施建设构建高质量教育支撑体系的指导意见》提出,坚持创新引领。深入应用5G、人工智能、大数据、云计算、区块链等新一代信息技术,充分发挥数据作为新型生产要素的作用,推动教育数字转型[①],推进人工智能与教育的深度融合。同时,学校要配合政府行为,在学生的不同发展阶段,给予不同的教育,重视学生的感官体验,激发学生的兴趣爱好,塑造体验式的人工智能学习新模式。此外,相关部门应加大力度逐步消除教育鸿沟,实现教育普惠。教育公平、乡村教育、学生减负、新高考改革都成为大家热议的话题,因此,政府可以充分利用人工智能技术,打造"创新智能教育方式",利用"AI＋教育"等互联网技术消除城乡教育鸿沟,消除贫困代际传递,推动中国城乡教育均衡发展。

其次,技术开发层面,推动智能技术的集成创新。在各类行业分工进一步明确,产品研发进一步升级的同时,也应从竞争中走向协同创新,打破边界和技术集成,促进智能化教学应用真正落地。教师作为教学一线的实践者,具有丰富的经验,可以提供给系统开发者一些专业建议,科研工作者也可以为技术开发者提供理论基础,三者之间形成合力,竭力还原技术情境与现实教学应用场景,挖掘实际功能需求,并对计算分析结果进行合理的教育解释,从而保障用户的主体性,赋予智能教学产品以教育人文价值。此外,随着智能技术与教育融合的深化,智能教育形态下的教学内容体系将发生显著变化,课程将从分科走向综合,传统的学科壁垒被打破,越来越多的跨学科课程,如STEAM等被推行,有利于学生综合素质、创新思维和个性特长的培养。

最后,价值原则层面,我们要认识到机器和人的本质区别,才能更好地进行教育。要确立不可逾越的价值原则,明确教育是为人服务的,而不是为资本服务的,守住教育红线;智能技术本质上是一种市场化的运作模式,所以在技术运作上要尊重市场规律,用市场的发展带动智能技术的升级,从客观上促进智能时代的发展。[②] 国家新一代人工智能治理专业委员会发布的《新一代人工智能伦理规范》提出增进人类福祉、促进公平公正、保护隐私安全、确保可控可信、强化责任担当、提升伦理素养等6项基本伦理要求,以及人工智能管理、研发、供应、使用等特定活动的18项具体伦理要求。[③] 人工智能与教育教学的融合需要更多地考虑内容的遴选,以及对学生身心健康的保护,这就需要教育避免过度依赖人工智能,重复性、

---

① 教育部.教育部等六部门关于推进教育新型基础设施建设构建高质量教育支撑体系的指导意见[EB/OL].(2021-07-01)[2022-03-27].http://www.moe.gov.cn/srcsite/A16/s3342/202107/t20210720_545783.html.

② 孙妍.人工智能教学运用的现实困境及其突破[J].教学与管理,2021(21):1-4.

③ 熊媛,盛群力.人工智能与教育融合发展问题的思考及建议[J].教学与管理,2020(15):21-24.

机械性工作交给人工智能,教师则学习新技术,有针对性地改进教育教学方式。同时,要提升大众的信息素养水平和思想道德层次,加强社会主义核心价值体系教育和意识形态安全教育,增强人工智能教育的针对性和有效性。

(三)以融合创新实施智能科普

《新一代人工智能发展规划》提出:"到2030年人工智能理论、技术与应用总体达到世界领先水平,成为世界主要人工智能创新中心。"在此背景下,建设人工智能科普基础设施,提升全民的人工智能素养,开展形式多样、融合创新的人工智能科普活动,可为人工智能的快速普及与发展提供动力,提高全社会对人工智能的整体认知和应用水平。人工智能是一个跨学科综合的领域,本质上与STEAM教育深入融合,与信息科技、数学、物理学、生物学、认知学科、脑科学、心理学、社会学、哲学等交叉。在智能时代,各学科领域和各行各业普遍存在着学科交叉和跨界创新。[1]

《新一代人工智能发展规划》提出实施全民智能教育项目,在中小学阶段设置人工智能相关课程。武迪、袁中果等人以人工智能与数学为例,将跨学科课程的落脚点设计为建模。详细分析课程设计,包括课程结构、教学内容的选择等,并介绍课堂教学的实施方式,包括师生学习共同体及教学评价等。[2] 任梦将人工智能应用于高中物理教学中,对人工智能在高中物理教学中的应用进行深入研究,并阐述人工智能在高中物理教学中的设计理念,包括设计依据、设计策略和模型三方面。[3] 在未来的教育发展过程中,人工智能在提高教育质量、促进个性化学习、培养创新型人才方面发挥着不可替代的作用。人工智能在中小学英语教学中的应用需要注重"教"和"学"两方面的配合,建立和完善教师与学生之间的交流,改善英语学习环境,提高人机交互的智能性。[4] 此外,学校可借助国内人工智能企业打造的平台开展科普课程的学习,为该科目的学习设立学时,在STEAM或创客课程中引入人工智能的内容和技术,将编程等知识融入日常教学,提高学生对于人工智能科普课程的认知与应用。同时,学校也可积极研发人工智能校本课程体系,借助出版社修订人工智能教材,为学生提供多样化的选修课程。

2017年美国人工智能发展的国家战略中提到,美国正在赋予当代和未来一代的美国人所需的技能,使他们能够适应并在这个人工智能的新时代茁壮成长,一是使教育适应未来劳动力需求,二是提供21世纪所需的技能。由此可见,在信息时代科技迅速发展的背景下,开展形式多样、融合创新的人工智能科普活动势在必行。可以从以下几个方面着手,支持开展人工智能竞赛,积极为学生科普宣传青少年机器人竞赛等项目,树立人机协同的理念,鼓励学生独自或合作参加竞赛,培养他们的科学思维与创新精神。校内也可举办小型发明类竞赛,设立"小小发明家",让学生进行形式多样的智能创造。最后,建设人工智能科普基础设

---

[1] 武迪,戴琼海.高校人工智能人才培育战略的道与路[J].中国高等教育,2021(20):13-15.
[2] 武迪,袁中果,姜国东.中小学人工智能跨学科的课程设计与课堂教学——以"人工智能中的数学建模"为例[J].中小学信息技术教育,2022(6):69-73.
[3] 任梦.人工智能在高中物理教学中的应用[D].哈尔滨:哈尔滨师范大学,2022.
[4] 王雷雷.专门用途英语课程慕课的开发和实践——以《艺术设计英语》为例[J].英语广场,2020(31):59-63.

施,校内可适当摆放人工智能科普展品,面向师生开放人工智能体验设施,陈列智能化的教材读本。同时,学校也可积极购买穿戴式产品,帮助师生开展体验和实践。

(四)以多快好省促进技术融入

人工智能可以使教育成为一个可追溯、可视化和可计算的过程,这是混合智能的一个重要应用,人工智能会渗透到教育的各个层面,根据学生的知识结构、智力、知识掌握程度,对学生进行个性化的教学和辅导,这是未来的发展趋势。① 学生智慧的培养不仅依托于新课程和新教材知识内容的优化设计,还需要创设有利于智慧培养的教学环境和手段,采取适切的教学活动与方式,现代科技的发展为此提供了条件。传统教学环境相对简单,学习资源类型少,获取效率低,学习工具和手段缺乏,教学系统封闭,教学结构单一,教学方式僵化,因而"以教师为中心"的教学模式难以真正改变。人工智能作为引领未来社会发展的战略性技术,推动课堂朝着智能化方向发展。②

教育中,智能技术与工具催生大量优质教育资源,有力支持资源共建共享,扩大了优质教育资源覆盖范围。大数据、云计算、人工智能等技术的迅猛发展,彻底打破了学习场域的刻板印象。在技术创新应用阶段,智能互联技术将学习场域打造为一个汇聚优质教育资源的"淘宝平台",学生可以随时享受多元化、情境化、泛在化的学习资源。具体表现在三个方面:一是学习空间呈现出物理空间、社会空间和信息空间三元世界的完美融合,加速走向人机结合的智能样态。开放式、集成化的数字虚拟学习空间,为教师和学生适时指导、自主建构、交流互动等提供有力支持。③ 学生无需复杂的设备,使用智能移动终端即可获取智能App工具,支持自主与合作学习;应用开放、共享的生态理念,推动市场参与教师教育资源建设,将行业、企业、政府部门纳入资源建设队伍,拓展资源供给渠道,丰富资源数量。在此基础上,借助学习分析技术,智能导学系统通过对学习进行诊断,推荐针对性的学习路径与资源,实现高度个性化的学习。人工智能技术在教育领域的渗透,多种技能技术手段深入课堂教学,为优化教学质量提供了有力的支持。例如,对大规模、多模态的课堂行为数据,研究者可采用恰当的机器学习算法来挖掘,将行为数据化,探索数据背后的行为模式、行为规律、行为习惯等信息,促进研究者分析学习过程、理解学习结果,并优化学习环境。④

三、教师智能教育素养发展趋势

(一)以精准培训提升智能素养

《教师教育振兴行动计划(2018—2022年)》提出,加强教师培训需求诊断,实行线上线

---

① 郑南宁.面对人工智能挑战,人才培养的下一步该如何走[J].中国大学教学,2019(2):9-13,8.
② 顾小清,王超.打开技术创新课堂教学的新窗:刻画AIoT课堂应用场景[J].现代远程教育研究,2021,33(2):3-12.
③ 顾小清,王超.打开技术创新课堂教学的新窗:刻画AIoT课堂应用场景[J].现代远程教育研究,2021,33(2):3-12.
④ 张文梅,祁彬斌,范文翔.数据驱动的教学行为分析:现状、逻辑与发展趋向[J].远程教育杂志,2021,39(1):84-93.

下相结合的混合式培训。着力提升教师数据素养,使教师在实践培训中潜移默化地转变,提升数据态度和意识等素养,完善评价改革的智力支持的重要性不言而喻。为此,针对数据信息素养提升的培训内容应充分满足教师群体多样化、差异化、个性化的教学需求。利用大数据全过程采集教与学的多模态、全息数据,自动生成教师能力画像,获悉教师在科学数据管理上的真实想法和对数据知识、技能的紧迫需求[1],为教师提供全方位的数据服务和指导。

2018年,《教育部办公厅关于开展人工智能助推教师队伍建设行动试点工作的通知》首次提出"教师智能教育素养"的概念:对教师进行智能教育素养培训,帮助教师把握人工智能技术进展,推动教师积极运用人工智能技术,改进教育教学、创新人才培养模式。[2] 因此,智能教育素养是智能时代教师不可或缺的核心素养,也是教师应用人工智能创新教育教学的基础。因此,开展人工智能助推教师队伍建设,首先要提升教师智能教育素养。提升教师智能教育素养最有效的方法是开展大规模的教师培训。在培训内容上应改变传统培训只关注技术应用的不足,从系统的视角设计融合人工智能教育教学"理念-方法-工具"连续性的培训内容。

首先,是人工智能教育教学理念模块,目的在于帮助教师了解"为什么要开展人工智能教育",内容包括国内外人工智能教育教学的背景(技术发展动态、宏观政策导向、教育转型与升级等)、育人价值(教育公平与均衡、规模化教育与个性化培养、学生高阶思维培养等)及前沿理论(深度学习、机器学习、智慧学习等),建立教师对人工智能教育教学的基本认知,提升教师对人工智能教育教学应用价值的认识,推动人工智能教育教学理念进大脑。

其次,是设计方法模块,目的在于帮助教师掌握"如何设计人工智能教育教学",主要介绍面向不同学科、学段的人工智能教育教学设计技巧与方法,可结合项目式学习、问题化学习、设计型学习等"以学为中心"的学习模式,将人工智能教学设计方法、技巧融合于上述学习模式之中,以更好地支持教师开展面向高阶思维培养的教学,推动人工智能教育教学进课堂。

最后,是技术工具模块,目的在于帮助教师掌握"如何开展人工智能教育教学",以应用为导向,介绍常见的、易用的、好用的、面向通用学科和具体学科的人工智能平台、工具,以案例形式呈现人工智能教学理念、设计方法与工具的有机融合,推动人工智能教育教学应用落地。

(二)以转变思维增进知识储备

2018年,《中共中央 国务院关于全面深化新时代教师队伍建设改革的意见》要求:"教师主动适应信息化、人工智能等技术变革,积极有效开展教育教学。"[3]在人工智能时代,教师更应注重自身的专业发展动力,在新理念、新技术、新方法不断涌现的同时,不断调整自身的角色定位,强化终身学习的理念,因此,教师可以从以下两方面入手:

---

[1] 宋乃庆,郑智勇,周圆林翰.新时代基础教育评价改革的大数据赋能与路向[J].中国电化教育,2021(2):1-7.

[2] 教育部.教育部办公厅关于开展人工智能助推教师队伍建设行动试点工作的通知[EB/OL].(2018-08-08)[2021-10-05].http://www.moe.gov.cn/srcsite/A10/s7034/201808/t20180815_345323.html.

[3] 教育部.中共中央 国务院关于全面深化新时代教师队伍建设改革的意见[EB/OL].(2018-01-31)[2021-09-18].http://www.moe.gov.cn/jyb_xwfb/moe_1946/fj_2018/201801/t20180131_326148.html.

一方面,树立终身学习理念,主动学习人工智能知识与教学应用知识。人工智能作为高科技成就,普通人很难深刻理解其技术原理,但是我们应该主动了解它的一般原理,尤其是在教育领域中的应用原则与方法,了解其带来的机遇与挑战,接触人工智能的最新产品、最新理念、最新技术,并思考其融入教学的方法。

另一方面,要深化理解、促进应用。人工智能系统具有极强的分析能力、感知能力、认知能力、计算能力和决策能力。我们需要深化对其相关能力与技术的理解,促进人工智能观念、知识、产品、方法深度融入教育教学过程。利用合适的技术解决对应的问题,通过分析问题的多种影响因素,更好地掌握教育教学规则,从而在技术的辅助下进行正确的决策。

(三)以素养目标提高应用意识

联合国教科文组织发布的《教育中的人工智能:可持续发展的挑战和机遇》(Artificial Intelligence in Education: Challenges and Opportunities for Sustainable Development)报告中,将提升教师的人工智能素养作为构建人工智能时代教育生态系统的重要内容。因此,推动智能时代的教师教育创新发展,首要的是建立教师教育生态意识,用开放、融合、跨界、数据化的互联网思维重新审视各要素的内涵及关系,运用平台思维推动教师教育顶层设计,应用跨界思维实现多方力量的高度协同,以数据思维为教师教育提供精准支持,融合用户思维真正实现以"学生为中心""素养为基、能力为本"的教学与培训,以此建立教师智能教育发展愿景与行动。

"教师智能教育素养"首先要求教师熟悉和掌握人工智能的相关知识和技能,增强人工智能意识,以人工智能技术辅助教学与管理,处理好"人与工具"的关系。[①] 在人工智能与教育的深度融合中,教师在智能素养的驱动下还需要充分发挥主体意识,从课堂教学和教育实践的真实场景出发,以教与学过程中产生的真正需求为导向,构建包含智能学习、交互式学习的新型教学模式。胡小勇提出,K-12教师文化价值涵养及发展涵盖如下维度及内容:多元文化智能感知、智能学习技术应用伦理与安全、文化融合提升智能育人层次与效益。[②]

(四)以人机协同提升智能素养

《教育部关于实施卓越教师培养计划2.0的意见》明确提出,深化师范生教育课程教学模式改革,以"教师教育振兴行动计划"和"卓越教师培养计划2.0"为契机,"利用大数据、云计算等技术推进课程教学改革,推动人工智能、智慧学习环境等新技术与教师教育的全方位融合"。[③] 人机协同的前提和基础是对数智技术的理解以及对其熟练的掌握和应用,而教师数智胜任力模型同样以"数智知识与技能"为基础,只有不断提升教师的数智技术技能,才能早日实现人机协同育人。人机协同育人的基本原则是优势互补,即适合机器做的事由机器做,适合人类做的事由人类做,适合人机合作的事由人和机器一起来做[④],借助人工智能技

---

① 祝智庭,彭红超,雷云鹤.智能教育:智慧教育的实践路径[J].开放教育研究,2018,24(4):13-24,42.
② 胡小勇,徐欢云.面向K-12教师的智能教育素养框架构建[J].开放教育研究,2021,27(4):59-70.
③ 教育部.教育部关于实施卓越教师培养计划2.0的意见[OL].http://www.moe.gov.cn/srcsite/A10/s7011/201810/t20181010_350998.html.
④ 祝智庭,彭红超.技术赋能智慧教育之实践路径[J].中国教育学刊,2020(10):1-8.

术的优势，树立人机协同的教学观念，将两者的优势集合起来达到 1+1＞2 的效果，有效促进学生的成长与发展。

  人工智能技术有助于解决教师教育师资短缺的问题，为教师职业发展提供新平台与工具。借助智能化的工具，可打破学科、专业、行业界限，将行业、企业领域优秀人才引入教师教育领域，专业人员通过远程或"虚拟"的方式走入课堂，引领教师专业成长。同时，以人机协同破解教师职前职后发展难题。一般来说，教师职前培养与职后培训相分离是教师教育中亟待解决的问题之一。所谓职前职后一体化，就是解决好职前职后教育的衔接问题。依托智能技术开展教师教育精准测评，有助于推动教师教育职前职后一体化发展。一方面，建立具有连贯性和一致性的职前职后一体化机制，搭建基于云计算和大数据的教师教育云档案系统，将师范生学习特点、课程、成绩、实践项目、学习成果等数据存储于云端，依托大数据实现精准测评，找到知识和技能的薄弱点，制订具有针对性的职后培训方案，实现职前职后无缝紧密衔接。另一方面，在职后发展阶段，建立持续获取和分析教师学习数据机制，搭建职后培训学习平台，不断完善和丰富职后学习数据，通过大数据分析对教师进行画像，从而精准支撑教师职后培训。基于上述方法打造一条贯通职前职后的教师专业发展之路，推动职前职后一体化，助力教师专业化成长。

第九章

人工智能助推智慧教育教学新生态融合

第一节 教育神经科学简介及对智慧教育的启示

教育神经科学(educational neuroscience),也称为"神经教育学"(neuroeducation),是心理学、神经科学、教育实践深度整合的产物,是一门将神经科学的研究成果用于教学实践的新兴科学。其主要目标有两个:(1)通过研究人类大脑及其神经系统的活动规律来设计适合每个人的教育;(2)为教育政策的制定者提供"与教育相关的认知神经科学研究成果的信息"。2003年国际心智、脑与教育协会(International Mind, Brain & Education Society)的成立和2007年该协会主办的《心智、脑与教育》(*Mind, Brain and Education*)期刊的创刊宣告了教育神经科学的正式诞生。[①]

目前学界对于教育神经科学的定义集中于以下三个方面的取向:[②]

(1)跨学科取向。认为教育神经科学是一座架起脑科学与教育政策和教育实践的桥梁,是神经科学运用于教育实践而产生的一门学科。在这座桥梁中,心理学是桥墩和桥身,是其主体部分,神经科学和教育实践是两端,神经科学通过心理学(尤其是认知心理学)的中介对教育实践起到指导作用。在这一视域下,希望神经科学研究者和教育者能够相互交流,并且合作以创造出新的知识。

(2)"学习科学"取向。由于"学习"这一认知活动在教育学中的核心地位,这一取向从学习的角度将教育神经科学定义为认知神经科学时代的学习科学。这里的学习是广义的概念,既包括学,也包括教;既指课堂学习,又泛指非课堂的社会学习和终身学习。因此,教育神经科学就是从"脑、认知与行为三个层次来理解人的一生中不同阶段的学习能力,解决学生在学习过程中普遍存在的问题,为教育决策、课程与教学改革实践提供科学的依据"。

(3)心理表征的发展取向。这一取向将教育神经科学定义为"认知神经科学和行为方法

[①] 周加仙.教育神经科学的领域建构[J].华东师范大学学报:教育科学版,2009,27(3):7.
[②] 李其维,周永迪.教育神经科学:一门极具实践意义和发展前景的新型学习科学[J].心理与行为研究,2011,9(B06):11.

相结合的心理表征的发展研究"。这里的心理表征是指脑中的神经活动(neural activity in the brain)。从这一观点可以看出,教育神经科学涉及三个学科而非两个学科的整合,即教育、神经科学和认知心理学:神经科学研究人的神经系统,教育的目标是发现形成和丰富个体认知系统的最佳方法,而心理学提供分析个体认知系统的工具。认知心理学是神经科学和教育之间的必要中介,可以通过心理表征研究来整合教育和神经科学的研究活动(图9-1)。

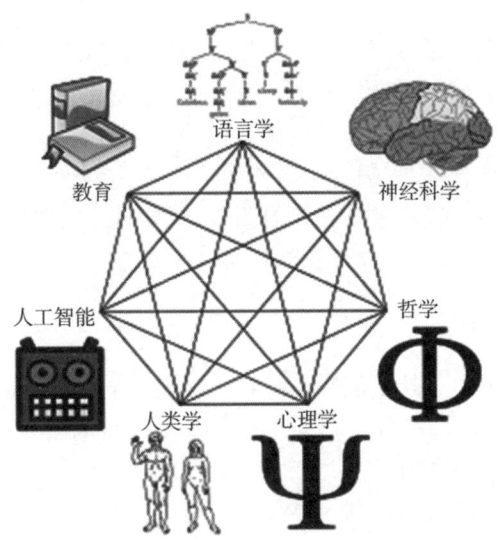

图 9-1　教育神经科学涉及多个学科的合作

一、智慧教育的内涵与应用

(一)智慧教育的含义

2009 IBM 智慧地球(smarter planet)的报告提出了智慧教育的概念。智慧地球表达了 IBM 对如何运用先进的信息技术构建这个新的世界运行模型的一个美好愿景。借助新一代信息技术(传感技术、物联网技术、移动技术等)的强力支持,地球上几乎所有东西——任何物理对象、过程或者系统——都可以被感知化、互联化和智慧化(instrumented, interconnected and infused with intelligence)。

传统意义上的智慧教育是传授给学生系统的科学知识、形成学生的技能、发展学生的智力以及培养学生能力的教育,是一种狭义的理解,具有一定的局限性。广义上的智慧教育是一种更为全面、丰富、多元、综合的教育,它主要包含着三个既相互区分又彼此联系的方面:理性(求知求真)智慧的教育、价值(求善求美)智慧的教育和实践(求实求行)智慧的教育。

如 IBM 智慧地球(2009)Smarter Planet POV-Education 对智慧教育的描述是:灵活交互的学习环境(SMART is flexible learning in an interactive learning environment),通过教育网站访问世界一流的数字资源的课堂(SMART is accessing world class digital content)。

从目前国际上用词习惯来看,Smart Education 主要是指技术支持的智慧教育(education for wisdom with technology),Smart 一词首次被解释为"智能型,并具有独立工作的技术设备"。

(二)智慧教育的特征

1. 智慧教育的技术特征

智慧教育在技术层面是通过新一代信息技术如物联网、云计算、移动互联网等技术,对教育信息进行感知、识别、捕获、汇聚、分析,进而辅助智能化的教育管理与决策。智慧教育的技术特征在宏观层面主要表现为采用面向服务的 SOA 软件架构体系,实现了各类应用、数据及业务流程的有效整合,大大提高了系统的适应性、扩充性、可维护性和易用性;在微观层面主要表现为对学习环境进行感知和智能调节,对校园环境进行智能化管理,对教与学的过程进行跟踪与记录,对家校互通提供立体化的网络支持。

2. 智慧教育的资源特征

从资源平台的建设理念与技术模式来看,第一,资源平台的建设理念正在从产品层次上升至服务层次,资源平台建设的中心任务正在从技术平台的搭建转向服务体系的构建;第二,平台功能正在从单纯的资源存储与管理转变为融知识获取、存储、共享、应用与创新于一体的知识管理平台;第三,在运作机制上,Web 2.0 时代的以用户为中心的理念正在逐步体现,各种有效的社会化驱动和信息聚合机制正在逐步引入,资源平台的建设和应用绩效逐步提升;第四,在技术模式上,正在从传统的数字化向智能化方向转变。

3. 智慧教育的教学特征

第一,实时、便利的教学资源获取及课堂生成性资源的捕获和存储;
第二,对课堂教学状态信息进行跟踪、分析,辅助教学决策;
第三,实现了自然、高效的课堂互动;
第四,自主学习真正成为主要学习方式;
第五,教学将突破明显的时空界限。

(三)智慧教育的应用

1. 智慧课堂

智慧课堂可以通过虚拟教室来实现对话方式实时反馈,通过虚拟教室以对话的方式讲课让学生感觉更亲切且接受度高。还可根据学生以往学习数据来制定个性化对话辅导,通过对学生课堂状态进行自动检测,包括学生人数、坐姿、行为、面部表情等,可实现抬头率、看手机率、专注度、离席率等指标的智能统计。

2. 智慧学习系统

智慧学习系统可根据学生的学习情况实现智能学习内容推荐及内容难度调控;可根据

不同的学生的学习进度制定个性化方案,实现动态规划学习路径;还可智能查找学习漏洞。

3. 智能语音指令

通过语音识别技术,App 能自动识别出学生的指令,实现自动翻页、查询搜索、页面跳转等指令功能;能配合学生的教学内容,自动且流畅地进行朗读播报;还能将老师说的话自动转换成文字,直接显示在屏幕上,方便学生快速并清晰地了解教学内容。

总的来说,在智慧教育环境下,学生可以通过电脑、手机、平板等终端设备完成在线学习、作业提交,老师和家长可以随时查询学生的学习进度和作业完成情况,课堂上可以使用多媒体课件、在线视频等手段完成教与学,实现无纸化教学。并且,通过在线教育平台,老师可以快速完成试卷的批阅,节省大量时间;学生可以进行课外在线阅读,拓宽知识面。

此外,学生在校安全也越来越受到学校和家长的重视,视频监控、智能卡、智能手环、智能手表等为学校和家长提供了考勤、定位和健康状况的数据。基于学生的行为数据进行大数据分析,建立学生行为模型;基于学生的考试成绩进行大数据分析,建立学生能力模型。以此对学生进行个性化的差别辅导,建立匹配学生能力的试题库供其练习提升。

二、教育神经科学研究方法

(一)认知神经科学的实验方法

认知神经科学通过结合心理活动与大脑结构的研究,具体研究感知、运动、情绪、学习、记忆、语言、注意与意识、认知控制以及社会认知等诸多心理过程,从而提供"有形大脑的功能如何产生无形的心智"这一问题的答案。认知神经科学主要采用神经科学、认知心理学、计算建模以及神经病学(neurology)等学科基本研究方法。这些学科关注角度不尽相同,各有侧重,认知神经科学的长处在于对不同方法综合运用以全面回答心脑与行为之间的关系问题。

认知神经科学所涉及每一学科都有独特的方法与技术工具,它们的应用范围可以按照空间和时间分辨率两个坐标来划分:时间敏感性和空间敏感性。其技术手段包括:

单细胞记录与多细胞记录。单细胞记录使得神经生理学家能够记录动物大脑的单个神经元,从而理解与某个感受和行为刺激相关的神经元活动是如何增加或减少的。而通过多细胞记录,数百个细胞的活动可以同时记录。

脑功能成像技术为神经科学提供了技术方面的支持,如研究阅读能力和阅读障碍时,通常采用功能性磁共振成像(fMRI)、正电子发射断层扫描(PET)、脑结构成像(MRI)、脑电图(EEG)等技术,这些技术通过测量个体在完成特定认知任务时的大脑活动,来探索该认知过程的神经基础和认知特征。常见的用于人类测试的脑成像或脑刺激技术包括:

(1)经颅磁刺激(TMS)。利用磁脉冲暂时改变局部脑生理特性。

(2)脑电图(EEG)测量大脑的电活动。EEG 信号包括电活动的内源性变化,以及由特定事件(刺激或运动)诱发的变化。

(3)事件相关电位(ERP)是与特定事件(刺激呈现或反应出现)时间锁定的电活动变化。当事件重复多次,这些事件所诱发的相对小的神经活动变化就可以通过 EEG 信号的叠加平均而观察得到。通过这样的方法，EEG信号中的背景波动能被去除，从而以非常好的时间分辨率展现事件相关信号。

（4）脑磁图（MEG）测量大脑产生的磁信号。神经细胞的电活动同样产生小的磁场，磁场可以像EG测量表面电活动一样，通过置于头皮的敏感的磁探测器所测量。MEG可以采用与ERP类似的事件相关方式，并且具有相似的时间分辨率。MEG的空间分辨率更优，这是因为磁信号很少受到脑或颅骨等有机组织的影响而失真。

（5）正电子发射断层扫描（PET）通过监测放射性示踪剂的分布来测量脑的新陈代谢活动。PET扫描仪测量示踪剂衰变时产生的光子，常用的示踪剂是O，因为它衰减迅速，并且氧会更多地分配到活动的神经区域。

（6）功能性磁共振成像（fMRI）。

图9-2展示了两个坐标下所采用的技术工具。

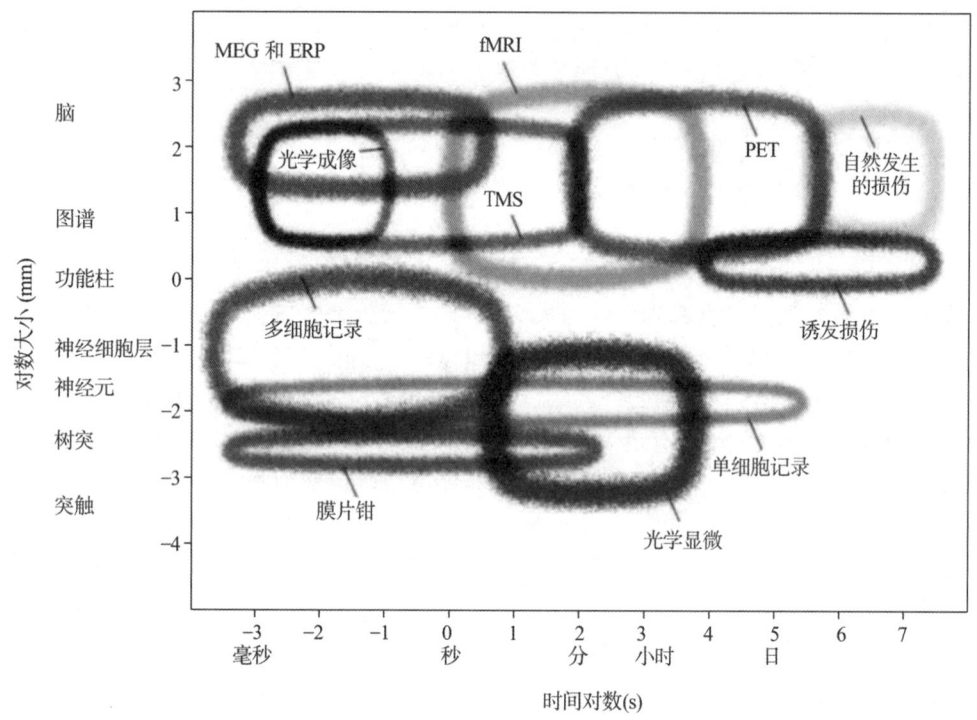

图9-2 两个坐标下所采用的技术工具

（二）认知心理学的实验方法

广义上的认知心理学包括以皮亚杰为代表的构造主义认知心理学、心理主义心理学和信息加工心理学；狭义上的认知心理学就是信息加工心理学（information processing psychology），它用信息加工的观点等研究人的接受、贮存和运用信息的认知过程，包括对知觉、注意、记忆、心象（表象）、思维和语言的研究。认知心理学是基于认知主义科学范式的心理学，关注大脑对外部世界基于各种线索和表征的心智建模与信息处理过程，将心智看作一个基于离散符号处理的序列加工系统。

在控制条件下对某种心理现象进行观察的方法叫实验法。在实验中,研究者可以积极干预被试者的活动,创造某种条件使某种心理现象得以产生并重复出现。实验室实验是借助专门的实验设备,在对实验条件严加控制的情况下进行的。由于对实验条件进行了严格控制,运用这种方法有助于发现事物间的因果联系(cause and effect),并允许人们对实验结果进行反复验证。实验室实验需要借助各种仪器设备来进行。借助这些仪器设备可以严格控制刺激的呈现,准确记录被试的反应时间和其他生理或行为指标,进行数据分析和处理。例如借助计算机,人们可以通过预先编制的实验程序,严格控制刺激的呈现,精确记录被试的反应时间,保存大量的实验数据。近年来,随着神经生理学、影像学和计算机技术的迅猛发展,神经成像(neuroimaging)或脑成像(brain imaging)技术已经应用于认知科学神经的研究。

与以往采用的一些研究技术相比较,神经成像技术可以在无损伤的条件下观察有机体内正在进行的一些生物化学变化,如葡萄糖代谢或脑内血流量的变化,进而研究与此有关的心理现象(记忆、注意、思维、语言活动和情绪等)。应用这种技术,已经积累了脑功能和结构的大量研究资料,对探索心理活动的脑机制,理解脑的高级功能有重要的作用。

(三)探究的解释性方法

解释性研究(interpretive approach)也称为因果性研究。这种研究类型主要探索某种假设与条件因素之间的因果关系,即在认识到现象是什么以及其状况怎样的基础上,进一步弄清楚事物和现象为什么是这样。解释性研究是解释一个事物"为什么会是这样的",探寻现象背后的原因,揭示现象发生或变化的内在规律,回答为什么的科学研究类型。

事物的因果关系是比较复杂的,有某一条件与某一现象之间的因果关系,也有多种条件与某一现象之间的因果关系。解释性研究通常是从理论假设出发,涉及实验或深入实地收集资料,并通过对资料的统计分析来检验假设,最后达到对事物或问题进行理论解释的目的。在实验的设计上,除了与描述性研究一样具有系统性和周密性以外,还更为严谨和具有针对性。在分析方法上,往往要求进行双变量或多变量的统计分析。解释性研究有实验的与非实验的两种,实验研究还可分为实验室研究与现场实验研究。

解释性研究常常用于社会科学研究领域,解释社会现象的本质,说明社会现象间的因果关系。通过各种方法和手段对调查搜集来的各种资料进行整理分析,以阐明所了解到的社会现象发生的原因,并预测其变化趋势。许多调查研究不但描述社会现象,而且力求解释社会现象,即阐述社会现象为何发生和是如何发生的。解释性研究的目的,一是回答已经发生的社会现象为什么会发生和如何发生的问题,二是对已经发生的社会现象在何种条件下将导致另一社会现象发生的可能性进行预测。

在研究方法上,从假设出发,通过收集资料、获取数据、解释原因、厘清关系、整理归纳、事实论证,再运用定量研究方法,利用多变量的系统分析,以求得解释的合理性,为进一步形成理论打基础。

(四)探究性的实验方法(扎根理论分析、行动研究)

探究性的实验方法是指实验者在不知晓实验结果的前提下,通过自己实验、探索、分析、研究得出结论,从而形成科学概念的一种认知活动。

扎根理论是一种著名的建构理论的方法[①]，其基本思想是通过一套严谨的程序，从资料中发展出理论。研究者在研究开始之前一般没有任何预设的理论或假设，而是带着研究问题，直接从原始资料中归纳出概念和命题，然后再上升到理论，即在系统收集资料的基础上，寻找反映现象的核心概念，然后通过在这些概念之间建立起联系而形成理论。

行动研究（action research）是一种参与干预性的社会研究方法，研究者参与到行动中以规划、实施、监测行动的变化，并利用研究者的理论与经验服务于被研究对象。行动研究是指在自然、真实的教育环境中，教育实际工作者按照一定的操作程序，综合运用多种研究方法与技术，以解决教育实际问题为首要目标的一种研究模式。行动研究法将纯粹的教育科研实验与准教育科研实验结合起来，将教育科研的人文学科的特点与自然科学的实验特点结合起来，用教育科学的理论、方法、技术去审视、指导教育教学实践，将教育教学经验上升到理论的高度，但依托的是自身的教育教学实践。

有研究者认为，从神经科学研究的五个层级来看，在分子和遗传水平、神经活动、功能系统层面上的神经科学研究对教育的用处是逐级递增关系，而与教育最适切的则是综合征和行为层面的研究应用（图9-3）。

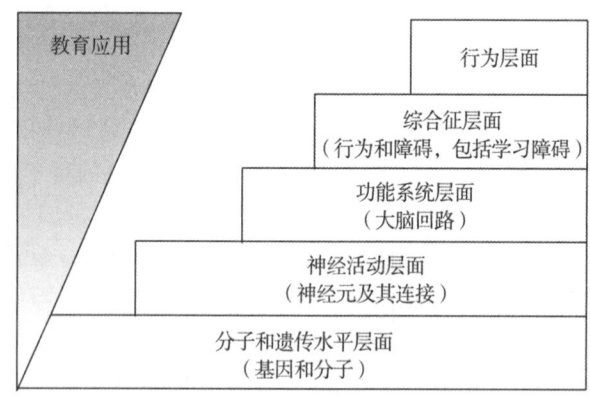

图9-3　神经科学研究及其与教育的适用性

三、新兴的教育神经科学对智慧教育的启示

根据我国教育神经科学专家周加仙的观点，新兴的教育神经科学包括科学研究、转化研究和实践研究三个方面。其中，科学研究旨在揭示有关心智与脑的新的科学知识，为不同观点的概念提供实证支持；转化研究旨在进一步审查与学习有关的概念所具有的潜在教育相关性和有效性；实践研究旨在发展教学概念、语言、认识以及基于上述各方面的最佳的实践转化。教育神经科学对智慧教育有诸多启示，包括：

（1）进行教育相关的预测。神经科学在教育中的作用主要体现在预测中。相比传统的

---

① STRAUSS A L. Qualitative analysis for social scientists[M]. Cambridge：Cambridge University Press，1987.

行为测量,通过神经影像技术,可以更灵敏地预测与教育相关的神经变化,反映未来的学习结果。

(2)所提供的依据指导着教育干预和教育实践的开发和改进。譬如,人脑可塑性的研究为学生的可教育性提供基础,大脑基本结构形成过程中的"敏感期"研究为儿童特定能力与行为的发展提供指导,默认网络的研究为学生日常反思提供建议,早期训练促进注意力和执行功能的发展,抑制性控制训练为儿童数学和科学的学习提供帮助。

(3)指导智慧教育产品的设计与开发。《教育信息化 2.0 行动计划》明确提出,要依托各类智能装备和网络,积极开展智能化教学支持环境建设,加快智能教室、智能实验室和虚拟工程等智能教育装备及设施建设,加强智能教育助手、教育机器人、智能学伴等关键技术研究与应用。教育神经科学研究的成果可以在此类教育产品开发方面发挥科学指导作用。

(4)培养研究型的智慧教育教师。要想让专业知识与技能在神经科学与教育学之间进行迁移,就需要神经科学家和教育工作者默契沟通与合作。研究发现,那些具有一部分神经科学知识的人(参加过认知神经科学入门课程),确实能在知识层面得到较高的分数,但他们同样会像外行一样被神经科学的解释所愚弄,甚至热衷于将错误的神经科学发现应用于教学之中。而只有神经科学专家(攻读或拥有认知神经科学或相关领域学位的人)才能正确识别待检验的或是被误解的神经科学发现。为破解神经迷思,这对教师的"神经科学素养"提出了更高的要求。

培养教育神经科学的技术人员,创建研究型学校,让教师具备"神经科学素养",让神经科学家具备"教育素养",于神经迷思的破解和教育神经科学的转化具有诸多意义。

2021 年 Jelle Jolles 等人在 *Frontiers in Psychology* 发文,讨论为什么要以及如何提高教育专业人员的神经科学素养。[①] 该论文描述了教育专业人士应该了解和欣赏上述主题的基本神经科学知识和见解——或"神经科学素养"。作者针对"每位教师都应该知道的"神经科学内容的四个主题制定了提案。这四个主题基于神经科学协会制定的神经科学核心概念。作者强调,在教育领域整合神经科学知识和见解不应该是一条单行道;旨在提高神经科学素养的尝试是一项跨学科的工作。教师培训师、神经科学领域的专家以及应用领域的行为科学家(著名的应用神经心理学家)都应该为所需的教育创新做出贡献。

第二节　智慧教育视角下学科教学的神经科学研究

2005 年初,北京师范大学率先在国内成立了认知神经科学与学习国家重点实验室,目前这里已经组建了基本认知过程与学习、语言认知与学习、数学认知与学习,以及情绪与认知的相互作用等多个项目组,并邀请了包括数学、语文、英语、音乐、体育等多个领域的专家学者进行合作研究。理论和实践均证明,神经科学知识可以有效融合于学科教学,在多个学科中发挥作用。

---

① JOLLES J, JOLLES D D. On neuroeducation: why and how to improve neuroscientific literacy in educational professionals [J]. Frontiers in Psychology, 2021(12):1-18.

一、语文学科

(一)语言能力发展

主要涉及语言的理解和产生及第二语言学习。语言的理解和产生所涉及的语法和语义两个加工过程(当然还包括对情境与意图的理解、韵律与语音加工等其他过程)依赖于不同的神经系统:语法加工,主要在左前额叶;语义加工,主要在左、右脑的后部外侧区域。语言功能不是由单一脑区而是由整个脑中的不同神经系统来执行的。

认知神经科学研究的主要成果包括[①]:

(1)语法学习开始越晚,脑变得越活跃(表明难度越大),如专家型读者比新手型读者的脑激活更少。起步晚的学习者不是只在左半脑加工语法,而是两半球加工相同信息(使用不同的策略)。进一步研究表明,两半球都激活的被试,在语法的正确运用上存在更大的困难。

(2)第二语言学习者越早学习,掌握语法越快、越容易,但语义学习将持续终身,不受时间限制。这说明语法学习的研究是学习敏感期及经验期待型学习的一个例子。不是说晚学者不能达到高水平,而是说由于在生物限定的时间段内,没有接受相关经验,学习会更加困难。

(3)上述研究结果对教育政策的启示显而易见:①13岁以后学习第二语言很可能会导致对该语言的语法掌握程度不高。与第二语言学习有关的任何公共政策与干预措施,如提高起步晚者的学习语言的能力,必须考虑大脑是如何加工语言的,如此才能保证其有效性。②如果能确定脑的哪个系统受敏感期限制,哪一个不受限制,那么开发与实施合理的教育与康复计划就可以成为教育决策者的一个目标。如语音辨别能力的习得也存在"敏感期",有人对此做过调查,母语为日语的人区别 load 和 road 相当困难,即使在美国生活多年,当"你听到有人用外地口音来说你的母语的时候,你(就)可以肯定他是在12岁以后学的"。但是,切不可产生以下误解:"学习障碍在敏感期以后成为永久的了!"事实不是如此,成年人能够进行新的学习。如对母语为日语的被试大量输入 r 和 l 的语音并使其可以区分,在受过这样的短期训练之后,他们在听没有训练过的语音时,也能够迁移这种能力。脑成像表明这种训练影响了负责母语语音感知的大脑皮层。

(二)阅读技能

认知神经科学的研究告诉我们:从牙牙学语到认识字词、掌握句法和理解句子的情境,再到学习阅读,它们激活的是不同的脑机制。教育神经科学的视角主要关注这些发现对字词识别困难者进行鉴别和干预的应用与启示。

在鉴别有阅读障碍的孩子时,至少一个脑区——左侧颞上回非常重要;它用于注意词汇的声音结构。他们不能正常激活该区,但额叶代偿性地活跃(尽管智力正常)。

而在阅读障碍的干预方面,一方面人们知道,单纯靠教育手段很难矫治阅读障碍;另一

---

① 李其维,周永迪.教育神经科学:一门极具实践意义和发展前景的新型学习科学[J].心理与行为研究,2011,9(B06):11.

方面人们又相信,当我们能够借助认知神经科学工具将阅读技能分解为一个个信息加工步骤和功能模块之际,或许可以乐观期待,它就是为克服阅读障碍而设计的有效的矫正项目。当然,同样也可为正常儿童设计更好的教学方法。

与西方拼音文字相比,中文虽有其自身特点,但原则也许是通用的:关键是要将中文阅读的技能分解为一个个认知过程及寻找到对应的神经机制。在这方面,中外的认知神经科学家们做着同样的工作并不断地收获成果。有人乐观地预言:阅读障碍的研究与治疗将在不久的将来成为认知神经科学的一个重要的"成功故事"!

在对发展性阅读障碍的研究中,富美子·霍弗特(Fumiko Hoeft)等人对25名具有阅读障碍的儿童和20名无阅读障碍的儿童进行阅读和语言行为测试,以及功能磁共振成像。在两年半之后,他们再次对这些儿童进行行为测量和神经测量,并考察采取哪些大脑指标或行为变量可以预测儿童的阅读技能的变化。结果表明,行为测量和神经测量确实都能反映具有阅读障碍的儿童阅读能力的变化,但行为变量无法从统计学上预测儿童阅读能力的进步,神经测量则凭借语音处理期间全脑激活模式的多体素模式分析脱颖而出,也揭示出右侧前额叶在改善阅读障碍中的重要作用。

二、数学学科

(一)数学能力的早期发展

法国著名认知神经科学家迪昂(S.Dehaene)研究发现,婴儿天生具有某种数感,它构成了婴儿初步的数的"概念"。负责这种能力的脑区在脑顶内沟(intraparietal sulcus)。它用于表征数量,使婴儿能够理解"许多"和"一些"的差异。这是一种天生的估算能力。

数学运算的认知神经科学研究成果丰富。我们已了解到数学加工涉及的脑区很多,如精确的算术运算在左前额叶(词汇记忆任务),数学估算还包括左右顶叶下部(与视觉和空间任务相连)。

除了上面提到的脑区,其他脑区也参与数学加工,而且左右两半球各个脑区是协同而不是单独运行的。如额叶前部皮层和前扣带脑皮层通过控制非自动化的策略而在复杂计算中发挥重要作用。

迪昂还提出用一种模型来描述脑半球协同运行实现儿童在学习或进行数学运算时脑区的激活系统,即著名的三重编码模型(the triple code model):三种基本数字操作——运用三个不同脑区(激活)。如看到阿拉伯数字"3"激活梭状回(fusiform gyrus);听或读到言语数字"three"激活外侧裂区(perisylvian area);比较数量大小,如"3比1大"激活顶间叶(inter-parietal lobes)。但是,导致脑网络损坏的脑损伤或其他任何形式的伤害都可能导致计算能力缺失或者计算障碍。

(二)数学学习困难研究

脑损伤是物质本体(硬件)的损伤,还有两种(至少)被认为是导致数学困难的软件意义上的原因:一是可能某些与数量有关的神经网络受到损害而解体,故而很难理解数字中所包含的信息;二是儿童还未学会把数量表征与词语符号(及视觉符号)联系起来。但是这种分离也证明了不用语言来进行数学思维的可能性——如以强调数字的空间物体(如数列)或者具体物体隐喻(如算盘)的数学材料来培养数字意识。这方面已有成功的案例:如通过所谓"适时开端项目"(The Right Start Programme)传授数学的基本技能——数数,将数字、数量与数列概念对应起来,利用数量表征系统来说明教学的有效性。该计划还运用物体如"蛇和梯子"的游戏来教孩子数字的空间类比概念。通过此类训练,成功地矫正了儿童的数学障碍。

有研究者据此认为,认知神经科学下一步可以进行的研究是:人们是在何种程度上运用图像图式(即空间关系,如容量、密度、中心与边缘等)与概念隐喻(不同集合间的对应关系,保留了推理的结构)来构建与理解数学的?对这些问题的深入研究需要神经层面的介入。

(三)数学问题解决

对数学问题的解决而言,神经测量同样可以大展身手。一项纵向研究对在执行视觉空间工作记忆任务的 6 至 16 岁儿童分别做了行为测试(工作记忆、推理和算术能力)和功能磁共振成像,研究者希望借此探讨顶叶沟(与视觉空间工作记忆和数字表征相关)的活动是否比单独的行为测试带来更多信息,并以此预测这些儿童两年后的算术表现。结果表明,与仅使用行为测量的模型相比,结合了神经影像学和行为数据的模型预测未来数学能力的准确性提高了一倍以上。除此之外,结合行为测量和神经测量,可以很好地解释儿童工作记忆能力的差异,而借由对基底神经节、丘脑结构和活动的测量,还可以推断他们工作记忆能力的发展。

以乘法口诀表的学习为例,北京师范大学认知神经科学与学习国家重点实验室的周新林教授等人考察了内地和香港、澳门的大学生背诵乘法口诀表时的大脑加工机制。[①] 香港、澳门的大学生背诵的是全表。研究发现,内地大学生在背诵乘法口诀表时与香港、澳门的大学生不仅在反应时间上表现出不同,而且在脑电波的反应上也显著不同。在背诵大数在前和小数在前的乘法算式时,内地大学生在脑电模式上是不同的,而香港、澳门的大学生则基本相同。这表明乘法口诀表的学习与应用经验对大脑中的表征有显著影响。周新林教授的研究表明,小学低年级的这种数学教学方式对成年后的脑电模式仍然有影响,教师的教学方式会对学生的大脑产生终身的影响。可见,教师的教育神经科学的知识水平不仅决定了教学设计的科学性,更重要的是,还会影响学生的大脑发展。

三、其他专业学科中的应用

教育神经科学在学龄阶段各个学科中的作用近年来得到了越来越多的关注。2019 年 5 月,青岛举行以"共建更好的全球教育未来"为主题的"大城市教科院联盟全国二次学术年会暨脑科学与教育国际论坛",其中一个分论坛为"脑科学与学科教学"。在该论坛上,多位专家发表了教育神经科学应用与学科教学的看法。复旦大学的张学新教授介绍了"对分课堂"的观点,"对分课堂"倡导的是既重视教法,也重视学法;既重视知识的传递,也重视能力的培养;既强调独立思考,也强调合作探究,使用脑科学的方法支持教学方法。深圳市教科院院长叶文梓认为,脑科学的发展对教育教学有着很重要的启示,不管哪个学科,在教育教学过

---

① 杨红,王芳,周加仙,等.数学学习的认知与脑机制研究成果对数学教育的启示[J].教育发展研究,2014,33(22):37-43.

程中,运用到的器官和感觉越广泛越能推动协同,教育教学就越好。所以教育教学改革,就是要推动在各个感觉器官和感觉的开发协同;教育教学改革,除了不同的器官要协同以外,还有一个很重要的是素质,就是推动各个器官的高品质发展。

(一)地理学科

据《中国教师报》2022年3月2日报道,在由华东师范大学教育心理学系、华东师范大学教育神经科学研究中心、北京师范大学中国教育创新研究院联合主办的"教育神经科学在中学课堂的应用与创新论坛"中,上海市市北初级中学地理教师叶青代表一线教师展示了如何将教育神经科学研究成果应用于初中地理课堂的课例。① 这一课例给广大教师提供了一个审视地理教学的新视角。该课例融合了计算机科学、人工智能、生命科学、制图学中关于空间认知的研究。这一课例将科学证据与地理教学有效融合,提升了地理学科的育人价值和有效性。

(二)音乐学科

在音乐教学领域,来自赫尔辛基大学等研究机构的科研人员正尝试在实际演奏和真实的课堂环境中开展脑实验研究。这将促使研究者们从教育领域的实际问题出发,探究脑科学的研究成果的现实转化,从中科学合理地提炼出更有效的音乐教育规律与实践措施,并为音乐教学提供一种强有力的动力。

北京师范大学认知神经科学与学习国家重点实验室南云教授认为,音乐传递的是人的动机和沟通本身的感受,它比语言和文字更加直接和感性,所以在经验面前,音乐可以把人立刻连接在一起,音乐是人类情感的最佳沟通方式。

在实证研究方面,哈尔滨音乐学院教授宋蓓研究团队和华东师范大学心理与认知科学学院合作开展了系列研究,其中一个研究是观察在音乐教学过程中,不同的教学方式(一个是部分教学——一句一句教,另一个是整体教学)对学习结果的影响。② 实验发现,部分教学相比整体教学,学生的学习效果、学习结果会更好,师生之间的脑间同步现象更为明显。

将脑科学与音乐教育相结合的重要意义与价值,主要在于:第一,帮助音乐教育者理解人类大脑的运行规律,从而设计出适合每一个人的音乐教育模式;第二,为教育决策者提供与音乐教育相关的心理学与脑科学研究成果的相关信息,诊断、筛选、更新现有的音乐教育理论,为我国目前的音乐教育改革提供科学基础与依据;第三,促进研究者、教育者与教育政策制定者相互交流,并在此基础上合作创造出新的知识;第四,让来自不同领域的学者从新的视角来看待各自领域中的研究问题,并认识到本领域之外的研究领域,进而促进各自学科的进一步拓展;第五,探索音乐教育对大脑发育的积极影响以及如何将其应用于实际音乐教学环境中,从而提升个体的音乐认知水平。③

---

① 科教智见.运用教育神经科学,助力课堂教学活动[OL]. http://news.sohu.com/a/524626035_120377058.

② PAN Y F, NOVEMBRE G, SONG B, et al. Interpersonal synchronization of inferior frontal cortices track social interactive learning of a song[J]. NeuroImage,2018(183):280-290.

③ 宋蓓.从实验室到教室:教育神经科学视野中的音乐教育[J]. 教育家,2019(20):3.

（三）体育学科

在 2019 年"大城市教科院联盟全国二次学术年会暨脑科学与教育国际论坛"上，扬州大学体育学院的院长陈爱国教授纠正了人们对体育生"四肢发达，头脑简单"的偏见，他认为，现在大量证据证明，多年运动技能的训练，可以使运动员的大脑变得更加复杂。在他看来，体育运动不仅仅可以促进学生单维度的发展，还可以促进学生全面发展；体育运动不仅仅能够促进正常儿童执行功能的改善和提升，对改善和提升包括听障儿童、留守儿童、学习困难儿童、肥胖儿童在内的异常儿童的执行功能，效果可能比正常儿童更好。

教育神经科学的研究成果对一线体育教学策略的实施具有诸多启示，体育教师王文娟在阅读《教育与脑神经科学》的基础上，结合自身的教学实践，总结了脑神经科学对小学体育教育的启示[①]，主要包括：

1. 热身运动——振奋大脑策略

热身运动是体育教学过程中必不可少的重要环节，《教育与脑神经科学》一书中，提出了振奋大脑的策略。身体活动增加了流向大脑的血流量，由此使大脑在学习过程中始终精力充沛和精神振奋。学生经过长时间的室内课学习，进入室外体育课，人体从安静状态进入剧烈的运动状态，需要一个适应的过程，充分做好热身运动不仅能提高中枢神经系统的兴奋性，而且能改善植物性神经系统，也就是说，一方面能使学生更好地进行文化课的学习，另一方面能提高他们的身体素质。体育课的热身运动可以采取各种游戏的形式展开，消除学生紧张的心理状态，活跃身心。如果一味地采用慢跑的形式进行热身，也会抹杀学生对体育课的兴趣，所以教师要精心准备每一节课的热身环节，保证学生能自愿参与到体育活动中去。

2. 提高注意力——吸引大脑的策略

对于低年级学生来说，注意力水平还比较低，因此，如何吸引孩子注意就是低年级教师首要考虑的问题。在一堂体育课上，如果学习内容不足以吸引学生，那么学生的身体锻炼也就达不到一定的效果，课堂组织也比较困难。大脑会本能地对新奇和刺激的事物感兴趣。教师可以采用多媒体进行技术动作的动态讲解，采用吸引学生眼球的教具去展开动作练习，采用有趣的组织形式去展开教学，这些都能够从一定程度上吸引学生的注意力，让他们自觉地参与到体育运动中去。

3. 激发兴趣——激活大脑的策略

如果一堂体育课显得单调乏味，就不能很好地激发学生的锻炼兴趣，尤其是一些枯燥的练习项目容易让学生对体育课产生厌倦和抵触情绪，变得不爱运动。在《教育与脑神经科学》中提到了激活大脑的策略，要让学生能自愿地参与到体育活动中，教师就要学会激发学生的学习动机。那么在体育教学中如何实践这一策略呢？首先，教师可以采用新颖生动的体育教学方法去激发学生的运动兴趣，引发学生对体育课的好奇心，兴致勃勃地投入各种技

---

① 王文娟.脑神经科学对小学体育教育的启示——读《教育与脑神经科学》有感[J].当代体育科技，2019，9(14)：2.

能练习中,比如热身运动"兔子舞",学生会产生浓厚的兴趣,进而在轻松、愉快、活泼之中达到了锻炼下肢力量、提高身体协调性的目的。其次,让学生切实体验到成功感,以此来激发学生的运动兴趣。例如,上武术课时,在全班学生面前表扬表现好的同学,并及时给予鼓励,这样他就会体验到武术给他带来的愉悦感,那么自然而然,以后他就更愿意自觉地学习武术。

4. 男生和女生的区别教育

关于男性之脑和女性之脑的阐述,对我们教学的启示也很多。女孩的言语技能的发展会优于男孩,女孩的视觉记忆会早于男孩,但男孩的视觉空间记忆会优于女孩,男孩的动觉学习也似乎更优于女孩……比如在跨越式跳高练习过程中,男生的跳跃能力明显比女生好,这个时候教师就要进行男女分组教学,设置不同高度的任务练习;又比如广播操的练习,女生又要优于男生,对于一些精细动作的练习,男女生的身体发展又呈现出不同的速度。所以,在体育课堂教学中,教师要始终关注男女生的不同身心特点,进行不同的引导。

5. 特殊学生的体育教育

书中还提到特殊需要之脑。每个班上多少都会有一两个体育后进生,这就需要老师的关注,采用积极的方式转化后进生。要了解后进生的心理和生理特征,然后针对性地进行个别指导、优生帮促,尊重和信任每一位体育后进生,做到正面引导,多加爱护,及时表扬。

(四)跨学科素养教育

教育神经科学起源于多个学科的交叉,因而在扩大学生学习视野和培养跨学科素养上有着得天独厚的优势。我国已有部分学校在培养学生多元素养和开发潜能上率先迈出了步伐。以中国人民大学附属中学为例,该校除了固定开设的脑科学选修课之外,生物学、心理学、人工智能课程也会涉及脑科学知识。这些课程不仅面向本部高考的学生,也面向国际部的学生。这些课程的设置及教学模块体现了人大附中的一个重要理念——任何的学科和知识点都不是孤立的。尤其是对于脑科学这样的跨学科专业,建立不同学科之间的横向联系,能够帮助学生在更高的层面进行学习和探索。而新的发现和突破,往往基于知识的融会贯通。

该校莘老师特别强调,脑科学的学习不要拘泥于某个课程体系。国内初高中的生物课程会涉及神经系统及神经调节等内容,A-Level 等海外课程体系中的生物学也有 coordination 的内容,心理学涉及的内容就更多。如果以脑科学的视角梳理这些内容,学生会有一种耳目一新的感觉。

除了日常的课堂学习之外,中国人民大学附属中学还鼓励和支持学生参加各类科研项目或竞赛。在这些拓展活动中,学校注重发挥学生的主动性。同时,老师们和同学们还会组织分享会,邀请申请神经科学专业并在往届比赛中获奖或发表脑科学类文章学生进行经验分享。此外,学校还会联系医生、大学教授等专家,为学生带来专业讲座。据脑科学活动机构 Brain Bee 报道,中国人民大学附属中学在校内外开展的脑科学特色教育播下种子,让学生有机会探索自己喜欢的学科,最终有学生由此走上专业道路,教育的初衷得以实现。

2007 年由 OECD 出版的《了解大脑:一种学习科学的诞生》(*Understanding the Brain:*

The Birth of a Learning Science）一书,将"学习"（learning）界定为"个人资质潜能的开展,包含了认知（cognitive）与情意（emotional）交互作用的历程,学习总是产生于学习者与其周遭环境交互作用的社会情境脉络当中"。可知,在教育神经科学的研究中,学习者的学习是透过认知与情意交互作用的历程,以获得学习结果。换句话说,透过大脑的研究,学习者的学习是由认知与情意交互作用下而得到学习结果,这种交互作用所得到的学习结果并不单只是由知识、体能与智能所构成的"能力"（ability）,而是包含了由知识、能力与态度所构成的"素养"（competence）。因此我们有理由相信,在以培养素养为主轴的当代教育中,教育神经科学研究所显示出来的证据必将发挥越来越大的作用。

第三节 智慧教育视角下核心特征的神经科学研究

一、师生互动下的神经科学机制进展

（一）师生合作性互动方式的研究

教师与学生作为课堂教学活动中最基本的要素,如何进行有效互动或者合作行为是教学评价的重要标准之一,也是师德的重要评价指标。基于现代神经科学技术,已有许多文献研究探索了课堂师生互动过程中大脑与行为两者之间的关联。

已有的行为学研究表明,专家教师的教学能力要显著优于新手教师,但专家教师和新手教师在与学生合作互动上是否存在明显差异尚不清楚。为解决这个问题,孙炳海等人考察了专家教师与学生合作互动中的行为表现是否优于新手教师及其神经基础。该研究招募了18对"专家教师-学生组"和16对"新手教师-学生组"来共同合作进行相应的算术解决任务。在实验过程中,他们使用近红外线超扫描技术（fNIRS hyperscanning）记录被试前额叶皮层的神经活动。研究结果发现,在合作条件下的"专家教师-学生组"正确率显著高于"新手教师-学生组",但是在独立条件下两组被试的正确率并不存在显著差异。更为重要的是,合作条件下专家教师和学生的左侧背外侧前额叶呈现显著脑同步。进一步的相关分析结果发现,在合作条件下的专家教师和学生脑同步性数值与专家教师的观点采择能力、专家教师和学生组的正确率存在显著正相关。

该研究为我们使用脑科学技术手段开展师生之间的互动研究以及教师职业道德培养方案提供了可靠的生理学基础,为师德师风的提升提供了客观指标。类似的结果在另一项研究中也得到了重复验证,如卢春明教授等人通过近红外成像技术发现,师生之间的轮流对话方式能够增强他们在右侧感觉运动皮层的神经活动同步性,而且同伴之间面对面的交流方式也会增强右侧额下回的神经活动同步性。

(二) 教学方式的研究

除了师生合作性互动方式的不同以外,教学方式也是日常教学情境中师生互动的一种重要交流方式,我们有必要使用脑科学技术进一步验证学生面对不同刺激加工时的大脑神经活动变化存在不同。某个研究团队录制了 12 段由同一位小提琴手演奏的世界名曲。在演奏过程中,研究者用近红外线成像技术记录了小提琴手(示范者)的大脑神经活动。随后,研究者将这些录好的视频播放给学生并记录他们在观看这些视频材料时的大脑活动。视频观看结束后立即评估了学生对这些视频材料的喜好程度,并计算学生与示范者之间的脑间同步这一指标。同时,研究团队还原了具有高生态效度的师生互动教学场景并采用了两类教学方式:一类是教师逐步提供难度渐进的问题,引导学生自己解决问题,称为支架式教学;另一类是教师提供一些信息,诠释重要的术语、概念和原理,称为解释性教学。在两类教学活动中,研究者也采用近红外线脑成像技术全程同步采集师生的大脑活动。结果发现,师生间大脑活动在教学过程中同步性越来越强。这种师生脑同步依赖于教师使用的教学策略。当教师采用支架式教学时,其脑活动与学生的脑同步性要比解释性教学时更强,而且这种增强的师生大脑同步性可进一步预测学生的学习表现。也就是说,研究者使用视频编码技术发现师生脑同步的增强与教师采用的支架式教学行为(如询问引导性问题,提供暗示等)有关。但是,当教师进行解释性教学(如提供定义或澄清概念等)时,师生脑同步则比较弱。基于以上结果,我们建议教师在实际的教学活动中,除了要进行必要的概念解释外,可以提出一些由易到难的问题,帮助学生思考所学内容及其关系。

另外,有研究者以 24 对教师-学生组合为研究对象,采集了教师在教授学生音乐歌曲期间的脑功能成像数据。在互动学习的过程中,教师可采用"部分学习"(逐句教唱)或"整体学习"(整首教唱)两种不同的传授方法并记录他们双侧额颞顶皮层大脑神经活动。互动学习结束后,用学生独立完成歌曲演唱来评估事后学习效果。师生大脑活动随时间共同变化的关系被计算为人际大脑同步的指标。该研究主要发现"部分学习"相比"整体学习"互动次数更多,学习效果也更好,师生间额下回出现同步现象。通过进一步与视频编码的互动行为结合分析,发现这种人际大脑同步现象在歌唱互动期间,尤其是学生观察阶段,即教师示范期间效应最强,且与学生学习结果显著相关。值得注意的是,通过格兰杰因果分析,研究发现在学生观察期间,教师的大脑活动对于学生具有更高的预测效力。

上述这些发现对于我们理解社会互动学习的认知和神经过程具有重要理论意义,同时对于教学、临床实践也提供了重要借鉴。

二、人机互动下的神经科学机制进展

(一) 学习元宇宙概念下 VR 情境结合研究

随着全球数字化的发展,华子荀和付道明认为"学习元宇宙(metaverse for learning)是在元宇宙技术基础上构建起来的学习场景,融合了现实学习空间与虚拟学习空间,并通过数字孪生、区块链技术等实现虚实空间的相互映射与动态交互"。① 教育元宇宙凭借其突破时间、空间等客观条件限制的特点,能创设与教学内容高度关联的"身临其境"的虚拟情境,促进情境化教学有效落实。借助于虚拟现实技术终端,学习者可进入教师预先创设或选择的教学情境,借助头戴式显示器、耳机、手柄、数据手套等交互设备,开展多人在线探究式、协作式、具身化的教学活动。此外,学习者可进入不同的学科或专业教室,通过全息视频、全景直播等技术连接远程教学场所(如红色文化景点、工厂车间等),开展实时可视化在线教学和基于实地实景的课堂互动。例如,Kyawl 等人系统追溯了从 1990 年到 2007 年之间 VR 技术在专业健康知识教育中的作用,研究发现相对于传统的学习方法,VR 可显著提高学习者对干预后知识与技能的掌握程度。类似的一项元分析研究也表明医学生在采用 VR 学习方法的情况下,他们的学习动机与完成率要明显高于传统学习方法。以上研究都表明了 VR 在教育领域中的正面积极作用。

结合 VR 技术后,Tremmel 等人采用经典的 N-back 工作记忆任务范式测量了 15 例健康被试的头皮生理电信号,发现其脑电信号能够较好地区分三种不同水平的认知负荷任务。而 Alsoy 等人则分别使用头戴式 VR 与电脑屏幕显示器呈现视觉工作记忆任务,并比较其 ERP 成分(N100/P100/P300)的异同。研究结果表明头戴式 VR 下额叶 N100 均值和顶峰振幅数值显著增高,枕叶处的 P100 均值和顶峰振幅要高于颞叶处。但是,该研究中所有的 ERP 成分在工作记忆容量上的主效应不显著,这可能是由于使用的 1-back 与 2-back 的任务困难差异程度过小有关。总体来说,与传统的 2D 相比,VR 情境下与认知任务有关的 ERP 活动改变主要集中在早期成分,而晚期成分上可能并无显著性差异,这也可能是研究虚拟现实技术沉浸感的独特角度之一。

(二)学习者的情绪体验研究

学习者的情绪对于课堂学习效果的影响也是至关重要的,如教师和学生互动过程中都可能出现喜悦、失望或愤怒等情绪。情绪的感知存在效价(积极、中性以及负面)和唤醒度两个方向上的维度。以往的有关 ERP 研究多关注于 N100 和晚期成分 LPP 上。与中性情绪图片相比,积极或负面情绪图片能够引起被试早期的注意偏向而增高 N1 的振幅,随后增高的 LPP 振幅则意味着刺激唤醒了被试的情绪体验。而在 VR 结合 ERP 的研究进展中,Rodríguez 等人发现在悲伤 VR 场景下不同的调节策略影响的大脑区域亦不同,诱发的情绪下 theta 频带存在明显差异,右颞叶、前额和扣带回的活动与悲伤情绪的诱发有关。Stolz 等人研究了安全场景和威胁场景下中性人脸和愤怒人脸分别诱发的 LPP,结果表明相对于安全场景,威胁场景下的中性脸部表情增加了 LPP 的幅值,而不论在何种场景下,愤怒的脸部

---

① 华子荀,付道明.学习元宇宙之内涵、机理、架构与应用研究——兼及虚拟化身的学习促进效果[J].远程教育杂志,2022,40(1):26-36.

表情均增加了早期 LPP 的幅值。另外,Schubring 等人比较了健康被试在 2D 与 VR 情境下对不同情绪效价面孔的识别差异,发现 alpha/beta 活动的事件相关去同步性数值在 VR 情境下显著增强,说明被试具有更强的场景沉浸感。以上研究表明,VR 结合脑电在情感神经科学研究中具有独特的优势。

第四节 总结与展望

一、教育神经科学应用于智慧教育的不足与局限

虽然目前教育神经科学的进展已经有了明显进展,极大地促进了我们对于脑科学在教育教学过程中的认知,但是仍然存在以下几个有待改进的方面。

(一)技术性依赖过于单一

由于近红外成像技术的独特生态性,能够最大程度上模拟真实教育教学环境中的诸多要素,因此大部分的教育神经科学研究都是使用该技术进行的。而脑电事件相关电位或磁共振成像技术在教育教学相关领域中的应用进展明显存在滞后现象,但二者在各自时空分辨率上都有无可代替的优点,因此需要综合使用脑科学技术手段进一步探索教育教学环境的脑科学知识。

(二)理论上仍然缺乏深度

教育神经科学作为一种伴随着技术的应用而兴起的学科,还有很多空白领域,只能依赖于先前构建起来的理论模型,如注意与意识、情绪感知与调节等各个方面的研究仍需进一步深化。

(三)实际应用仍然较少

从科研成果转化为实际教育教学策略还有一段距离,尤其是市场上不少与之不相称的所谓"全脑教育"乱象,如右脑开发、松果体开发、考试香水、听音频提升脑力、闪卡等。这些打着"脑科学与教育"培训的旗号,在家长、学生与教育人员中大肆传播的"神经神话",都严重缺乏脑科学证据支持,已经对正常教育教学秩序造成了不良影响。

二、教育神经科学推动智慧教育新生态的未来展望

(一)关注发育的作用

对于正在发育中的学生来讲,相对于其他似乎已经发育完善的脑区,额叶区和顶叶区一直到青春期晚期仍然会发生根本性的结构变化。这意味着与其他年龄段大脑各部分的相对同步和均衡发育相比,青春期前额皮层的发育是滞后的。这也意味着,青少年的大脑可能还没有完全准备好进行一系列具体的认知操作过程,包括注意指向、计划未来的任务、抑制不适当的行为、执行多重任务及执行一系列社会定向的任务。所以在现实中,青少年往往比成年人更容易将风险程度看得更低和更具可控性,他们也比成年人或儿童更容易在一系列不恰当的风险活动中受到伤害。

(二)关注异常群体

现今的教育神经科学更多关注的是正常健康群体,因此以后需要对异常群体的教育教学进行更多的投入与研究,比如孤独症、注意缺陷多动综合征和阅读障碍。许多存在阅读困难的人似乎具有不同的视觉系统,他们的视觉系统结构不同于常人,其边缘视野比常人更敏锐,这种差异在完成视觉任务时具有许多优势:患有阅读障碍的天体物理学家在搜索天空、探测黑洞时显示出巨大的优势;阅读障碍者在分析图片的逻辑错误方面似乎也有显著的优势,如分析不可能图形。同样,现代神经科学研究表明,多动症儿童在创造性、反应敏捷和注意力高度集中等方面具有优势,阿斯伯格综合征的儿童在专注力、视觉思维和不同的想象力方面具有优势。因此,传统教育观念认为的这些"缺陷",神经科学的研究倾向于认为这些都只是人类神经系统多元化的一种,是正态分布的两端区域,是"非主流的正常"。我们要做的是了解孩子所具有的各种多样性,对非常态表现的孩子进行专业、科学的有效甄别和个性化的差异教育,学校、家庭和专业干预机构形成合力,共同帮助孩子发展适应他的优势学习路径。

第三篇

人工智能助推基础教育高质量发展的路径与案例

——以广东省为例

- 第十章　广东省基础教育高质量发展的7种结对关系案例分析
- 第十一章　广东省基础教育高质量发展路径之教育均衡与公平发展
- 第十二章　广东省基础教育高质量发展路径之学校治理现代化
- 第十三章　广东省基础教育高质量发展路径之高质量教师队伍建设
- 第十四章　广东省基础教育高质量发展路径之面向未来的教育创新

第十章

广东省基础教育高质量发展的 7 种结对关系案例分析

2021年9月,广东省政府印发了《广东省推动基础教育高质量发展行动方案》(以下简称《行动方案》),提出加大对口帮扶力度,建立全口径、全方位、融入式结对帮扶机制。行动方案的附件之一《广东省全口径全方位融入式帮扶粤东粤西粤北地区基础教育高质量发展实施办法》明确提出,加强珠三角地区对粤东粤西粤北地区帮扶力度,建立市与市、县与县、师范类院校与市、非师范类院校与市县、教研机构之间、中小学之间以及市、县区域内7种全口径结对关系。

第一节 市与市结对

珠三角6市与粤东粤西粤北15市(含肇庆、江门、惠州)结对,建立15对市级结对帮扶关系。广东省基础教育发展不平衡不充分的问题比较突出:珠三角地区强而非珠三角地区弱,区域之间的教育资源不平衡,尤其是市级之间教育资源差距较大。新时代科技蓬勃发展,教育信息化不断发展,信息技术融入教育已是常态,可以通过"互联网+教育"的形式开展帮扶工作。"三个课堂",即"专递课堂""名师课堂""名校网络课堂",是教育部提出的教学模式,能够提升偏远地区教育质量,促进优质教学资源共享。在对口帮扶工作中,"专递课堂"能够有效地发挥其效能(见案例10-1)。

> **案例 10-1**
> **广州市以专递课堂推动教育帮扶工作的创新开展**
>
> 2021年5月14日,由民盟广州市委、广州市电化教育馆、民盟毕节市委、黔南州瓮安县教育局、河源市教育局联合主办,广州市海珠区教育局承办的"广州-毕节-瓮安-河源'智慧课堂'"展示交流活动在4个地区10所学校成功举办。

> 本次活动采用教育部所倡导的"专递课堂"的形式举行。"专递课堂"是教育部提倡的教学模式,它是双师课堂的一种应用方式,主要针对农村薄弱学校和教学点缺少师资,以及开不出、开不足、开不好国家规定课程的问题,采用网上专门开课或同步上课,促进教育公平和均衡发展。广州作为全国"智慧教育示范区",将继续落实国家政策要求,深入推动新技术在教育教学上的应用,并以专递课堂、名师课堂、名校网络课堂等方式开展"5G+教育帮扶"工作,促进教育均衡发展。

第二节 县与县结对

珠三角地区各县(含东莞市、中山市的镇街)与粤东粤西粤北84县(含肇庆4个县、江门3个县、惠州3个县)结对,建立84对县级结对帮扶关系(见案例10-2)。

> **案例10-2**
>
> **结对帮扶显真情 校际交流促发展**
>
> 为了切实推进深圳市南山区与汕头市澄海区开展的教育对口帮扶工作,促进区域协调发展,推动"一核一带一区"发展战略,践行习近平总书记对广东的殷切期望,2022年6月7日至6月9日,深圳市南山区中科先进院实验学校到澄海实验学校开展帮扶交流"送教"活动。
>
> 深圳市南山区中科先进院实验学校在继2021年12月捐赠一批体育器材给澄海实验学校之后,这次又捐赠了一批文具,充分体现了该校"真情助桃李,爱心铸栋梁"的真情助学的爱心之举。欢迎和捐赠仪式过后,双方进行了一系列的校际教学交流活动。
>
> 此次两校结对帮扶活动圆满完成,加强了两校之间教育教学的交流,发挥了专业引领和示范作用,为今后扎实有效地开展结对帮扶工作开启了一个良好的开端。

第三节 师范类院校与市结对

根据师范类院校与粤东粤西粤北15市现有的合作基础,建立15对师范类院校与粤东粤西粤北地市的结对帮扶关系。师范类院校是教师教育的主要阵地,要通过利用师范类院校的资源帮扶偏远地区、薄弱学校,提升它们的教育质量,充分发挥师范类院校的优势(见案例10-3、案例10-4)。

案例 10-3

华师大专项帮扶连州，培养农村英语教师领路人

华南师范大学外国语言文化学院在连州市开展了丰富的线上线下教研合作活动，带动转变了连州的传统教学模式，打造了生动、创新、高效的英语课堂，提升了连州市学校学生的英语实际运用能力。

这是华南师范大学外国语言文化学院与连州市教育局联合开展"乡村外语教育精准帮扶项目"的具体实践。该项目于2019年6月启动，旨在落实广东省《"新师范"建设实施方案》和华南师范大学《"新师范"建设行动计划》，助力连州市乡村英语教育发展，创新英语专业师范生培养模式，打造师范类院校与地方政府、中小学的发展共同体（U-G-S共同体）。

下一步，华南师范大学与连州市将进一步深化帮扶工作的开展，研究制定未来三年帮扶项目实施计划，重点培养农村英语教师专业领路人，加大力度破解农村英语学科薄弱难题，争取有效推动城乡教育均衡发展，不断助力提升连州教育质量。

案例 10-4

广东二师精准帮扶高明教育

广东第二师范学院在充分调研二师高明附属学校的教育教学需求后，组织了南海石门实验中学、广东番禺中学附属学校、番禺区市桥实验小学、广州华南碧桂园学校、广州市桥中心小学的校长及骨干教师组成送教团队，于2019年9月27日赴二师高明附属学校送教。

首先，二师高明附属学校文学荣校长向送教团队老师介绍学校基本情况和目前开展的"走组制"教学改革的情况，同时诚挚恳请前来指导的专家在听课评课后对学校目前课堂教学给予最真诚的评价和建议。其次，广东第二师范学院培训与社会服务处胡志武副处长对送教老师做出要求，不仅仅要展示一节优秀的学科课堂讲授技巧，还要让二师高明附属学校的老师看到送教团队老师所属学校老师们的工作态度和精神面貌。

第四节 非师范类院校与市县结对

全省140所非师范类院校与粤东粤西粤北15市84县结对，建立140对非师范类院校与粤东粤西粤北市县的结对帮扶关系。非师范类院校要结合自身的特色，积极探索各种合作机制，创新实施帮扶工作，做好示范带头作用（见案例10-5）。

> **案例 10-5　　华工帮扶广东茂名　构建"碳中和新乡村"**
>
> 　　近年来,华南理工大学立足"大教育扶贫"格局与"华工特色"精准减贫模式,深入多地进行脱贫攻坚、乡村振兴与促进乡村绿色发展的全方位系统性帮扶实践。在全面推进乡村振兴的新征程中,学校深刻领会和贯彻落实习近平总书记强调的"构建人与自然生命共同体""绿水青山就是金山银山"等重要论述,进一步整合学校跨学科的科技帮扶力量,以华南理工大学乡村振兴与发展研究院为科研平台,探索耦合乡村振兴与碳中和两大国家战略的乡村振兴帮扶新机制,构建助力乡村生态资源资产化的华工模式——"碳中和新乡村",开辟有机联动的"资源资产化—资产交易化—交易持续化"三大路径:通过发展新能源,撬动资源资产化;通过交易绿碳汇,推动资产交易化;通过建立绿基金,支撑交易持续化,促进帮扶地区乡村实现生态资源转化为资产,形成长效振兴的发展闭环。

第五节　教研机构之间结对

　　在市、县两级结对帮扶的基础上,建立 99 对珠三角地区与粤东粤西粤北地区教研机构(教师发展机构)之间的结对帮扶关系。各地教研机构要充分利用自己的特色优势,加强机构之间的联系,共享优质资源,加强自身建设,起到示范作用。广东实施"1+1+3"联动帮扶,通过校本研修示范学校和示范培育学校的建设,积极创新培训研修模式,做好结对帮扶工作(见案例 10-6)。

> **案例 10-6　　广东实施"1+1+3"联动帮扶机制,提升教师校本培训研修水平**
>
> 　　2021 年 7 月 20 日,广东省中小学教师校本研修示范学校和示范培育学校授牌仪式暨交流活动在广州举行。本次活动由广东省教育厅教师继续教育指导中心组织,广东第二师范学院、广东省中小学校长培训中心承办。全省各地市教育局分管局长和继教办(教师发展中心)主任、280 所示范学校和示范培育学校负责人等 300 多人参加了活动。
>
> 　　为加强省、市、县、校、工作室"五位一体"教师培训体系建设,更好地贯彻落实"全口径""组团式""融入式"结对帮扶粤东粤西粤北地区基础教育高质量发展方案,广东省启动 280 所中小学教师校本研修示范学校和示范培育学校建设,通过每所校本研修示范学校结对 1 所示范培育学校、3 所粤东粤西粤北地区乡村学校(即 1+1+3 联动帮扶机制),连续 5 年开展帮扶活动,助力粤东粤西粤北地区乡村学校提升教师校本培训研修能力和水平。通过发挥校本研修示范学校的引领和辐射作用,全面激活中小学教师的校本培训研修,积极打造"一校一案""一科一策""一师一题"的校本培训研修"广东模式",提升中小学教师队伍尤其是粤东粤西粤北地区教师队伍整体素质,推动广东基础教育高质量发展。

第六节　中小学之间结对

在市、县两级结对帮扶的基础上,每个帮扶周期内确定 1000 对左右的结对帮扶学校。学校要利用自己的优质资源,结对帮扶学校,发挥自己的力量,与帮扶学校在教育教学上深入交流,共同发展(见案例 10-7)。

> **案例 10-7**
>
> **广东名校结对帮扶,连州教育迎来新机遇**
>
> 广州市第六中学与连州中学签订结对帮扶协议,在未来 3 年,这所国家级示范性高中、广东名校、广州市重点中学、清华大学等"双一流"高校优质生源基地,将从资源共享、师资培训、学生交流、教育科研等方面深度结对帮扶连州中学,力争实现每届"六中实验班"学生考上 211 以上重点大学 5 人以上、上特控线比例 80% 以上、上本科线比例 100% 的目标,把连州中学办成清远市优质品牌高中。
>
> 连州市委书记潘正焕表示,要把两校结对帮扶工作纳入连州市教育重点工作任务研究部署落实好,通过加强指导管理,不断提升帮扶实效,让更多的优秀学生选择连州;要把广州市第六中学帮扶连州中学的经验传授到连州全市学校,让"广州六中经验"辐射提升连州市教育教学质量;要用好广州六中的帮扶力量,珍惜连州与广州的深厚缘分和历史情谊,希望两地学校心手相连,共同发展,在教育资源共享、学生培养、教师培训、名师教研等方面开展深入交流,促进两校结对帮扶取得成效,为连州学子和连州群众交出一份满意的教育工作答卷。

第七节　市、县区域内结对

粤东粤西粤北地区各市、县自行建立市域内县级学校之间、县域内城乡学校之间的结对帮扶关系。各市、县要积极建立结对帮扶关系,积极推进教育协作,共享优质教育。教育信息化具有突破时空限制、快速传播等优势,各市、县可以通过教育资源共享平台实现优质教育资源普及共享(见案例 10-8)。

> **案例 10-8**
>
> **深入推进教育协作共享优质教学资源——广州市电教馆赴佛冈县开展教育帮扶活动**
>
> 广州市电教馆赴清远市佛冈县开展教育帮扶工作,开展优质教育资源捐赠仪式。

广州市纪委监委驻市教育局纪检监察组组长、局党组成员谭冬元,广州市教育局党组成员、副局长陈敏生,广州市电化教育馆副馆长彭斌,以及佛冈县教育局等相关领导参加了捐赠仪式。

捐赠仪式在佛冈县水头中学举行,谭冬元同志代表广州市教育局向佛冈县教育局捐赠10 000个广州智慧教育公共服务平台账号,为佛冈县教师提供"互联网+教育"平台。该县教师通过捐赠账号可随时登录广州市公共服务平台,共享广州市的各种优质教育资源。

为提高佛冈县教师对教育信息技术的应用水平,广州市教育局指导广州市电教馆组织由广州市番禺区实验小学、广州市奥林匹克中学教学骨干及技术支持人员组成的教学团队,到佛冈县城东中学开展学科教学信息技术应用培训。教学团队依托"广州智慧教育公共服务平台备授课一体系统",通过基本操作、技术应用、案例分享、教学讨论等方式,帮助学员把智慧化的教学手段融入日常教学中,以实现依托信息技术达到"减负增效"与提高教学质量的目标。佛冈县12所中学和37所小学约100名语文、英语学科的骨干教师和教研员参加了本次培训。

第十一章

广东省基础教育高质量发展路径之教育均衡与公平发展

教育公平是社会公平的重要基础,是我国基本的教育政策。自新中国成立以来,党和政府高度重视广大人民群众的基本教育权利。《国民经济和社会发展第十四个五年规划和二〇三五年远景目标纲要》明确提出,把"建设高质量教育体系"作为教育事业的整体发展目标,它折射出新时代教育发展目标的进阶和教育理念的升华。建设高质量教育体系,为开启新时代教育强国新征程擘画了新的蓝图,意义重大而深远。

第一节 从基本均衡到优质均衡的时代路向

一、基本均衡与优质均衡的内涵

教育均衡发展是对经济均衡发展的移植,它首先是教育资源配置的均衡,强调教育需要与供给之间的均衡。但是均衡发展移植到教育领域后,强调供需均衡的旨向迅速被各地教育发展水平不均的问题掩盖,教育均衡发展逐渐形成以消除发展差距为核心的价值旨向。也有学者指出,不能把均衡发展等同于平均发展,均衡发展绝不是教育上的平均主义,消除教育发展差距不是要把高水平的拉下来,而是要把低水平的扶上去。教育均衡绝不是要求绝对的平均和平等,它只能是一个相对的概念。

在国家进行的教育均衡发展督导评估认定中,衡量是否均衡的数据指标也都是限定在一个相对的范围内,比如基本均衡要求的差异系数小学是不高于 0.65,中学是不高于 0.55,在优质均衡要求的差异系数小学是不高于 0.5,中学是不高于 0.45。由此可见,即使是优质均衡发展的督导评估,在系数的设定上也为发展差距留下了足够大的空间。教育均衡发展是教育机构和受教育者在教育活动中享受的平等待遇的理想,它是一个历史范畴,随着时代的进步,它要逐步实现三个目标,即为更多的人提供更多的教育机会、为所有的人提供基本平等的教育、为尽可能多的人提供尽可能好的教育。因此,对于什么是基础教育的均衡发展,学界基本上形成了以下共识:第一,均衡发展不是平均发展;第二,均衡发展是一个相对的概念,不能要求实现绝对的均衡;第三,均衡发展是一个理想目标,它的实现是一个渐进过程。

最初,优质均衡可以理解为更好的均衡,也就是说这里的"优质"是对均衡的一种修饰,同时出现的概念还有"高位均衡""高水平均衡"等。随着义务教育均衡发展理论研究的不断深入,义务教育优质均衡发展逐渐有了新的内涵,其中的"优质"不再是仅仅用来修饰均衡,而是成为一种对义务教育发展的新要求,其中的"均衡"也有了更丰富的内涵。义务教育优质均衡发展以"优质＋均衡"的内涵体系实现了对均衡发展的理性超越。义务教育优质均衡发展中的"优质"和"均衡"是对义务教育高质量发展提出的两种核心诉求。其中,优质的诉求指向教育质量,是义务教育发展的本质诉求;均衡的诉求指向教育的运行样态,是义务教育发展的规范性诉求。义务教育优质均衡发展就是义务教育以均衡的样态,朝着提高质量的方向持续发展的过程。与均衡发展相比,优质均衡发展在发展旨向、均衡重心、均衡内容、判定标准、推进路线等方面都有更为丰富的内涵(表11-1)。

表11-1 优质均衡发展与基本均衡发展对比

条目	优质均衡发展	基本均衡发展
发展旨向	以"均衡"和"优质"为核心诉求的双维旨向	以"均衡"为诉求的单维旨向
均衡重心	教育发展质量的关注	教育发展资源的调配
对待差距	缩小差距,承认差异,鼓励特色	缩小乃至消除差距
资源配置逻辑	达到底线标准后,通过选择实现适合	通过分配调控等实现一致
均衡内容	关注整体均衡、质量均衡	关注条件和过程均衡、资源配置均衡
判定标准	引入教育质量、社会认可等标准形成主客观结合的多维标准体系	由差异系数测算而获取的客观标准
推进路线	底线标准＋特色发展,低中高梯度整体推进	局部到整体,从小范围到大范围逐步推进

二、从基本均衡到优质均衡的实践探索

(一)扩大规模,实现快速普及发展

我国政府历来重视教育发展问题,新中国成立之初文盲率很高,农村地区的文盲率在80%以上,小学净入学率仅在20%左右,初中的毛入学率更是只有2.7%。快速普及普通教育,提高国民文化素质的问题是摆在新中国政府面前迫切需要解决的重大问题,快速普及是这个阶段教育发展要处理的核心矛盾。早在1949年9月通过的具有临时宪法性质的《中国人民政治协商会议共同纲领》就提出,要"有计划有步骤地实行普及教育"。新中国成立后,

党和国家逐步确立了以优先普及小学教育为核心的教育发展策略。从普及小学教育入手，我国基础教育正式开启了快速普及发展的新阶段，小学和初中的教育规模不断扩大，到1965年，小学净入学率已经达到84.7%。进入20世纪80年代，学术界率先探讨中国实行义务教育的制度和立法问题。1982年，《中华人民共和国宪法》将"普及初等义务教育"写入法条。1985年，《关于教育体制改革的决定》提出要"实行九年义务教育"制度。1986年，《中华人民共和国义务教育法》颁布。中国义务教育进入了以完成"普九"任务为核心的快速普及发展时期。到2001年1月，我国如期完成基本普及九年义务教育的发展目标，即以县统计占全国总人口85%的地区普及九年义务教育，初中阶段的入学率达到85%左右，全国小学适龄儿童入学率达到99%以上。我国用了大约50年的时间快速推进义务教育发展，实现了小学净入学率从20%到99%的提升，更实现了初中的毛入学率从2.7%到85%的提升。如果从我国政府正式提出"普九"任务开始计算，则是仅仅用15年时间就实现了基本普及九年义务教育。这种发展速度在世界上是前所未有的，这也充分体现了这一阶段我国义务教育发展呈现出的扩大规模、快速普及的核心特征。

（二）缩小差距，实现基本均衡

义务教育在快速完成基本普及目标的同时，遗留下了一些老问题，也衍生了一些新问题，其中最核心的表现就是发展不均衡问题。从国际上看，世界各国在完成普及义务教育任务之后，都必然有一个促进均衡发展和全面提高民族科学文化素质的过程。我国义务教育发展在完成快速普及任务后，发展重心也迅速转移到了缩小差距、实现基本均衡上来。随着2001年《全国教育事业第十个五年计划》提出要"努力实现地区间教育事业的相对均衡发展"的发展规划，"均衡"成为中国基础教育政策议题。2002年，教育部《关于加强基础教育办学管理若干问题的通知》提出"积极推进基础教育阶段学校均衡发展"，首次从政策层面对21世纪基础教育发展做出重要定位，我国基础教育均衡发展的大幕正式拉开。

义务教育的发展差距表现在多个层次上，首先是乡镇区域内学校间的差距，其次是县域内学校间的差距，最后还有省域内和全国范围内各省之间的发展差距。与此同时，在各层次间还夹杂着城乡差距、地区差距以及重点学校和普通学校的差距。回顾我国义务教育均衡发展的推进历程可以发现，我们走了一条由局部均衡向整体均衡的阶段性渐进性道路。

2012年颁布的《国务院关于深入推进义务教育均衡发展的意见》明确指出了义务教育均衡发展的基本目标：到2020年，实现基本均衡县（市、区）（以下简称县）比例达到95%，全国义务教育巩固率达95%；每一所学校符合国家办学标准，办学经费得到保障；教师配置更加合理，提高教师整体素质等。以此为依据，基础教育基本均衡发展目标已总体实现。

三、超越基本均衡，打造优质均衡

均衡发展是个历史范畴，随着我国社会主要矛盾的改变，我国教育事业的主要矛盾已转变为人民日益增长的优质教育需求和优质教育资源不均衡不充分之间的矛盾。由此，基础教育均衡发展内涵也发生了深刻变化，人们不再满足于基本均衡发展，对优质均衡的渴求愈发强烈。

2016年，联合国发布2030年人类教育可持续发展目标："确保包容和公平的优质教育，让全民享有终身学习机会。"2017年10月18日,党的十九大报告指出:"努力让每一个孩子享有公平而有质量的教育。"2020年5月22日,国务院总理李克强在2020年国务院政府工作报告中提出:"推动教育公平发展和质量提升。"建立包容、优质、公平的教育体系,是面向2030年全球教育的共同愿景,也是各国教育政策和实践的优先事项。

可见,基础教育发展从追求"普及"之上的"均衡"到"优质",是我国基础教育可持续发展的基本取向,优质均衡发展成为当前我国基础教育改革与发展的总战略,是高质量基础教育体系的核心特征。目前我国基础教育正从基本均衡向优质均衡阶段迈进,但要达成基本均衡向优质均衡的跨越仍然任重道远。

第二节 广东省基础教育均衡发展的现状

一、广东省基础教育取得的主要成绩

根据统计,截至2020年广东省基础教育各级各类学校15 874所,在校生1 745.99万人,专任教师107.58万人,师生比1∶16.6。具体而言,2020年广东全省义务教育阶段学校1.43万所,在校生1 462.58万人,专职教师87.44万人,九年义务教育巩固率96.11%,比全国义务教育巩固率95.2%高0.91%。特殊教育学校143所,在校生6.38万人,专任教师5 841人。高中阶段教育稳步发展,2020年广东全省共有高中阶段教育学校1 431所,在校生277.03万人,专任教师19.56万人;高中阶段毛入学率97.29%,比全国高中阶段毛入学率91.2%高6.09%。总之,广东省教育投入、办学条件、师资建设都高于全国平均水平,教育改革逐步深化,基本形成了各级各类教育协调发展的格局,基本建立起教育可持续发展的体制机制,教育公平迈出重大步伐。教育的发展极大地提高了全省人民素质,推进了科技创新、文化繁荣,为经济发展、社会进步和民生改善做出了重大贡献。

二、广东省基础教育存在的问题

首先,城乡教育资源之间的行政配置并不均衡,从而造成区域之间教育的差异发展。例如,珠江三角洲、东翼、西翼与山区经济发展的不均衡从而导致教育资源分配的不均衡。有数据显示各地区人均GDP分别为77 000元、22 000元、28 000元与22 500元,地方的财政收入分别为4 000亿元、200亿元、181亿元和250亿元,由此导致学校在教育经费、基础设备差别很大。同时经费的有限导致优秀师资的外流,进而导致教育的严重差异,造成所谓"寒门再难出贵子"的现象。以东翼为例,其重点高中的升学率与珠三角的升学率有天壤之别,其乡村中小学教学质量和升学率尚且低于同地区城市中小学,若从全省范围看,其基础教育较为落后。

其次,欠发达地区的大班额较多。例如,全省初中班级数约87 000个,66人以上的大班额占比约为22%,且这些大班额大多出现在欠发达地区,如汕尾、湛江、汕头、茂名、揭阳占

比都在 40% 以上,分别为 69%、51%、49%、48.7%、44%。大班额的数量约为 15 000 个,占全省大班额的 75%。欠发达地区义务教育规范化学校覆盖率低,仅在 25% 左右。

第三节　促进基础教育均衡发展与公平的五大举措

一、大力开展学校标准化建设

学校标准化建设是实现基础教育优质均衡发展的基础。《国家中长期教育改革和发展规划纲要(2010—2020 年)》提出了推进基础教育学校标准化建设的明确要求,这既是指向教育均衡发展目标的政策手段,也是国家教育治理体系与治理能力现代化的责任所在。标准化是我国基础教育均衡发展的一个主要政策工具,尤其是学校基本办学条件标准的制定,包括校舍、教育设备和场地、师资等。在基本均衡发展阶段,省级政府制定基本办学条件标准,学校达到这一门槛就可申请国家认定。"省定标准"有利于因地制宜地实现县域校际均衡,但也有些省份出现降低标准、办学条件陷入低水平均衡泥潭的问题。优质均衡发展坚持"高标准、严标准"策略:一是指标和标准的制定权限上升到国家,降低校际差异系数。"国家标准"能够保证全国范围内基础教育学校基本办学条件一致,为义务教育质量均衡和充分发展奠定基础;二是从"水平"和"均衡"两个维度评估教师、校舍、仪器设备等七项教育资源配置指标,不仅要求各项指标的校际差异系数要达标,而且各项指标的水平值也要达标。2021 年 12 月,教育部《关于开展县域义务教育优质均衡创建工作的通知》提出,进一步将"实现更加全面的标准化建设,全面实现办学条件校校达标"作为优质均衡县创建的四大攻坚任务之一,为"办好每一所学校"奠定坚实基础。

二、形成办校特色

优质均衡发展既不是均等的发展,也不是同质化的发展,而是要求学校通过有效利用教育资源,充分发挥自身潜能,在学校管理、教育教学、师资培养等方面进行个性化和自主性发展,最终形成学校特色。优质均衡就是要使区域内的每所基础教育阶段的学校有效利用教育资源,通过内涵发展,不断增强实力,在办学条件大致相当的基础上追求特色的发展。因此,推动学校特色发展,使"每一所学校都成为好学校"不仅是满足学校个性化发展的需求,而且还是提升学校办学品质和实现教育目标的重要途径。特色学校建设案例见专栏 11-1。

专栏 11-1:新加坡基础教育均衡发展的经验——ESaGS 政策:让每所学校都是好学校

新加坡推出"每所学校都是好学校"(every school a good school)政策,为每个儿童提供优质的个性化教育,使其全面发展并最大限度地发挥其潜力。"让每所学校都是好学校"这一愿景的提出,是新加坡教育部满足国人对高质量教育的强烈需求、缩减名牌学校和邻里学校之间的差距而做出的重要努力。

一所好学校应具有以下特征：第一，好学校关心学生，研究并了解学生们的需求、兴趣和长处，并激励他们学习和成长；第二，好学校确保所有的学生在读写和计算方面打下坚实的基础，帮助学生在品德、知识和关键技能方面全面发展；第三，好学校为每个学生创造积极的学校体验，使他成为一个自信的终身学习者；第四，好学校拥有有爱心、有能力的教师队伍，他们坚定不移地严守使命，为学生带来积极的影响；第五，好学校能够得到家长和社区的支持，共同努力让学生显示出最美好的一面；第六，好学校为来自不同家庭背景的所有学生提供各种发展机会。

新加坡教育部通过以下四个方面的举措帮助每一所学校发展成为好学校：

（1）通过项目引领促进学校发展。教育部会通过各种有针对性的专门项目为学校提供资源以满足学生的发展需求，这些计划包括整体评估（holistic assessment）、德育在于行动（value in action，VA）和主动学习（programme for active learning）等。其中，VA项目强调价值观教育应贯彻在行动中，通过学生的身体力行让德育工作落到实处。

（2）提高所有教师的专业能力。自从新加坡教师学院（Academy of Singapore Teachers）于2011年成立以来，大约成立了300个学习团体，教师在校内和校际互相学习，拓宽教学策略，互相交流、学习与合作。

（3）提供平台鼓励学校之间分享经验。学校通过各种平台分享最好的实践经验和创新举措，相互合作、共同开发各种促进学生学习的项目。比如精益求精学习展（ExCEL Fest），通过这个由新加坡教育部举办的年度教育节平台，学校分享令人兴奋的新方法与新成就，家长和公众了解学校的最新发展。

（4）促进学校和社区构建合作伙伴关系。学校与社区的伙伴关系能够为学校教育实践提供有效补充，为学生创设良好的学习环境和丰富的学习机会，帮助学生形成更强烈的社区归属感。

资料来源：倪中华，李霞，马红洁.新加坡经验：新加坡基础教育均衡发展的经验及启示[J].上海教育，2020(32):68.

三、加强师资力量、课程与教学的质量均衡

优质均衡发展更加关注教育质量，以实质性的质量均衡为核心，追求更高质量的教育均衡发展。从评估工作看，一是"重数量，更重质量"，严格标准、严把质量是优质均衡发展国家评估认定的基本原则之一；二是在评估内容上，将"教育质量"列为优质均衡认定的四项内容之一，加重了质量评估的权重，明确规定了教育质量评估的九项指标及其认定标准。在九项质量评估指标中，六项指标指向课程与教学、教师培训、学校管理等过程性因素，一项指标直接指向国家义务教育质量监测相关科目的学生学业水平结果。2021年3月，国家发布《义务教育质量评价指南》，以学生全面发展为目标，从县域、学校、学生三个层面构成了完整的义务教育质量评价体系。可以看出，优质均衡发展不仅在数量上重视资源配置及校际差异程度，而且在质量层面上从资源性要素深入教育过程性和结果性要素，更加重视教育质量的均衡和充分发展。

四、推动优质教育资源供给,促进区域学校共同体建设

在优质教育资源获得方面,当前最突出的教育不公平反映在城乡和阶层差异上,农村学生和社会底层学生难以享受优质教育资源。为扩大基础教育优质学校资源的供给,20世纪末,我国发达地区就开始探索新的义务教育办学形态,从最初的手拉手、名校办分校到名校集团化办学,在优质资源共享上积累了宝贵经验。2017年,国务院办公厅印发《关于深化教育体制机制改革的意见》,提出"在全国范围内试行学区化管理、探索集团化办学"。打造学校互动的教学共同体联盟实践模式,并在互联网的协助下实现本地和异地、城市和乡村师生的互动,以此维持教学共同体内部教育教学活动的有序开展,切实将优质资源引入薄弱学校中,解决课程、师资缺乏等问题。例如美国的差别原则、补偿计划和先行计划(见专栏11-2)及英国的教育薄弱地区和薄弱学校改造计划(见专栏11-3)。

专栏11-2:美国基础教育优质均衡发展的做法和经验

"公平和质量"成为美国义务教育政策议题始自20世纪80年代。1985年,美国《国家处在危机之中:教育改革势在必行(A national risk:the imperative of educational reform)》的报告就提出了新一轮基础教育改革的目标——"提升教育质量和保证教育公平。"此后,美国政府连续发布多项教育法案、政策和计划,持续推进国家K-12教育体系的"公平而卓越"发展。持续关注教育弱势群体,深入推进受教育机会平等。基于"人人生而平等"的美国式自由主义精神和理念,教育机会均等一直是美国的教育理想和政策目标。从20世纪60年代开始,美国政府就采用"差别原则"分配教育资源,推行"补偿教育"和"先行计划",提升教育弱势群体(包括黑人儿童、少数族裔儿童和残障儿童等)把握受教育机会的能力。进入21世纪,《不让一个孩子掉队法案》(No Child Left Behind Act)的核心是缩小不同群体之间的学业成绩差距,尤其是提高学业不良儿童的成绩,力保所有学生达到州规定的学业成绩标准和评价要求。《每一个孩子都成功法案》(Every Student Succeeds Act)明确将"弱势群体学生未达到州问责制要求的学校"列为需改进的薄弱学校。2021年特朗普政府的联邦政府财政预算提案中,针对义务教育阶段弱势群体学生设置了194亿美元整体补助金项目,并为残疾学生提供优质教育资源。受教育机会均等根植于美国的个体自由理念,政府通过立法、专项拨款、学校扶持与改造项目等措施,提升教育弱势人群平等地获得受教育机会的能力,这将持续成为美国追求"公平而卓越"义务教育发展的核心议题之一。

资料来源:孟卫青,姚远.国际视野下义务教育优质均衡发展的中国路径[J].教育研究,2022,43(6):93.

专栏11-3:英国采取"第三条道路",实施教育薄弱地区和薄弱学校改造计划

在全纳教育理念下,1998年工党政府发布《追求学校教育卓越》白皮书,将教育改革的着眼点放在提升大多数学生的学业成就上,把学生学业表现不良的教育薄弱地区和薄弱学校作为改革的突破口。为此,英国在不发达地区启动"教育行动区"计划,在弱势的城市中心区实施"追求城市卓越"计划,旨在消除学生的学习障碍和扩大学习机会。在"第三条道路"

执政纲领下,英国薄弱学校改造采取了政府、市场私营部门、社区和学校多方合作的路径,政府负责立法,增设专项拨款,赋予学校更多自主权,鼓励实施个性化课程项目,吸引私营部门和社区参与。典型的"教育改薄"项目有:1980年开始实施的中学"特色学校计划"(Specialist School Programme),政、校、企合作对中学生提供艺术、贸易与企业、工程等特色课程项目,在提高学业成就和发展学生个性方面取得重要成就;2000年面向处境不利学生和少数族裔学生的"学院内学校计划"(The Academies Programme),这类学校是独立学校,在教师薪酬、安排教学和改进学校设施等方面具有很大自主权,旨在改变学校和学生"低成就、低期望"的学习状态。由于短期内取得良好效果,2006年该计划发展为"信托基金学校计划"(Trust Schools)。这些计划都是以学生的学习和发展为中心,通过改造薄弱学校,不断扩大优质教育资源的比重,促进学校教育质量的均衡发展。

资料来源:孟卫青,姚远.国际视野下义务教育优质均衡发展的中国路径[J].教育研究,2022,43(6):93.

综观21世纪美国、日本和英国几个发达国家的义务教育改革和发展,在追求义务教育优质均衡发展中有相似的政策框架和行动经验;都在持续关注义务教育薄弱学校和教育弱势群体,前期关注儿童,尤其是弱势群体儿童的受教育的机会的权利,后期通过有针对性的经济、管理方面的教育措施,更加切实保障弱势群体儿童实际获得受教育的机会,深入推进义务教育机会均等。

五、发展教育信息化,实现优质教育资源共享

《教育信息化十年发展规划(2011—2020年)》明确提出:"信息技术与教育的全面深度融合,在促进教育公平和实现优质教育资源广泛共享、提高教育质量等方面具有独特的重要作用。"随着教育信息化2.0阶段的到来,各种教育资源得到极大丰富,在线教育成为学校教育的重要补充形式,得到了越来越多教师、家长和学生的认同,成为学生自主学习的主要选择。这些优秀的教育资源正在逐渐"下沉"到不发达地区,并让越来越多的农村学生享受到高质量的教育资源。与此同时,各种网校、明星教师也提供了一些免费和付费的教育教学资源,使贫困地区的学生接受高水平的教育。这些措施对于提升贫困地区教育信息化水平发挥了重要作用,并取得了一定的效果,部分地区实现了较好的发展。但是,国家的这些计划和措施无法兼顾到差异不同的地区。因此,需要建立全面统筹的区域基础教育发展战略协同机制,优化教育信息化资源供给,从而为基础教育均衡发展提供长期稳定的保障。

第十二章

广东省基础教育高质量发展路径之学校治理现代化

党的十八大以来,以习近平同志为核心的党中央高度重视教育工作,加强了党对教育事业的全面领导,印发了《中国教育现代化2035》。《中国教育现代化2035》聚焦教育发展的突出问题和薄弱环节,立足当前,着眼长远,重点部署了面向教育现代化的十大战略任务,其中一个任务是推进教育治理体系和治理能力现代化。学校是教育活动实施的主要场所,教育治理现代化理应立足这一基本单位。加快推进教育治理体系和治理能力现代化,是基本实现教育现代化的必然要求。为此,必须加快推进政府职能转变和简政放权,进一步理顺政府、学校和社会的关系,实现教育管办评分离,形成政府依法管理、学校依法自主办学、社会广泛参与的格局。

第一节 从学校管理到优质治理的时代路向

《中共中央关于全面深化改革若干重大问题的决定》(以下简称《决定》)指出,在"完善和发展中国特色社会主义制度,推进国家治理体系和治理能力现代化"总目标的要求下,在加快转变政府职能的具体部署下,要"深入推进管办评分离"。《决定》突出了"治理"二字,而且还强调治理体系、治理能力要实现现代化。在全面深化改革的总目标下,教育领域综合改革也要努力朝着教育管理方式创新、教育治理方式创新等方向变革。创新教育管理方式的核心要求就是由微观管理走向宏观管理,由直接管理走向间接管理,由办教育向管教育转变,由管理向服务转变。而教育治理超越了行政管理的视野,其核心是正确处理好政府、学校、社会的关系,并建立完整的治理结构。

一、从"管理"向"治理"转变的内涵

(一)学校治理是一种多元参与的管理形态

管理是从上而下、一元单向的,而学校治理活动是一个多元主体合作的过程,强调多元参与,不同的主体扮演不同的角色。党的十九届四中全会提出:"完善党委领导、政府负责、民主协商、社会协同、公众参与、法治保障、科技支撑的社会治理体系,建设人人有责、人人尽责、人人享有的社会治理共同体。"这就明确了党委、政府、社会、公众在治理中分别扮演领导者、主导者、协同者和参与者的角色。同时,各主体的角色并不是孤立存在的,而是紧密联系、相互配合的,关键在于要加强社会治理主体的协调性。作为社会治理的重要组成部分,学校治理同样适用对社会治理的表述。为此,要厘清教育治理中多元主体关系,强调多元主体参与。学校治理体系包括学校内部治理体系和学校外部治理体系。学校内部治理体系主要是学校内部的校长、教师、学生等个体以及校务委员会、教师代表大会等组织;学校外部治理体系包括与之相关的家长、社区、家长委员会、社会组织等利益相关者。学校治理要鼓励多元参与,引入专家、教师、行政人员、学生及家长等广泛参与。

此外,教育部印发了《关于深入推进教育管办评分离 促进政府职能转变的若干意见》(以下简称《意见》),强调推进教育管办评分离、促进政府职能转变的重要意义,明确了推进教育管办评分离、促进政府职能转变的指导思想和基本原则。教育部就《意见》答问中回答了"深入推进教育管办评分离、促进政府职能转变的总体目标是什么"的问题。《意见》提出,我国教育管理的改革之路要按照完善和发展中国特色社会主义教育制度、推进教育治理体系和治理能力现代化这一总目标,充分落实学校办学主体地位,激发学校办学活力。同时,进一步加快健全学校自主发展、自我约束的运行机制。在学校管理中,提倡进一步简政放权、改进管理方式,加快建设法治政府和服务型政府,主动开拓政府机构为学校、教师和学生服务的新形式、新途径。最后,以推进科学、规范的教育评价为突破口,建立健全政府、学校、专业机构和社会组织等多元参与的教育评价体系。

(二)学校治理要体现依法治理,实现自治和共治

实现现代学校治理,要从依法治理做起。推进学校治理能力的现代化,首先要不断提升依法治校的能力。健全和完善学校治理的法律体系,为推进学校治理能力现代化提供更好的法律支持。健全、完善的教育法律制度是推进和实现教育治理体系现代化的前提,因为它不仅可以为教育治理的实践探索提供法律基础,还能够为教育领域综合改革和制度创新创造空间,为多元主体发挥能动性提供制度保证。依法治理意味着加强教育法治保障,依法治教、依法治校,用法治思维和法治方式化解学校教育中的矛盾和冲突,意味着学校治理的方式要从管控规制向法治保障转变。

治理的核心要义是多元主体参与,通过学校管理层的适度分权,实现教师、学生、家长和社会等多主体共享治理,要实现学校治理体系的现代化,必须理清理顺政府、教育和学校的关系,构建多元参与、共治共享的学校治理共同体。

(三)学校治理要实现良法善治的治理目标

治理目标是学校治理的落脚点,"良法善治"是学校治理现代化的目标指向。其中,"良法"是过程性目标,是"善治"的前提,主要指以制度体系建设为内容的学校治理体系的现代化;"善治"是结果性目标,主要是以制度执行为内容的学校治理能力的现代化。学校治理的过程是通过自身制度体系建设,应对学校发展的外部挑战,解决学校发展的内部问题,将制度优势转化为治理效能,实现学校治理目标的过程。

二、推进学校治理现代化的主要路径

(一)健全和完善学校治理的法律体系,为推进学校治理能力现代化提供更好的法律支持

法律保障与支持是学校治理现代化的基础,良好的法制是走向法治的前提。依法治理是现代学校治理的重点,要实现学校治理能力现代化,就要不断提升依法治校的能力。《中国教育报》在《推进教育治理体系和治理能力现代化——论深化教育领域综合改革》中指出:"完善法律法规,理顺教育改革的体制机制,把着力点放在教育体制、法规的建设上。推进管办评分离是现代教育管理制度的必然选择,是建设现代化教育强国的制度保障。"科学、合理的法律体系是教育治理的保障,教育治理要实现现代化,首先要制度化、规范化和程序化。教育领域的改革要面向现实,不断适应时代发展,即对不适应时代发展要求的体制机制、法律法规进行改革,不断构建适应社会发展的创新内容,让制度更完善。2010年颁布实施的《国家中长期教育改革和发展规划纲要》指出,现代学校制度包括依法办学、自主管理、民主监督以及社会参与四层含义,而依法办学居于首要地位。

(二)合理运用政府之"力",推进学校治理能力的现代化

学校治理能力现代化的推进与政府的作用力不可分割。我们不能脱离政府去谈推进学校治理能力现代化。我们要合理运用政府的力量去推进学校治理能力现代化,将政府的力量转变为对学校治理的推力。政府的政策为学校治理提供保障。政府需要依据法律,为学校治理能力现代化提供明确的、可操作的教育政策。同时,政府也要理清政府和学校的关系,对政府职能和学校职能进行界定,要保证学校的自主权,确定好政府责任与学校责任。政府的政策制定要体现出政策的变革,也要体现出政府自身的职能改革。此外,学校治理也是对学校环境的治理。它既是指对学校内部环境的治理,也是指对影响学校内部治理的外部环境的治理。政府既要运用各种力量监督、推进学校治理环境的改善,也要为推进学校治理能力的现代化提供良好的环境。

我们需要重构政府与学校的新型关系,更好地走向学校治理。为实现全面深化改革的总目标,《决定》专门就加快转变政府职能进行了具体部署。政府管理职能转变有三层意思:一是要分权,理顺政校关系、政事关系、政社关系,政府应当管的事一定要管好管住,着重方向把握和战略管理。二是要放权,政府要抓大放小,要舍得简政放权,把不该管又管不好的微观事务向学校放权,向中介放权,向社会放权,要加快现代学校制度建设,加快事业单位经

营型和公益型分类改革,完善社会参与机制,成为真正的社会专业中介组织。三是要监权,善于运用综合政策工具(如法律、规划、经费、标准、监测、评价、督导)进行引导和问责。

(三)有效地聚集社会之"力",推进学校治理能力的现代化

推进学校治理能力现代化就是要构建学校与社会的新型关系,建设现代学校制度。现代学校治理要求学校更多地面向社会,激活社会力量,注重社会对学校的参与。要想让封闭式的学校管理走向开放式治理,社会参与学校发展是必由之路,而社会对学校的多元参与和大力支持,是推进学校治理现代化的重要力量。

(四)增强学校内部合力,推进学校治理能力现代化

学校内部的治理结构状况,对推进学校治理能力的现代化具有极为重要的意义。从建设现代学校制度和推进学校治理能力的现代化出发,我们有必要花大力气改革或调整学校内部的组织结构或管理结构。学校内部管理体制是学校治理的重要内容,因此要深化学校内部管理体制改革,强调实现学校管理的民主化,让学校走向现代治理。

第二节　广东省基础教育学校治理机制的现状

一、广东省在学校治理方面的成效

(一)推进基础教育领域"放管服"改革

2020年9月,教育部等八部门出台《关于进一步激发中小学办学活力的若干意见》。意见提出,深化教育"放管服"改革,落实中小学办学主体地位,增强学校发展动力,提升办学支撑保障能力,充分激发广大校长、教师教书育人的积极性创造性,形成师生才智充分涌流、学校活力竞相迸发的良好局面,推动基础教育公平发展和质量提升,加快现代学校制度建设,为推进教育现代化、建设教育强国奠定坚实基础。广东省基于深化教育治理体系改革的需要,不断推进基础教育领域"放管服"改革,切实落实学校办学自主权,激发学校办学活力,优化教育服务体系。

(二)强力推进家校协同育人举措

2021年7月24日,中共中央办公厅、国务院办公厅印发《关于进一步减轻义务教育阶段学生作业负担和校外培训负担的意见》,内涵主要包括减轻学生过重的作业负担及校外培训负担。2021年10月,《中华人民共和国家庭教育促进法》(以下简称《家促法》)颁布,该法明确了家庭责任和家庭教育的内涵,提出国家和社会应为家庭教育提供指导、支持和服务,指出"各级人民政府指导家庭教育工作,建立健全家庭学校社会协同育人机制。县级以上人民政府负责妇女儿童工作的机构,组织、协调、指导、督促有关部门做好家庭教育工作"。《家促法》也呼应了"双减"要求,明确规定"未成年人的父母或者其他监护人应当合理安排未成年人学习、休息、娱乐和体育锻炼的时间,避免加重未成年人学习负担,预防未成年人沉迷网络"。近年来,广东省不断强化学校家庭教育工作,通过多方发力,不断健全广东特色的学校家庭教育体系。一是强力推进"双减"、家校协同,整顿治理社会培训机构(见专栏 12-1);二是持续提升教师家庭教育指导服务能力,为家庭教育提供强力指导(见专栏 12-2)。

专栏 12-1:"一疏二堵三导",做好"双减"答卷

"双减"在行动

近年来,广东坚持校内校外联动、坚持家校社联动,通过"一疏二堵三导"模式推进减负。

"一疏"就是着眼于充分发挥学校育人主阵地作用,为学校教育提质增效助力。一是打通作业管理"肠梗阻"。坚决扭转一些学校作业量过多、质量不高、功能异化等突出问题,不断提高作业设计质量,严禁教师布置惩罚性作业,杜绝将学生作业变成家长作业或要求家长检查批改作业。二是促进信息化与课堂教学改革深度融合。着力打造一批现代化标杆学校和基础教育教学改革标杆项目,开展课堂教学改革试点,构建基于互联网的自主学习、互动探究、主题拓展的新型教学模式。三是搭建"430"校内课后服务"桥梁"。推动建立健全校内课后服务制度。当前全省 21 个地市、4 563 所义务教育阶段学校已开展校内课后服务工作。四是为中小学教师减负"开良方"。统筹规范中小学校及教师的督查检查评比考核事项、社会事务进校园、精简相关报表填写、抽调借用中小学教师等工作任务,严格清理与教育教学无关事项,确保中小学教师潜心教书、静心育人。

"二堵"就是着眼于综合整治线上线下校外培训机构,为校外培训"降虚火"。一是无死角开展专项治理。先后开展了切实减轻中小学生课外负担校外培训机构专项治理、全省校外培训机构专项治理"回头看"、校外线上培训专项治理、全省无证学前教育机构专项排查整治等行动。二是出重拳排查整顿问题培训机构。全省拉网式排查各级各类机构共 24 833 家,整顿问题培训机构 17 418 家。累计审查和整顿各类网课平台 2 390 个,其中通过审查并列入白名单的网课平台 980 个(含校外线上培训平台、教育移动应用程序两类)。针对群众反映强烈的校外培训机构虚假宣传、制造和贩卖焦虑等乱象,对多家校外培训机构进行顶格处罚。三是堵漏洞强化培训机构监管。在全国率先以省教育厅名义印发校外培训机构服务合同范本,率先建立中小学生校园学习类 App 审查制度,在省级层面直接对教育移动应用产品进行全面审查,从源头上构建中小学教育移动互联网领域意识形态安全滤网。

"三导"就是着眼于推进家校社协同育人,为减负创造良好的社会环境。一是坚持组织机构带动。通过开展家庭教育现状调研、理论研究、决策咨询等,指导全省家庭教育工作科学发展、创新发展。二是强化宣传教育引导。开展家庭教育主题宣传活动,广泛深入地宣传科学的教育理念和家庭教育的重要作用。宣传推广一批家庭教育典型经验,营造"一切为了学生"的共育生态。三是推动示范标杆引领。创建"家庭教育示范点",孵化一批家庭教育示范校、标杆校,发挥示范带动作用,通过线上线下立体推进家庭教育,密切家校联系,拓宽家庭教育渠道,形成协同育人合力。

"双减"是一项复杂的系统性工程,中央关心,群众关切,社会关注。下一步,广东省将严格对标中央工作要求,切实做好"双减"工作的广东答卷。

一是加强工作统筹。按照中央工作部署,结合广东实际,制定实施方案,加强区域分类指导,健全工作协调机制,建立工作专班,细化工作路径,明确路线图、时间表,落实责任人。一方面,坚持向校内、课堂要质量,另一方面,坚持为校外培训热"降温"。

二是强化督导检查。将"双减"工作纳入政府履行教育职责考核。将校外培训机构治理纳入平安广东建设社会矛盾治理考核、扫黑除恶专项、文明城市创建等考核评比项目,多管齐下推进。建立问责机制,对责任不落实、措施不到位、人民群众反映特别强烈的地方及相关责任人进行严肃问责。

三是加强宣传引导。及时总结各地探索"双减"工作的经验和做法,形成可学习、可推广、可借鉴的先进典型工作案例材料,并加大对典型案例的宣传,发挥引领示范作用,营造良好氛围。

资料来源:https://www.360kuai.com/pc/9a2ebba658449dd47.

专栏12-2:广东:家庭教育助"双减"落地见效

"双减"背景下,学校家庭教育高端论坛在华南师范大学附属中学举行。论坛由广东省教育厅、广东第二师范学院指导,广东省中小学德育研究与指导中心主办,华南师大附中承办。

本次论坛以"学校家庭齐携手 立德树人做先锋"为主题,采取线上线下相结合的方式,通过网络进行同步直播。广东地市教育局、省属中小学校代表,省级小学名班主任培养对象等线下参会,中小学幼儿园教师、学生家长等线上参会,线上点击量近50万人次。

近年来,广东省教育厅一直非常重视学校家庭教育工作,通过在制度体系、专业化指导、创新实践等方面持续发力,初步构建形成有广东特色的学校家庭教育体系。广东省委教育工委副书记、省教育厅党组副书记李大胜强调,广东各地各校要把家庭教育指导服务作为教师培训的重要内容,持续提升教师家庭教育指导服务能力。同时,广东各地各校要夯实学校家庭教育指导平台基础,健全家委会、学校公开日、家长会、家访等工作机制,促进家校社协同育人。

据介绍,此次论坛分为主旨报告和主题发言两个阶段。在主旨报告阶段,华东师范大学教授刘良华等专家围绕"'双减'背景下学生心理健康教育的难点与应对"等做主旨报告。在主题发言环节,华南师大附中校长姚训琪等专家围绕家庭教育的理念、课程及实践路径等进行发言。

资料来源:https://www.163.com/dy/article/H830C9Q40550CBNY.html.

(三)加强教育督导体制建设

2021年4月,广东省深化新时代教育督导体制机制改革暨2021年教育督导工作会议在广州召开。会议特别指出,"基础教育高质量发展是接下来我省教育工作的重中之重。要落实粤东粤西粤北各地市发展基础教育的主体责任、选好配强市县教育局局长和中小学校(园)长、提升教师队伍的素质和能力、建立珠三角与粤东粤西粤北地区对口帮扶机制、加大基础教育高质量发展工作宣传力度、出台推进基础教育高质量发展的激励措施,加快推进全省基础教育高质量发展"。广东省深化教育督导体制机制改革,健全督政、督学、评估监测

"三位一体"的教育督导体系,推动基础教育高质量发展。

一是《广东省推动基础教育高质量发展行动方案》《广东省教育发展"十四五"规划》《广东省全口径全方位融入式帮扶粤东粤西粤北地区基础教育高质量发展实施办法》《广东省"新强师工程"实施办法》等一系列政策文件陆续出台,不断推动广东省基础教育高质量发展;二是为促进粤东粤西粤北地区基础教育高质量发展,落实责任主体,开展对口帮扶,促进区域协同发展(见专栏12-3);三是实施广东省"新强师工程",加强教师队伍建设,主要围绕加强和改进师德师风建设、推动校长队伍专业化发展、打造高水平教研队伍、加强管理制度改革创新等方面展开。

专栏12-3:广东省全口径全方位融入式帮扶粤东粤西粤北地区基础教育高质量发展实施办法(部分)

一、工作目标

1. 建立全口径、全方位、融入式结对帮扶机制。全面整合珠三角地区市、县(市、区,包括东莞市和中山市的镇街,以下统称县)和各级教研机构(教师发展机构)、各高等学校的优质资源,以粤东粤西粤北地区(含惠州市、江门市、肇庆市的欠发达县,下同)的乡镇中小学校(含幼儿园,下同)为重点帮扶对象,统筹兼顾县城中小学校,以提高中小学校长(含园长,下同)的教育管理能力、教师的教育教学能力、教研员的教研科研能力为核心,推动粤东粤西粤北地区基础教育加快发展,实现全省基础教育高质量发展。

2. 结对帮扶工作期限为2021—2035年,分三轮实施。2021年底前明确结对帮扶关系,建立工作机制,各结对帮扶主体之间共同制定五年帮扶规划和分年度帮扶工作方案。到第一轮(2021—2025年)帮扶结束时,结对帮扶取得初步成效,粤东粤西粤北地区校长教师队伍能力素质明显提高,基础教育拔尖人才显著增加,城乡教师水平差距大幅缩小,基础教育综合实力显著增强;到第二轮(2026—2030年)帮扶结束时,结对帮扶机制进一步完善,粤东粤西粤北地区基础教育综合实力、整体竞争力进一步增强,达到全国平均水平;到第三轮(2031—2035年)帮扶结束时,全省基础教育整体质量位居全国前列,基本实现基础教育现代化。

二、结对方式

3. 全口径结对帮扶。珠三角地区与粤东粤西粤北地区的市、县、教研机构(教师发展机构)、中小学校之间以及高等学校与粤东粤西粤北地区市、县之间全面对接,实现全省基础教育系统全口径结对。

4. 全方位结对帮扶。整合优化教育行政部门、中小学校、教研机构(教师发展机构)、高等学校等各类帮扶力量,系统集成各项帮扶措施,建立集合教育行政管理人员、校长、教师、教研员、专家、大学生等各类成员的支援团队,为受援方提供教学、教研、信息化、管理等全方位支持,整体提升帮扶成效。

5. 融入式结对帮扶。结对双方加强调研和沟通,受援方根据自身发展目标定位等情况提出实际需求。支援方要融入受援方基础教育发展体系,找准受援方基础教育短板弱项,以受援方需求为导向,提高帮扶措施的针对性、有效性。支援方、受援方共同制定帮扶工作规划,统筹使用人力资源,统筹使用中小学校、教研机构(教师发展机构)、高等学校各类平台资源,形成高等教育反哺基础教育,师范类院校引领支持中小学校,师范生融入教师职后发展体系的融合发展新格局,实现各类教育共同高质量发展。

三、结对关系

6. 市与市结对。珠三角6市与粤东粤西粤北15市(含肇庆、江门、惠州)结对,建立15对市级结对帮扶关系。

7. 县与县结对。珠三角地区各县(含东莞市、中山市的镇街)与粤东粤西粤北84县(含肇庆4个县、江门3个县、惠州3个县)结对,建立84对县级结对帮扶关系。

8. 师范类院校与市结对。根据师范类院校与粤东粤西粤北15市现有的合作基础,建立15对师范类院校与粤东粤西粤北地市的结对帮扶关系。

9. 非师范类院校与市县结对。全省140所非师范类院校与粤东粤西粤北15市84县结对,建立140对非师范类院校与粤东粤西粤北市县的结对帮扶关系。

10. 教研机构(教师发展机构)之间结对。在市、县两级结对帮扶的基础上,建立99对珠三角地区与粤东粤西粤北地区教研机构(教师发展机构)之间的结对帮扶关系。

11. 中小学之间结对。在市、县两级结对帮扶的基础上,每个帮扶周期内确定1 000对左右的结对帮扶学校。

12. 市、县区域内结对。粤东粤西粤北地区各市、县自行建立市域内县之间、县域内城乡学校之间的结对帮扶关系。

资料来源:https://www.gd.gov.cn/zwgk/wjk/qbwj/yf/content/post_3532325.html.

二、广东省在学校治理方面存在的问题

(一)基础教育存在不平衡、不协调的情况

广东是经济大省,基础教育发展也取得了不俗的成绩,但与人民群众对高质量教育的需求还有差距,也与广东省经济大省的地位不相匹配。当前,广东省基础教育发展不平衡、不协调问题依然存在,粤东粤西粤北地区在基本办学条件、师资队伍水平、教育教学质量等方面,与珠三角地区存在明显差距。广东也一直在深入开展对口帮扶,努力破解区域发展不平衡难题,促进全省区域协调发展。全省基础教育高质量发展的短板在粤东粤西粤北地区,我们应该认识到努力补齐义务教育发展短板、缩小城乡义务教育学校差距、深入实施对口帮扶、加强教师队伍建设的重要性。

(二)教师发展体系不够成熟完善

教师队伍建设是解决全省基础教育发展不平衡不充分、不协调问题的关键。近年来,广东教育系统全面贯彻党的教育方针,落实立德树人根本任务,深化教师队伍建设改革,但当前全省教师队伍建设整体水平与教育现代化发展的要求还不相适应,面临着教师队伍结构不合理、教师资源配置不均衡、教师专业发展体系不健全等矛盾和问题。广东已出台一系列政策文件来不断加强基础教育人才队伍建设,通过健全中小学校长、教师、教研员的培养培训体系和教师发展体系,不断加强基础教育人才培养工程。

第三节 数据驱动学校治理现代化的五大举措

2020年10月,《中国基础教育大数据发展蓝皮书(2018—2019)》正式发布。《中国基础教育大数据发展蓝皮书》是国内较早启动的教育领域大数据研究报告项目,对于促进国内教育大数据行业健康发展具有重要意义。而本次发布的第三份蓝皮书聚焦于"数据驱动的现代教育治理",致力于探索利用数据促进教育治理现代化的路径与方法。本蓝皮书提出了数据驱动现代教育治理的三大核心理念,即"用数而思""因数而定""随数而行",构建了数据驱动现代教育治理的实践框架,分别从国家、区域、学校三个层面对教育数据治理进行了阐述,提出了数据驱动学校治理的实施路径,即建设区域教育大数据基础平台,加强培养学校治理主体的数据素养,建设学校治理安全运行机制,设计学校治理绩效评估体系。大数据时代,数据作为一种有效的治理工具,对加速实现学校治理现代化具有重要价值。未来应统筹建设区域教育大数据基础平台,加强培养学校治理主体的数据素养,建设学校治理安全运行机制,设计学校治理绩效评估体系,以此更好地推进数据驱动学校治理现代化的实践。数据为学校治理现代化提供了有力支撑。

一、统筹建设区域教育大数据基础平台

目前,国家、区域以及学校层面皆已开始建设教育大数据基础平台,以便更好地为教育发展服务。数据已成为区域、国家乃至国际教育治理和政策制定研究的一个关键焦点。大数据平台是大规模数据存储和信息流通的阵地,可以实现应用系统之间的数据融通,为数据共享提供服务。

实施基础平台建设工程,搭建教育数据汇聚、分析与应用服务中心。各级教育行政部门应积极筹建区域教育大数据中心,利用云计算、大数据、人工智能、物联网等新技术,以数据为核心要素,不断汇聚来自教育行政部门、教育机构、企业、学校等多渠道的巨量教育数据,对数据进行深度分析和挖掘,释放数据价值,实现精准教学、精准教研、精准管理和智慧决策,促进优质资源共建共享,推动区域教育均衡发展,为区域教育高质量发展提供数据服务与支撑。平台建设前期,政府、企业和学校之间需形成合力,共同打造一个能进行数据汇聚与分析应用的教育大数据中心。政府需要统筹领导、把握全局、制定平台建设规划,企业需提供切实的大数据技术支持,学校需积极参与建设并提供必要的教育数据资源。

二、加强培养学校治理主体的数据素养

数据素养是具备数据意识和数据敏感性,能够有效且恰当地获取、分析、处理、利用和展现数据,并对数据具有批判性思维的能力。教育治理主体的数据素养水平对数据驱动教育治理现代化的进程与效果具有直接影响。学校治理主体的数据素养水平是影响数据价值发挥的关键要素。《教育信息化2.0行动计划》提出,"从提升师生信息技术应用能力向全面提

升其信息素养转变"。"身处大数据时代,教师、校长等治理主体需要具备在真实教育教学场景中熟练捕捉数据、获取数据、分析数据和应用数据的能力。"

(一)开展专题培训,提升数据素养水平

各级教育行政部门应高度重视数据素养教育的工作,通过专题培训、线上学习、经验分享、网络研修等多种方式,提高教育治理主体的数据素养,培养其应用数据解决复杂教育问题的思维与能力。首先,进行大数据、教育治理以及教育信息化政策的宣讲,帮助多元教育治理主体了解基本理论、价值内涵、发展态势等。其次,开展分层分级的大数据知识技能培训,有针对性地提升教育行政管理人员及一线教师教育治理主体的数据意识和能力,帮助他们在实践中运用大数据解决各种复杂的现实问题。最后,推进线上与线下相结合的混合式培训,即在线上课程资源的支持下,学习相关知识与技能,并通过线下专家讲座或现场咨询,解决疑难问题。

(二)建立绩效与考核机制,强化基于数据的治理能力

教育行政部门可以将教育治理主体的数据素养以及教育机构利用数据开展教育治理的成效一并纳入部门与个人的绩效考核范围。数据驱动教育治理现代化是以高数据素养的人才为基础的,但数据素养的提升不仅需要一定的知识基础,而且需要长期的实践锻炼。基于此,可以从两个方面进行推进:一是不断完善考核和奖励机制。相关管理部门可以将教育者的数据素养纳入年终绩效与考核中,作为个人评价指标之一,以此来激励其在工作的同时不断提升自身的数据素养。二是建立长效推进机制。相关管理部门可以设置不同层级水平的数据素养认证机制,不断激发教育行政管理人员、教师和学生创新应用教育数据的动力和智慧,为数据驱动教育治理现代化增添活力。

三、建设学校治理安全运行机制

数据的合理使用是实现科学化决策、有效执行和精准评估的重要保障,但当前的数据无论是对内使用还是对外开放都存在一定风险:一方面是学校、教师等主体的数据安全意识薄弱,对数据安全和数据理论没有形成充分的认识和理解,因此在数据的使用过程中,会出现数据隐私泄露、数据内容篡改、数据滥用等不良问题;另一方面是学校治理中数据安全风险防范措施不够完善,难以应对突发情况。因此学校治理机制的运行要尽可能规避数据风险,营造安全的数据应用氛围。首先,学校应制定相应的数据安全制度和管理办法,落实治理主体的数据安全责任,提高治理主体对数据安全的重视。其次,学校可以在日常生活或信息技术教育中讲授数据安全的常识,也可以举办数据安全知识竞赛,以此来加强数据安全的常识教育。最后,教师和学生等主体在运用数据时应自觉遵守信息安全制度,正确认识和规范使用数据,保障学校治理运行的安全性。

四、设计学校治理绩效评估体系

为了帮助学校了解当前治理水平,教育行政部门应综合教育事业统计数据和教育过程

数据等,建构科学合理的学校治理绩效评价指标体系,做到评估过程公开、透明、规范。学校可以根据自身实际建构自我评估体系,通过与高校科研机构的合作交流,充分发挥高校科研机构的人才优势,让其协助学校完成符合学校实情的评估体系。有条件的中小学校也可引入第三方专业评估机构对学校治理绩效进行考核评价,保证评估的客观公正性,为学校的治理提供方向。

五、推进数据驱动学校治理现代化的实践

数据在教育领域的价值日益凸显,数据驱动学校治理现代化将成为越来越多的学校实现优质发展教育的选择,"数据化"逐渐成为教育治理现代化的新特征。大数据在推动国家教育治理现代化方面具有巨大的价值潜能,数据驱动国家教育治理是一项系统工程,需要政府、学校、企业、科研机构、社会组织、公民等多方力量参与,数据驱动的教育治理现代化实践要基于系统思维、以工程化方式推进。大数据技术作为驱动未来教育的新引擎,为助力实现学校治理现代化提供了有力的支撑。国内一些中小学校已经尝试利用数据促进学校的优质发展(见专栏12-4)。

专栏12-4:数据驱动学校治理现代化的案例分析

北京市通州区南关小学依据教师调查数据有针对性地制定了教师发展规划,利用狸米数学等应用为教师教学提供数据分析报告,并借助第三方机构评估其教学效果,基于数据实现了教师的共治与自治,进而全面提升了学校治理能力。上海市金山中学基于大数据分析系统产生的教育数据精准分析学情,合理选科并完成志愿填报,同时还基于智慧课堂产生的互动数据、提问数据等有效进行课堂观察,实现了学校从基于经验管理到"数据驱动"管理的跨越式转变。此外,还有重庆市璧山中学、北京外国语大学附属小学、厦门市湖滨中学等学校也纷纷探索了大数据支持下的学校治理新模式。

目前,中小学校开展的实践仍处于初步利用数据进行探索的阶段,尚未形成可推广的完全系统成熟的案例。但小学相较中学而言,在学校治理过程中对教育数据的应用方式更加多样和灵活。如上海市长宁区的绿苑小学专门成立了由12人组成的数据决策小组,以推动学校未来的发展。此数据决策小组包括正副校长、8位教研组长和2位家长委员会代表,还聘请了高校教授担任数据顾问。该数据小组进行决策时主要依靠三大类数据:一是政府层面的整体评估数据,如上海市绿色指标的评估数据、长宁区"三个指数"的评估数据以及学龄前儿童的"零起点"评估数据。二是学校层面的数据,主要是依托第三方专业机构开展的"自我体检"数据,如家长对学校的满意度数据、教师的专业发展数据以及学生的综合素养数据。三是班级层面的数据,主要是学生日常表现数据,如小思徽章的行为规范评价数据、成长记录册的等级评价数据等。此外,学校还收集了学生、教师和家长的人口统计数据用以辅助决策,如学生的户籍、教师的职称、家长的学历等数据。种类丰富的数据在学校治理过程中发挥着不同的作用。

绿苑小学虽然根据"政府的综合质量评估数据"能大致把握学校整体的改进和发展方向,但是由于市区评估数据采集的有限性和区域评价的功利性,政府层面的外部评估数据结

果对促进学校发展的影响甚微。而学校"自我体检"的内部评估数据才是实现学校精准治理、促进治理效果提升的关键。因此,该校通过调查了解教师和家长对学校办学理念的认识程度,并基于此针对不同主体加强理念宣传,以保证利益相关者形成共同的治理愿景。该校还基于家长和教师希望培养学生能力素养的愿望,共同打造了特色实践课程——"玩转地球",并根据"学生的前后测成绩数据"来检测该课程的质量。此外,学校还通过"学生的健康体质数据"为学生合理安排体育活动,基于"午餐服务满意度数据"改进学校食堂饭菜的质量及配送管理等。对于"班级层面产生的总结性和过程性数据",学校不仅用于促进精准教学,同时也会聚焦学生的能力发展,充分挖掘学生的潜力。这些数据的使用不仅转变了绿苑小学及其班级的传统管理模式,使得学校管理和班级管理愈加精细化,大大提升了管理效率,而且针对学生和教师的评价方式和手段也因数据驱动而更加全面、客观、科学,学校的课程质量也在反馈优化中不断提升,校长、教师和家长等学校利益相关者的数据素养显著提升,家校关系在互动中更为密切。

资料来源:顾佳妮,杨现民,郑旭东,等.数据驱动学校治理现代化的逻辑框架与实践探索[J].现代远程教育研究,2020,32(5):10.

第十三章

广东省基础教育高质量发展路径之高质量教师队伍建设

教师是教育的第一资源,是建设高质量教育体系、实施高质量教育的根本力量。当前,我国基础教育教师有1 586万人,占专任教师总数的86%,教师数量、规模问题得到历史性解决,教师职业吸引力有所增强,教师队伍建设卓有成效。2018年1月,中共中央、国务院印发了《关于全面深化新时代教师队伍建设改革的意见》(以下简称《意见》),这是教师队伍建设的里程碑式的文件。为构建全口径教师队伍建设政策体系,全面落实这一文件精神,2022年4月,教育部会同中央宣传部等相关部门出台了《新时代基础教育强师计划》(以下简称《强师计划》),力求破解教师队伍建设的深层次矛盾,构建一套全口径、完整链条的教师队伍建设政策体系,系统提升我国教师的教书育人能力,全面推进高质量教师队伍建设。

第一节 高质量教师的关键要素

党的十八大以来,习近平总书记高度重视教师队伍建设,对新时代教师队伍建设做出了一系列重要论述,为新时代教师队伍建设提供了指导思想与政策依据。作为新时代教师队伍建设的纲领性文件,《意见》将新时代教师队伍建设改革的目标确定为"培养造就党和人民满意的高素质专业化创新型教师队伍"。《中国教育现代化2035》进一步明确提出,"建设高素质专业化创新型教师队伍"就是要"努力建设一支有理想信念、有道德情操、有扎实学识、有仁爱之心的教师队伍,更好地承担起传播知识、传播思想、传播真理,塑造灵魂、塑造生命、塑造新人的时代重任"。这一目标的提出,既是习近平总书记关于新时代教师队伍建设重要论述的具体体现,也反映了建设社会主义现代化教育强国对新时代基础教育教师队伍建设的具体要求。

专家学者就高素质教师的关键素养各抒己见,提出了许多创新的见解。华东师范大学李政涛教授提出"好奇心"对教师成长与发展的重要性。他认为要培养高素质教师,必须找到阻碍教师发展的瓶颈。在教育教学实践中,至少存在三大瓶颈:激情丧失、积累不够和思维品质跟不上。其中激情丧失是第一位的,它和"好奇心"息息相关。好奇心是儿童成长的必备土壤,教师要用自己的好奇心去点燃和呵护孩子的好奇心。同时,教师的好奇心也是自我发展的依托,有好奇心才会对学习充满热情,对新知保持渴望。教师需要对什么保持好奇?除了对知识之外,首先是对生命、成长的好奇,而后是对教育、课堂的好奇。所谓教育,就是教天地人事,育生命自觉。教师的课堂教学就是即席创作,是独一无二的艺术品。每个教师都可以成为课堂教学的"创客"。好奇心从何而来?内力方面跟天赋有关,跟老师的生命自觉有关,这些年的教育教学发展特别注重激发老师的生命自觉。外力方面则和培养、培训、研修相关,特别是政策带动至关重要。如何用外力激发内力,是需要持续思考和关注的问题。

北京师范大学宋萑副教授提出,建设现代化教育强国、人力资源强国、科技创新强国、学习型智能社会的根本在于有一支高素质、专业化和创新型的教师队伍;教师要成为社会主义核心价值观的首要践行者、教育教学的专业工作者、教育思想和理论的创新者。在第四次工业革命时代,对教师有三个新要求:一是基础素养,二是胜任能力,三是个性品质。以此为起点回应我们对于教师队伍建设的三方面要求就是高素质、专业化、创新型。

首都师范大学田国秀教授提出了教师应对挑战需要抗逆力的观点。她认为随着教育改革的日新月异和公众教育需求的不断提升,教师正在成为一个富有压力与挑战性的职业。特别是进入新世纪以后,学生鲜明的个性化、家长受教育水平的提高、社会价值取向的非单一化、各种校外资源的丰富都给教师带来了挑战。如何让教师在岗位上保持充沛的生命力?抗逆力是非常重要的素养,抗逆力关系到教师的个人效能感、自信心和应对技能,是应对挑战并成功复原的一种能力,它随着教育外在环境和面临的挑战而变化。拥有抗逆力的高素质教师应该能在压力中坚持并满意地工作,同时投身自己的专业。研究表明,信念支撑、灵活性、掌控力、教育背景、积极关系、乐趣、愿意迎接挑战、敬业精神等八个因素可以作为教师提升抗逆力的最主要干预因素。而情感、动机、社会和专业等四维度模型也已进入教师培训,就教师个人幸福感、勇于解决问题探索问题的能力、情感等方面进行培养,助力教师提升抗逆力。可见,我国对高质量教师的关键要素还没有形成一定的标准。国外一直十分重视基础教育的发展,以美国为例,近几次教育改革都充分认识到了培养、培训高质量的师资对基础教育发展的重要性(见专栏13-1)。

专栏13-1:美国高质量教师的标准

所谓高质量教师,是指根据 NCLB 的要求,所有教师都必须取得州统一证书或者通过教师资格证考试,至少拥有学士学位并且每位核心课程的教师都必须拥有 NCLB 规定的从事这一学科教学的相当的教学能力。

根据 NCLB 要求,全国的基础教育教师,不论新教师还是在职教师(这里主要是指全美从事核心课程教学的中、小学教师及特殊教育的教师,不包括学前教育的教师和非核心课程教师,除非有特别规定)都必须达到"高质量"。那么,对这些高质量教师的标准是什么呢?

1. 新教师。由国家教育机构(state education agency,SEA)负责监督和评定,小学新教师必须达到三个要求:

(1)至少拥有学士学位。

(2)拥有国家颁发的教师资格证。

(3)通过一项严格的国家测试(state test)以证明自己在阅读、写作、数学及大纲规定的其他学科中的知识和教学技能。

中学新教师的标准和小学新教师基本相同,不同在于中学新教师还必须证明自己有足够从事其所教核心学科的知识和能力。SEA提供了两种证明的途径:一是拥有本学科的硕士学位或同等学力的高级证书;二是通过一项严格的国家学科学术测试,以保证教师具备足够的学科专业知识。

2. 在职教师。同样由SEA负责,保证这些教师必须拥有学士学位和相当的教学技能。要证明自己有足够从事该学科教学的知识和能力,在职教师必须通过SEA提供的两种途径之一:

(1)参加并通过国家学科学术水平测试。

(2)符合国家评价标准(high objective uniform state standard of evaluation,HOUSSE)。HOUSSE是由国家制定的主要用于测试在职教师学科基础知识与教学水平的一种标准,它可以用于以下几个方面的评价:

①教师的学科学术知识和教学技能。

②作为专家、教师、校长及学校管理者对教学质量的评价标准。

③教师在所教学科的核心内容上有新的发展和成就。

④全国所有同学级、同学科的所有教师的质量评定。

⑤教师的教学时间。

每个州都可以根据HOUSSE来灵活地制定教师的学科知识和能力评价的标准和具体实施步骤。

资料来源:《21世纪美国高质量教师的标准及其实施策略》。

第二节　广东省基础教育教师队伍建设的现状

一、广东省基础教育教师队伍建设取得的成绩

(一)教师结构优化和全面提升

随着党的十八大召开,省域基础教育教师队伍建设进入结构优化和全面提升的新阶段。这个时期,由于城镇化进程加速以及教师老龄化带来的自然减员等因素影响,教师队伍结构性失调开始显现。对此,广东省把农村中小学教师队伍建设作为重点,大力推进农村教师公费定向培养,启动实施农村义务教育教师"特岗计划",探索推行义务教育学校校长教师交流轮岗,组织"三区"支教,启动"银龄讲学计划",完善乡村教师激励机制,先后出台《广东省乡村教师支持计划(2015—2020年)实施办法》《广东省人民政府关于全面深化新时代教师队

伍建设改革的实施意见》等文件,很大程度上缓解了中小学教师队伍的结构性矛盾。

(二)乡村教师待遇得到改善

乡村教师身处贫困偏远地区,除了要圆满完成教育教学任务之外,还要为防止贫困家庭孩子因贫辍学而更加努力,更有针对性地提高贫困家庭孩子的学业成就,开启贫困家庭孩子的心智等。因此,各地在提高乡村教师待遇和地位上下了很多功夫,比如工作待遇上,落实贫困地区乡村教师人才津贴、乡镇工作补贴、艰苦边远地区津贴,落实中小学教师免费体检,推进乡村教师周转房建设;职称评定上,实施乡村教师优先政策;荣誉表彰上,加大乡村教师表彰力度。

(三)教师培训工作进一步加强

《教师法》《教育法》《面向21世纪教育振兴行动计划》和《广东省中小学教师继续教育规定》相继颁布,使教师职后教育常态化、制度化,助推教师队伍的培训任务、要求及质量跃升到一个新的高度。党的十八大以来,教师培训借助互联网技术进一步专门化、专业化、多样化。2012—2017年,中央财政投入"国培计划"专项经费超过100亿元。2013年,教育部启动实施中小学教师信息技术应用能力提升工程。2017年11月,教育部率先印发义务教育阶段语文、数学、化学等学科的教师培训课程指导标准,培训工作更专门化。教师的职后培训体制机制基本完善,并且不断创新培训有效途径,努力探寻培训的新方法、新模式、新途径。例如,为解决教师队伍发展粤西粤北粤东部结构性矛盾,开展"广东省教育厅关于做好粤东粤西粤北地区中小学教师全员轮训项目",对提高偏远山区的教师教育质量和水平、稳定偏远山区的教师队伍起到一定的作用。

(四)重视提升教师信息技术水平

《教育信息化2.0行动计划》《关于实施人工智能助推教师队伍建设行动试点工作的通知》颁布以来,明确要求深入推进人工智能等新技术与教师队伍建设的融合,推动教师主动适应信息化、人工智能等新技术变革,积极有效地开展教育教学。各级有关部门应重视整合优质数字资源,建设多级分布的数字教育资源云服务体系,探索基于互联网的新型教学模式,鼓励自主学习、主动探究;同时,推进教育资源均衡配置,促进优质教育资源共建共享、互联互通,实现名师课堂和名校网络课堂常态化按需应用。以信息化的手段提高教学质量,促进教育公平。如今,学校不断探索利用人工智能技术辅助教育信息化建设的新路径,教师利用人工智能技术创新教学方式,学生利用人工智能技术提高学习效率已成为常态。特别是新冠疫情期间,居家线上教学实际上是对教育信息化建设的一次"大升级"。

二、广东省基础教育教师队伍建设存在的问题

(一)偏远地区结构性缺编

偏远、贫困地区中小学普遍地存在着缺编问题,更为严重的是结构性缺编,各学段教师的编制数量不成比例,这种情况在同一所学校不同学科当中也很普遍,结构性失衡导致总量

矛盾。农村基础教育辐射区域往往较大,学生数量起伏不定,师生比例不合理,进而造成农村基础教育教师工作任务较重。音体美等学科经常由其他学科教师兼任,艺体类课程时断时续,教学效果差,严重影响学生的全面发展。

(二)优质师资缺乏,教师队伍稳定性差

优质师资并非简单地以工作年限的累积和学历的增加为标志,而是以个人教学积极主动和教学质量优质为主要特征。近年来,偏远地区优质师资缺乏、教师队伍稳定性差等问题更加明显,主要表现在以下方面:一是中小学教师拥有研究生学历的占比仍相对较低,与新时代教育事业改革发展需求不相适应。《教育信息化2.0行动计划》有针对性地提出,实施高素质教师人才培育计划,深化本硕整体设计、分段考核的人才培养模式改革,继续实施农村学校教育硕士师资培养计划,扩大教育硕士培养规模。二是骨干教师流失严重。广东省粤西粤北农村山区和沿海城镇的经济发展差距较大,学校工作生活环境较为艰苦,教师向往发达地区,骨干教师往经济条件好的学校考调的现象严重,而留下来的大部分教师缺乏教学改革研究和反思教学的动力,农村学校教学活力愈发不足。三是现有的城乡教师轮岗时间短,人员流动频繁(多为一个学期和一年),未能对所在学校的教师和教学真正起到示范引领作用,轮岗成效不明显。

第三节 促进基础教育高质量教师队伍建设的五大举措

一、强化欠发达地区乡村教师队伍建设

(一)定向培养人才

实施"优师计划",每年由部属师范大学和高水平地方师范院校为贫困县、中西部陆地边境县培养本科和硕士层次的师范生,采取定向培养等多种方式为有需要的地区输送教育人才(见专栏13-2)。这些师范生在学习期间能够享受"两免一补",即免学费、免住宿费、补助生活费。

专栏13-2:北京师范大学"志远计划"

2020年,北京师范大学在教育部的大力支持下,推进师范生招生和培养改革试点的"志远计划",面向当时52个未摘帽的贫困县所在省份招收本科定向就业师范生。学校自筹经费实施"四有"好老师"启航计划",通过设置奖金,实施校企、省校合作保障职后发展等举措,引导优秀毕业生投身中西部基础教育事业,并为教师持续发展充电加油。2021年,北京师范大学积极响应教育部等九部门启动实施的"优师计划",共招录定向培养教师401人。自2018年以来,学校先后牵头对口支援青海师范大学和西昌民族幼专,积极探索援助模式,取得了良好效果。对乡村教师在职称评聘方面要实行特殊支持,"定向评价、定向使用",中高

级岗位要总量控制、比例单列,让乡村教师能够安居乐业。同时,加大教师周转宿舍建设和住房保障力度,努力实现乡村教师在学校附近有周转的宿舍、在县城有稳定的住房。在这方面,国家发展改革委已经做了大量工作,住房和城乡建设部正在研究推出新的相关支持举措。

资料来源:http://www.moe.gov.cn/fbh/live/2022/54369/sfcl/202204/t20220414_617222.html.

(二)深入推进交流轮岗

推动教师在县域内城乡之间的交流轮岗,实现城乡义务教育教师队伍协同发展。首先,推动地方采取定期交流、跨校竞聘、学区一体化管理、教师走教等多种途径,重点引导优秀校长和骨干教师向乡村学校、薄弱学校流动,县域内重点推动县城教师到乡村学校交流轮岗,乡镇范围内重点推动中心学校教师到村小、教学点交流轮岗,补充和加强乡村教师队伍,改善乡村教育质量。其次,明确城镇学校、优质学校每学年教师交流轮岗的比例不低于符合交流条件教师总数的10%,其中,骨干教师交流轮岗不低于交流总数的20%。最后,国家层面继续开展义务教育教师队伍"县管校聘"示范区建设,全面推进"县管校聘"管理体制改革,尽快破解制度瓶颈,为教师交流轮岗提供制度保障,实现县域内城乡义务教育教师队伍的协同发展。校长的交流也要合理开展,发挥关键少数作用。

二、提升教师队伍治理水平

以教育评价改革为牵引,推动教师队伍由管理向治理转变。在教师资格、入职、考核等工作中,严格落实师德师风第一标准。深化职称改革,实行分类评价。绩效工资分配向班主任、教育教学效果突出的一线老师、从事特殊教育随班就读工作的教师倾斜。改进师范院校评价方式,强化师范院校教育教学评估和相关学科评估的师范特色,探索师范类"双一流"建设评价机制。开展国家教师队伍建设改革试点,支持地方政府统筹,贯通教师职前培养、人事管理、考核评价、在职发展等环节,推进教师队伍治理综合改革。

三、完善职前教育政策

(一)完善高层次教师人才培养机制

教育现代化对教师队伍的素质、结构都提出了更高要求。目前,基础教育教师能力素质基本能够满足需要,但是高学历层次、教育家型教师还相对缺乏。"强师计划"提出,要实施高素质教师人才培养计划。深化本硕整体设计、分段考核的培养模式改革,推进高素质复合型硕士层次教师培养试点,推进部属师范大学公费师范生攻读教育硕士工作。

(二)提高生源质量

通过公费培养、设立师范生奖助学金等方式,吸引优质生源报考师范专业。适应高校考试招生制度改革新要求,鼓励设立面试考核环节,关注未来教师综合素质,扩大师范专业招生自主权。鼓励和引导高校采用"大类招生、二次选拔"的方式,选拔乐教、适教的优秀学生进入师范类专业。鼓励高水平综合性大学设立教师教育专业。建立健全符合教育行业特点的教师招聘办法,畅通优秀师范毕业生就业渠道。

（三）健全质量体系

建立教师培养、培训质量监测机制,发布《中国教师教育质量年度报告》。开展师范类专业认证,突出实践环节,将认证结果作为师范类专业准入、质量评价和教师资格认定的重要依据。明确教育实践的目标任务,构建全方位教育实践的内容体系,强化"三字一话"等师范生教学基本功训练。修订《教师教育课程标准》,颁发《中小学教师培训课程标准》,组织编写或推荐一些主干课教材和精品课程资源。鼓励高校针对有从教意愿的非师范类专业学生开设教师教育课程,协助其参加必要的教育实践。推动建设公益性教师教育在线学习中心,提供教师教育核心课程资源。

（四）建设优质基地

综合考虑区域布局、层次结构、师范生招生规模、校内教师教育资源整合、办学水平等因素,探索建设国家级师范生培养基地,发挥高水平、有特色教师教育院校的示范引领作用。推动高校有效整合校内资源,鼓励有条件的高等院校依托现有资源,组建实体化的教师教育学院。推动地方整合教师培训机构、教研室、教科所(室)、电教馆的职能和资源,建设研训一体的县级教师发展中心,更好地为区域教师专业发展服务。引导高等院校与地方教育行政部门在优质中小学共同建设一批教育实践基地,开展师范生见习实习、教师跟岗培训和教研教改工作。利用云计算、大数据和虚拟现实等技术,推进教师教育信息化教学服务平台的建设和应用,推动以自主、合作、探究为主要特征的学与教方式变革。支持高等院校建设教师教育的在线开放课程,实现教师教育优质课程资源共建共享。深入实施中小学教师信息技术应用能力提升工程,提高师范生和在职教师信息化素养和应用能力。加强师范生培养和在职教师培训信息化管理,建设教师专业发展的"学分银行"。

四、提升继续教育实效

发挥"国培计划"示范引领、促进改革和"雪中送炭"的作用,不断提高教师培训的针对性和实效性,加快培训一大批"种子"骨干教师。建立健全面向全员、突出骨干、倾斜乡村、学用结合、协同治理的教师培训制度体系。实施教师精准培训改革,完善自主选学机制,搭建教师培训与学历教育衔接的"立交桥"。加强县级教师发展机构建设,让县域内的老师有身边的、高水平的专业发展支持力量。实施名师、名校长领航计划,依托清华、北大、北师大等培养基地,支持培养一批政治坚定、情怀深厚、学识扎实、视野开阔的基础教育名师、名校长,进而引领区域乃至全国基础教育领域的改革发展。

五、推进教师队伍数字化建设

发展数字经济是新一轮科技革命和产业变革新机遇的战略选择,数字经济也为教育发展带来了重要战略机遇。目前,教育部正在大力推进国家教育数字化战略行动,要抓住机遇,为教师队伍建设赋能。一方面,完善国家智慧教育平台的教师专业发展相关功能;另一方面,继续推进人工智能助推教师队伍建设试点行动(见专栏13-3)。提升教师的数字素养,帮助教师掌握并使用信息技术手段改进教学,实现发达地区和欠发达地区学生"同上一堂课",教师共同"备好一节课"。同时,多渠道开发汇聚优质的教师数字化学习资源,让更多教师通过信息化的手段来共享优质教育教学、教师研修资源。

专栏13-3:华中师范大学:构建"人工智能+教师教育"新体系

华中师范大学于2021年启动实施人工智能助推教师队伍建设行动试点工作,基于学校人工智能助推教师队伍建设行动试点工作在标准、工具、模式、应用及服务上的需求,稳步推进"五大任务",已取得一定进展。

1. 教师素养刻画与课程资源建设评估。华中师范大学于2020年11月获得国家标准立项研制信息素养国家标准,以此形成了一系列教师信息素养评价指标、模型、工具和系统,并于2021年启动教师数字画像评价指标体系研究,打造以数据为基础的教师数字画像和多元评价体系,从师德修养、专业知识、教学能力、教研能力、育人能力、社会影响和多方评价等维度动态描述教师数字画像,为教师工作减负、专业发展赋能。

2. 智能化环境建设与平台工具研发。建成"人工智能+教师教育"综合实验实训平台,全面支撑教师职前职后一体化培养,覆盖教学、教研和培训多个领域。推进智慧教育环境提速升级,研发支撑创新教学的"小雅平台"。学校自主研发了云端一体化智能教育SPOC平台——"小雅",构建了课程知识图谱、智能问答、智能推荐等多个智能模块,支持教学数据的伴随式采集和数据驱动的分析,实现了教学理论具象化、教学设计标准化、教学行为数据化、教师评价精准化,全面促进大数据、人工智能等新兴技术与教育教学的深度融合。

3. 智能教学与研修模式创新。针对基础教育传统教研模式组织难、协调难和研修数据采集难等问题,学校推进"互联网+大数据+人工智能+教师研修"深度融合,探索形成了线上线下相结合的课例研修模式、教师工作坊支持的主题研修模式、混合学习环境下的微课题研修模式、直播课堂支持的同侪研修模式等四种研修新模式。利用信息技术对基础教育的教师教学数据进行分析,生成精准、高效的课堂教学AI报告,包括课堂师生行为报告、课堂参与度数据图等。

4. 人工智能支撑师范生职前职后一体化培养。为营造更真实的实训环境,提升师范生"三字一话"能力水平,学校建设了智慧书写教室和智能化普通话训测中心,建设云课堂"师范生技能培养"课程,师范生可以随时随地获取专业技能比赛、优秀作品等资源。建设数字化教师教育资源,探索建立"模拟小课堂""微格技能小组"等小班化教学与实践制度。开展"人工智能+"名课堂创新应用,如开展师范生与国培教师的云端对话以及国培骨干教师优质课程展示活动等,并录制国培骨干教师优质课及微讲座、中学名校名师论坛资源等。

5. 人工智能助推乡村教师教学能力提升。构建"三个课堂＋AI"的"开好课"模式。针对乡村薄弱学校的教与学问题,探索"三个课堂＋AI"创新实践,利用"专递课堂＋AI"赋能学生的自主学习,"名师课堂＋AI"赋能教师的专业发展,"名校网络课堂＋AI"促进优质资源和自适应的汇聚。同时,面向中西部开展人工智能助推教师队伍建设专项培训。

资料来源:http://news.ccnu.edu.cn/info/1003/39012.htm.

第十四章

广东省基础教育高质量发展路径之面向未来的教育创新

在以科技创新为城市标杆的新时代,将信息技术融入教育来辅助教育教学已成为教育工作者关注的热门话题。"信息热"与"资讯爆炸"是全球性的,从 20 世纪美国提出的"信息高速公路"计划开始,发展以因特网为核心的综合化信息体系成为世界热点关注话题。在教育界,各国也把信息技术应用于教育作为新一轮课程改革的重要议题,旨在以教育与信息化的融合带动教育现代化,实现新型教育形态理想。为此,我们要站在城市发展的新视角上,聚焦新时代对人才培养的新需求,将教育信息化作为教育系统性变革的内生变量;切实推动教育理念更新、模式变革、体系重构,让每个人都能接受良好的教育,促进教育的均衡发展,使广东教育信息化发展水平走在前列,发挥城市引领作用,实现信息技术融合教育的高质量发展。

根据《教育信息化 2.0 行动计划》《教育信息化"十三五"规划》《教育信息化十年发展规划(2011—2020 年)》确定的教育信息化目标任务,我们希望继续发挥政府在推进教育信息化中的主导作用,未来的广东教育形成与国家教育现代化发展目标相适应的教育信息化体系,基本建成人人可享有优质教育资源的信息化学习环境,基本形成学习型社会的信息化支撑服务体系,基本实现所有地区和各级各类学校宽带网络的全面覆盖,教育管理信息化水平显著提高,信息技术与教育融合发展的水平显著提升。教育信息化整体上接近国际先进水平,对教育改革和发展的支撑与引领作用充分显现。

第一节 信息技术是推动基础教育改革发展的革命性力量

目前,世界发展日新月异,在知识经济的时代中,教育要做到与时俱进,就要突出创新人才的培养,这是未来教育的必然趋势。在知识经济迅速发展的新时代,"不创新,就灭亡"(innovate or die)已不再是企业界的规则。在人类社会的方方面面,时代已带领我们进入"智能化、信息化"的空间,随处弥漫着"大数据、云计算、人工智能、量子通信"等新技术的气氛,时刻提醒我们,当前人类已完全进入了新一轮的产业革命。从此,人类的生存方式、学习方式、社会运作方式都会发生翻天覆地的变化。为了顺应时代的发展,我们相信信息技术对教育具有不可忽视的力量。

一、信息技术的作用

(一)信息技术为社会教育带来了新理念

教育理念是指导教育实践的先导力量,不同的历史时期和社会背景会形成不同的教育理念。在信息时代中,教育资讯和学习知识瞬息万变,时刻冲击着人们在生存方式、生活方式、学习方式和思维方式。信息社会中人们的教育理念已经从传统的方式转化为数字化的学习理念。当前,学习知识的电子化、数字化和网络化普遍盛行,使学习跨越了国界、时空,形成一个巨大的知识数据网。在网络资源非常丰富、信息技术设备非常先进的时代,教育方式和学习方式也倾向于向便捷性发展。从电子邮件的普及到同步、异步远程视频的交流,从光盘课件到功能更强大的网络教学平台,电子化的教育理念使学习者随时随地都能获得自己想要的任何信息和知识,教学上利用互联网也更容易实现主题学习、探究学习、合作学习等目的。

此外,信息时代的信息量更新的速度非常快,技术的发展使人们随时都有可能接触到前所未知的各种信息和知识,整个社会都面临着未知的挑战和机遇。在这种时代背景下,成功的社会公民都必须具备终身学习和自我主导的能力,终身学习的理念成为各个国家地区所提倡的新理念。利用信息技术,人生的各个阶段都可以进行必要的学习和充电,学习内容、学习方式都灵活多样,不仅包括正规系统的学习,还包括非正规的、社会生活交往中的学习。学习的本质也从传统的知识性继承变成了创新性学习,学习的目的从谋生工具变成了个人素质的提高、精神生活的丰富等。全民学习、终身学习、构建学习型组织、提倡学习化社会已成为信息时代普遍认同的教育理念。

(二)信息技术提高了教育质量和教学效率

信息技术与教育的融合可以从全面发展、全体发展、个性发展三个方面促进学生的学习。第一,信息技术可以通过生动、形象、感染力强等手段,激发学生的学习兴趣和动机,可以有效促进学生知识和能力的发展,同时,信息化教育通过图文并茂、丰富多彩的人机界面,可以同时实现学生的多种感官接收,有助于提高学习效率。第二,数字化资源具有灵活性和可回放性,可以让学生根据自己的兴趣和特长在丰富的资源中各取所需,使学习方式和思考方式都更能体现个别差异性,更容易实现因材施教。第三,信息化教育可以通过互联网,在很短的时间内向学生呈现和传递大量的所需信息,缩短了学生获取信息的时间,提高学习效率,有助于教师在更短的时间内完成预定的教学任务。第四,计算机网络技术为开放教育提供了非常便利的物质基础,更容易打破课程间的分科界限,实现课程整合。如美国的特色综合课程计划(见专栏14-1),通过课程设计和实施的变革,统整学生知识、能力、态度和情感的协调发展。学校教育中课程综合化和课程统整非常重要,不仅能让各门学科融会贯通,提高学生应用多种知识解决问题的能力,而且有助于培养适应多元社会发展的创新型人才,提升全体学生的核心素养。

专栏 14-1:美国 STEM 教育——信息技术支持的课程统整

美国于 1986 年推出 STEM 教育计划,重点培养未来人才的科学(S)、技术(T)、工程(E)和数学(M)技能,以适应提升国家竞争力的需求,并先后多次颁布国家和地方政府层面的 STEM 教育政策和实施计划。同年,美国国家科学委员会发表《本科的科学、数学和工程教育》报告。2006 年 1 月 31 日,美国总统布什在其国情咨文中公布一项重要计划——《美国竞争力计划》(American Competitiveness Initiative, ACI),提出知识经济时代教育目标之一是培养具有 STEM 素养的人才,并称其为全球竞争力的关键。由此,美国在 STEM 教育方面不断加大投入,鼓励学生主修科学、技术、工程和数学,培养其科技理工素养。2009 年 1 月 11 日,美国国家科学委员会(National Science Board)代表 NSF 发布致美国当选总统奥巴马的一封公开信,其主题是"改善所有美国学生的科学、技术、工程和数学"(以下简称 STEM 教育)。信中明确指出:国家的经济繁荣和安全要求美国保持科学和技术的世界领先和指导地位。大学前的 STEM 教育是建立领导地位的基础,而且应当是国家最重要的任务之一。委员会督促新政府抓住这个特殊的历史时刻,并动员全国力量支持所有的美国学生发展高水平的 STEM 知识和技能。2011 年,奥巴马总统推出了旨在确保经济增长与繁荣的新版《美国创新战略》。新版《美国创新战略》指出,美国未来的经济增长和国际竞争力取决于其创新能力。"创新教育运动"指引着公共和私营部门联合,以加强科学、技术、工程和数学(STEM)教育。

资料来源:李王伟,徐晓东.统整艺术与 STEM 实践的创新力培养——来自美国八大 STEAM 教育案例的启示[J].外国中小学教育,2018,312(12):9-17.

(三)信息技术扩大了教育规模

信息时代的教育,是充分应用广播电视、卫星电视、计算机网络等信息设备的便利,向学校、社会、家庭传播知识和信息的教育。有了信息技术的支持,教育的成本大大降低,师资、设备、土地资源等都节省了,教育规模也得到了扩大。我国在全面实施"校校通"工程以来,多媒体教室、多功能电教室、校园计算机网和现代化教学环境如雨后春笋般涌现,在软硬件平台和应用培训等方面取得了很大的进步。网络资源建设也有明显飞跃,课程智能测评系统、学科网站群、学科资源库和数据库等资源的开发和共享,形成了资源共同体,也使更多的学生受益,教育规模得到显著提升。同时,我国在以教育与科研计算机网、卫星电视教育网为基础建立的覆盖全国的现代远程教育整体网络环境下,随时可以实现一个教师同时教成千上万学生,也为全民学习的学习型社会建设提供有力支持。

(四)信息技术促进教育的全面变革

从中国改革开放四十多年的教育发展来看,中国教育最大的成就就是培养"标准化人才"。中国成功地成为世界制造大国,离不开中国教育中的普及教育。然而,这种"标准化"

也成为中国教育的短板。在信息技术新时代,人类的诸多技能将被智能高效取代,人类的刻苦劳作被机器无情代替。那么未来人类生存的资本在于何处呢?显然,人与机器不同的地方在于人的思想与创意。我们可以推断,拥有创造力的人才不只是未来的精英人士,更是未来社会每一个行业都需要的人才。创新时代需要创新的人才,创新人才的培养要以人的多种素养协同发展为目标,以多种形态的课程共同实施为路径。可见,为了顺应时代的发展,教育的全面革新势在必行。具体体现在各教育要素上的纷纷变革:在教育手段上,信息技术手段被引进教育领域,辅助各级各类教育实现多媒体化教学;在教学方法上,信息技术的使用使教学方法灵活多样,为学生采用探索式、发现式、合作式学习方式提供支持;在教学模式上,形成"人-机-人"循环互动的新模式,卫星技术、计算机多媒体等技术的发展也让个别化学习模式和交互式远程教学模式成为可能;在学习意义上,通过信息资源和环境下的学习情境创设,学生会更聚焦于自我意义建构的学习。在虚拟的真实情景的辅助下,学生能在与外界知识进行顺应和同化的过程中进行自我意义建构,提升了学习的品质。可见,信息技术与教育融合的实施,对教育领域的影响是深远的、革命性的。

二、国外信息技术的应用水平与趋向

在信息技术全球热的时代,世界各国都高度重视信息技术对教育的作用和影响。对于国外信息技术的应用情况,有学者总结了这样的规律:美国一马当先,欧洲不甘落后,亚洲奋起直追,全球化的发展热潮。虽然世界各国政府都在大力发展信息技术教育,但是不同的社会、经济、教育等情况,使各国的信息技术应用水平也有所差异。

(一)美国信息技术教育的现状

美国早在1983年里根政府时期就提出了"必须修习计算机科学半年"的要求,从此学校教育新增了计算机科学这一学科。到1992年克林顿政府时,已经十分重视本土的信息化教育发展。1996年提出"教育技术行动"纲领,希望到2000年,达到"全美的每间教室和每个图书馆都将连上信息高速公路,让每个孩子都能在21世纪的技术文化中受到教育"的目标。目前,美国信息技术教育已经高速发展,有几项规模较大的中小学教育信息化工程:1998年提出对所有中小学和图书馆使用网络的基本内容实行免费服务,发表《让美国学生为21世纪做好准备:迎接技术素养的挑战》,提出全国教育技术的四大目标;2000年颁布《面向学生的国家教育技术标准——课程与技术整合》,详细说明了课程与技术整合的必要性、可能性和具体方法;同年发表《电子化学习:使每一个孩子触手可及世界一流教育》,进一步提出了五项国家教育技术规划;2002财政年度对技术教育的经费达10亿美元,要求学区必须至少将25%的该项经费用于教师的专业培训和发展。美国的远程教育规模也位于世界之首,主要采取建立远程教育示范项目、远程教育合作项目、网络教育委员会等措施,实现了以视频会议系统为主的实时远程教育,以及以Internet为主的自主式远程教育。

2008年,据美国教育部官方统计,100%的公立学校拥有接入互联网的计算机,58%的学校为教室购置了笔记本电脑和充电车;使用LCD或DLP投影、数码相机、交互式电子白板的公立学校分别占97%、93%、73%;无线网络全覆盖的公立学校占39%,部分覆盖的占30%,没有覆盖的占31%;使用学区网络开展个性化教师培训的占87%,开展学生成绩在线测评的占72%,获取高质量数字化学习内容的学校占65%。2013年,奥巴马政府开展"连接教育"行动计划,卓有成效。自此专门用于全美10 000多所学校和5 000多个图书馆的无线网络和高速宽带建设的资金达4.7亿美元;苹果、微软等IT企业为50个州的学生提供了价值20多亿美元的软件、硬件和培训资源;非营利组织和图书馆与出版商合作,为低收入学生提供超过2.5亿美元的电子书阅读材料。2015年,美国在信息化的总投入高达47亿美元,用于购买高速网络设备和个人计算设备,54%的中小学生已在校使用笔记本等移动设备;94%的公立学校已使用电子白板;开通高速网络的中小学升至59%,53%的学生已经享受高速网络;58%的公立学校配备了首席技术官(CTO),负责学生的信息化发展规划和日常信息化管理。

美国信息技术教育的未来,在"2061计划"(见专栏14-2)中有描述:"目标是大力提升全体美国人的科学素养,迫切需要对科学、数学和技术教育进行改革。旨在提高人们在科学、数学和技术方面的素养,以帮助人们生趣盎然地、负责任地和富有成效地生活。在一种科学、数学和技术气息日益弥漫的文化氛围里,科学素养使公民具有必需的理解能力和思维习惯,使他们能够紧跟世界发展形势,大致知道自然和社会的运转情况,批判性地和独立地思考,对事件的不同解释加以辨认和权衡并提出协调方案,敏锐地处理那些有关证据、数字、模型、逻辑推理和不确定性的问题。"

专栏14-2:美国"2061计划"

美国"2061计划"是指美国基础教育改革工程。该项工程提出的当年恰逢哈雷彗星临近地球,又是为了使美国当今的儿童能适应2061年彗星再次临近地球的那个时期科学技术和社会生活的急剧变化,所以取名为"2061计划"(Project 2061)。

"2061"计划有以下特色:

1. 综合性。"2061计划"实施的对象是综合的,它力图在实验区内,面向从幼儿园到高中各个阶段的所有学生和学科,进行科技普及;实施的范畴是综合的,它在制定新教学大纲的同时,配套改革教材内容、教学技术、考试方式和学校的组织机构;参与者也是综合的,要使这些改革措施彼此兼容,就得顾及家长、政策制定者、教师等各个方面的因素。

2. 长效性。"2061计划"是经过深思熟虑和精心安排后付诸实施的,它的效果要通过几十年而不是几年来检验。

3. 基础性。"2061计划"强调基础学科,主张在中小学开设数学、科学、技术方面的核心课程;同时,各学科内部以基础知识的传授和基本技能的培养为主。

4. 以学生为中心。在实验学校中,学校注意因材施教,培养学生的创造性,鼓励学生思考问题而不是告诉其现成答案。教师采用多种教学方法,帮助学生发展思维和想象能力并解决实际问题。

5. 发挥教师主导作用。"2061计划"非常注重发挥教师在课程设计和实际教学中的主导作用,认为只有教师才能有效地针对学生的实际直接传授知识、启迪智慧,也只有教师才能根据改革的精神和课堂教学经验创造性地更新课程、改善教学。

6. 协作性。"2061 计划"认为,没有一个团体或部门是唯一具有智慧和权威的机构,改革离不开合作与交流。中小学教师、行政官员、社区领导者、大学教授和政策制定者应取长补短,共同参与教改。

资料来源:https://baike.so.com/doc/8827637-9152518.html。

(二)欧洲信息技术教育的现状

自 20 世纪 90 年代初欧盟发布的《信息社会中的学习:欧洲教育倡议行动规划》起,欧洲各国学校的信息化进程迅速增快,纷纷推出多项有关教育信息化的开发计划。德国教育科技部与电信部发起了一项关于在 3 年内使 10 000 所学校联网的动议;丹麦政府制订 INFO2000 IT&T 行动计划,到 2000 年时实现全部中小学联网;芬兰教育部提出《信息社会中的教育培训与研究:国家战略》5 年计划,到 2005 年前为 20%的小学和 30%的中学配备多媒体设备与软件。

其中,英国是世界上最早开展远程教育的国家,信息技术融合教育的理念也比较前沿。2001 年,英国计划通过 JANET 网络系统向全球提供远程教育。在基础信息化方面,英国主要通过学科课程与学科整合两种途径来培养学生的信息与通信技能。2004 年英国教育部颁布《关于孩子和学习者的五年战略规划》,2005 年颁布《利用技术:改变学习及儿童服务》,2008 年颁布《利用技术:新一代学习(2008—2014 年)》信息化战略,2016 年发布《教育部 2015—2020 战略规划:世界级教育与保健》,提出要大力推进 STEM 课程的开设率,提升课程质量。在国家政策的大力扶持下,英国信息化发展稳步前进,硬件设施配备充足(见专栏 14-3 图 1),84%的小学教师和 72%的中学教师每天至少使用一次相关电子技术辅助教学;英国中小学拥有学习平台并有效使用的比例逐年上升(见专栏 14-3 图 2);信息技术与其他课程的融合是英国推行的重点,大多数学校在 ICT 整合应用上效果明显(见专栏 14-3 图 3)。

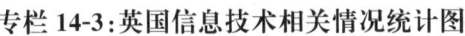

专栏 14-3:英国信息技术相关情况统计图

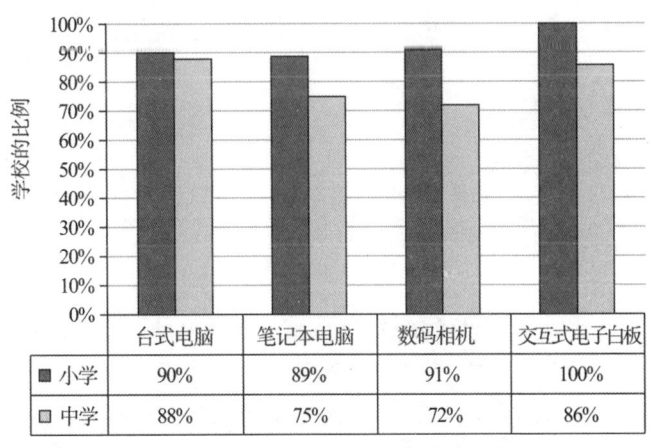

图 1　英国教师可使用的相关技术设备情况

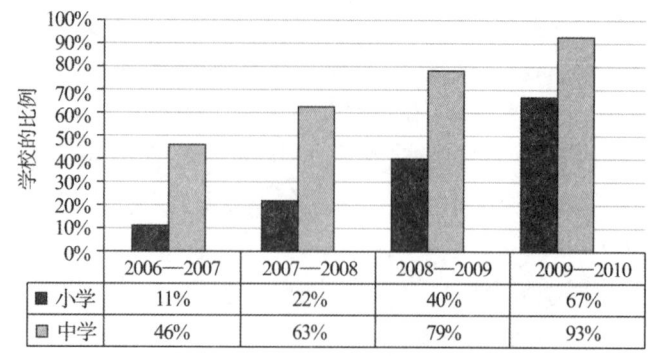

图 2　英国中小学拥有学习平台的相关情况

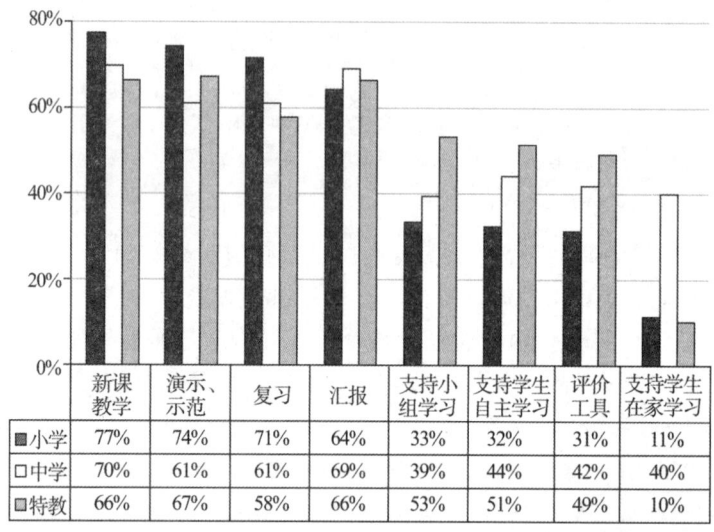

图 3　教师在至少一半的课程中使用数字资源开展相关教学活动的情况

资料来源：马宁,周鹏琴,谢敏漪.英国基础教育信息化现状与启示[J].中国电化教育,2016(9):30-37.

从 2016 年的战略规划中可见,英国信息化未来的发展方向是致力于"将英国的教育发展成处处优质的教育,即任何地点、基础和背景的儿童和青少年都可以获得高质量的教育供给,实现自身最大的潜能"。目前英国一些小学和中学面临无线网设备问题和网络宽带问题,英国未来将投入 13 亿英镑来升级改造当前网络,达到能随时随地学习的条件。

（三）亚洲信息技术教育的现状

在欧美各国新时代、新形势的影响下,亚洲各国也不甘落后,纷纷将教育信息化作为国家信息化的战略重点优先部署,积极推进信息技术与教育的融合发展。日本在 20 世纪 90 年代以来,将教育信息化提上整体规划议程。日本 2006 年提出"IT 新改革战略",目标是教师每人拥有一台接入互联网的计算机。新加坡在 2002 年时所有学校的学生与计算机之比就达到了 2∶1,后来政府又投入 20 亿新币用于购置电脑、开发软件、建设网络等,还每年给中小学投入 6 亿新币支持维护信息技术辅助教学的费用。到 2015 年,新加坡为所有学生接入课本的个性化通信设备,实现了"没有墙壁的课堂"。中国香港作为国际金融、信息中心,资讯科技教育方面的发展处于领先地位。目前全港学校已经完成计算机教室建设,并接入互联网。政府还成立了优质教育基金,拨款2.3亿港元,资助230项申请。2000年建立了全球首个网上教育电视频道"香港资讯教育城",更好地推进信息化教育。

其中,韩国是教育信息化整体发展水平较高的国家,教育信息基础设施建设比较领先(见专栏14-4图1)。韩国小学生基本实现了人手一台信息化终端。据统计,90%的学生具备台式机,4.7%的学生具备笔记本,5.3%的学生具备智能平板。韩国的教育信息化发展分为几个阶段:第一阶段是1996—2000年的基础设施建设,发布了第一份教育信息化规划Master Plan 1,完善硬件设施和教师的信息技术培训。第二阶段是2001—2005年的数字教育资源开发,韩国教育元数据作为国家教育资源元数据标准在中小学被广泛采用。家庭网络学习系统迅速发展,为学生提供学习资源。第三阶段是2006—2010年的个性化学习提升,创建任何时间任何地点都可以进行学习的教育环境,开发数字教材,实施电子课本试点项目。第四阶段是2011—2014年的技术与教育融合,加大财政投入(见专栏14-4表1),将教育信息化经费列为学校经费的重要开支。国家教育信息系统即SMART国家教育系统投入使用。第五阶段是2014年后的智慧教育发展阶段。韩国教育信息化发展的愿景是"通过信息技术与教育的深度融合培养创造性思维,创建以学生为中心的数字教育生态系统、建立良性循环的基于课程的教育信息系统、建立创新的教学支持系统、规划和开发在线课程、建立个性化的信息服务系统、提供可访问的无所不在的学校环境等"。

专栏14-4:韩国信息技术相关情况统计

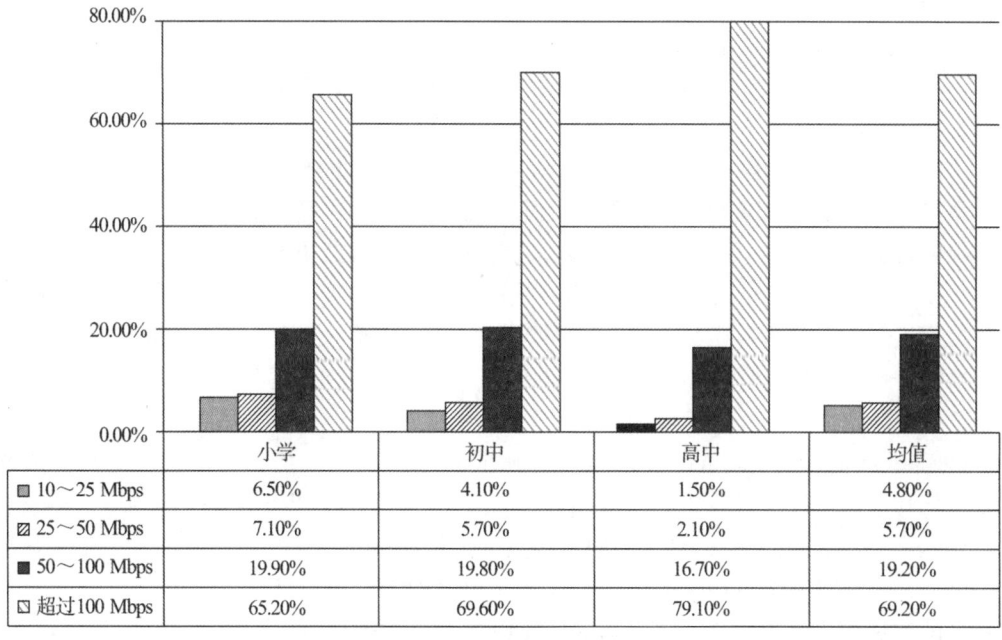

	小学	初中	高中	均值
10～25 Mbps	6.50%	4.10%	1.50%	4.80%
25～50 Mbps	7.10%	5.70%	2.10%	5.70%
50～100 Mbps	19.90%	19.80%	16.70%	19.20%
超过100 Mbps	65.20%	69.60%	79.10%	69.20%

图1 韩国中小学学校宽带网络接入情况

资料来源:尉小荣,吴砥,余丽芹,等.韩国基础教育信息化发展经验及启示[J].中国电化教育,2016(9):38-43.

表 1 韩国中小学教育信息化经费支出情况

	小学	初中	高中
学校运行成本(千韩元)	793 045	789 965	1 585 322
教育信息化预算(千韩元)	26 922	47 035	42 825
教育信息化预算占比	3.3%	5.9%	2.7%

三、信息技术与教育融合的原则要求

根据《教育信息化 2.0 行动计划》及《教育信息化"十三五"规划》等文件精神,信息技术与教育融合要遵循育人为本、融合创新、系统推进、引领发展等原则。为了使信息技术对教育的影响更加全面、深入,实践中教育与信息化融合应该体现"学习为本,科技为用"的要求,具体要遵循以下几个方面的原则:

(一)运用科技的目的是成全更有意义的学习

为了满足新时代和信息社会人才的培养需要,文件提出要"以信息化引领构建以学习者为中心的全新教育生态,实现公平而有质量的教育,促进人的全面发展"。全面的发展要求信息化时代给教育带来的冲击是本质的、彻底的领悟,而不应是形式上的刺激。因此,教学中运用科技的辅助,目的要指向更有意义的学习。根据五项有意义学习的属性,我们应该思考如果使用科技,使学生真正进入有意义学习的良性圈中。

第一,主动积极的学习(active)。科技可以把抽象的学习内容形象化,便于学生操作和观察。从"听得到"变成"摸得着",更能调动学生的主人意识,感觉在玩自己的东西,做自己的事。

第二,有建构性的学习(constructive)。科技拓宽了学生传统学习的时间,以至于有能力还原知识的本质。信息化时代的课程变革首先是去除了学习的快餐文化,把探索这些知识来源的机会还给学生,由他们亲身经历、亲自说出、亲自反思和建构知识。

第三,合作的学习(cooperative)。新时代的科技最大的吸引力就是强大的交互性能,这个特点拉近了学习内容与学生之间、学生与学生之间、教师与学生和家长之间的距离,使交谈、对话、争辩、解释变得容易很多,而且能在需要的时候及时打通合作平台,实现零障碍合作。

第四,真实的学习(authentic)。知识在被抽离出来之前,其实都是蕴含在纷繁复杂的、富有文化和历史特性的背景中的。借助科技的力量,可以还原知识的真实存在,以破茧抽丝的方式一步一步解决问题,把真实的问题还给学生去经历。

第五,有意图的学习(intentional)。信息时代的变迁,使人们有条件更客观、更准确地了解自己的现状。未来先进的评价系统更能使学生充分把握自己的学习动态,以便有意识地进行反思和调整,从而更好地达成自我设定的学习目标。

(二)审视与摆正"科技"的地位

虽然日新月异的科技与信息使整个新时代充满了各种变革的可能,但是由于教育是一项关于"人"的复杂议题,科技暂时还没有办法取代人,只充当"工具"和"媒介"的作用。在新时代的信息化教育过程中,信息技术主要扮演五个角色:第一,知识建构的脚手架。例如,当学习者在汇报一些凌乱的知识时,采用思维导图作为脚手架就能帮助他们在头脑中重新梳理这些信息,以形成或建构系统的理解。第二,知识探索的脚手架。例如,教师以问题探索的方式设计主题活动课程,学生利用丰富的网络资源探索和查询,教师在此过程中帮助学生发现、选择和应用资讯,以便解决问题。第三,情境模拟的工具。学生在进行一些情境性操作如驾驶、维修、化学实验等,若不具备真实情境,单靠传统教室学习很难达到学习效果,此时便可借助于科技的实境模拟,给学生身临其境的感受,以达到更好的学习效果。第四,社会互动的媒介。科技拓宽了学习者之间的互动时空,在教室里与同学互动不足的地方可以利用网络群在课后延续探讨,在传统环境里除了同学与教师以外,其他难以互动到的对象也可以由科技带来便利,可以在课堂上与其他相关人物远程对话等。第五,促进反思的智能伙伴。学界都认同科技能帮助学生反思自身的思考过程、学习过程以及意识产生、知识建构的过程,并促使学生进入更深层的思考。

(三)强调教师在信息化时代中的新作用

在教育高度信息化的新时代中,教师被赋予了更强的使命。传统背景下的"传道授业解惑"的角色也因时代的变化而有了更多的任务。第一,教师要起到整合教材的作用。虽然信息时代从来都不缺信息量,但正因为这种"爆炸式"的涌现加上"独特性"的学生个体,教师如何选择、整合教学内容与信息技术显得尤为重要。第二,教师要起到适时教学的作用。虽然信息时代的学习辅助设备应有尽有,但这种无所顾忌的"拿来主义"更需要术业有专攻的教师给学生们提供得当的方法指引与信息使用支持,以帮助其选用最合适的手段来促进学习。第三,教师要起到知识管理与课程发展的推动作用。当今林林总总的电子辅教工具涌现而来,不能全部拿来使用,教师要有"取其精华去其糟粕"的能力,有效管理好现有的资源,整合资源中的精华,并在需要使用时很快就可以调为己用。同时,对于现有资源中不完善的地方,教师可根据自身的教学经验和学生特点来进行有效添补或自行设计,以达到课程发展的目的。第四,教师要起到资讯伦理的辅导与维护作用。在信息爆炸的时代,难免有些不良信息来污染尚未懂事的学生,此时教师就要有所引导,端正学生的信息观,提防沦为信息时代的受害者。

(四)掌握信息技术辅助教学的时机

我们所提倡的教育与信息技术的融合,是一种有效的结合和使用,而不是流于形式的"走走过场、看看热闹"。因此,抓住信息技术辅助教学的关键时机,才能用得恰到好处。在进行教学设计的时候,就要对全盘工具的使用有所了解。信息技术通常在抽象内容需要视觉化、需要实物演练经验、欠缺老师的学科、需要引起学生动机等情况下引入,效果更佳。教师在课堂规划时除了判断信息技术的使用是否具有需求性外,还应该考虑以下问题:现有的电子环境与设备是否支持计划?电子资源与原始学科教材的结合程度如何?所设想的电子资源是否容易取得？总之，信息技术辅助教学的设计要有所预设，有章可循。何荣桂、颜永进(2001)提出 5W 考虑法，有助于把握信息技术辅助教学：第一，为什么(why)。此时为何要融合信息技术与教学内容，信息技术对于要进行的课程内容、性质是否有必要性？学生的兴趣和理解程度是否会因为融入信息技术而提高？第二，实施者与参与者是谁(who)。信息技术的实施者是教师还是学生？他们是否已经掌握了所要使用的技术？第三，何时融入(when)。技术的变迁拓宽了学习发生的时空，教师可以考虑课堂中的任意时间点引入信息技术，可以把信息技术的运用设计在课前，或是课后，主要依教学目的来设计。第四，实施的地点(where)。选择使用信息技术的教室或其他地点，包括学生家中，是否具有足够的技术和设备支持？第五，融入哪一类的技术(what)。当下资讯繁多，选择合适的信息技术才能切实辅教，否则容易陷入信息干扰。教师在设计时，要考虑目前信息技术的选用能否改进教学方法，提高学习效果；是否与教材内容配合一致，教学性质与教育目的是否一致；选用信息技术辅助的方法是否一定比传统方法更有效，等等。

第二节　广东省教育信息化的现状与问题

近年来，广东省着力落实中央有关教育信息化的战略部署和第二次全国教育信息化工作会议精神，努力完成《教育信息化十年发展规划(2011—2020 年)》确定的教育信息化目标任务，并进一步推进教育信息化工作，制定了《广东省教育信息化"十三五"规划》，旨在全面提升教育质量，在更高层次上促进教育公平。

一、广东省教育信息化发展的现状

(一)政府战略引领，群众广泛受益

广东省教育信息化事业积极响应国家战略政策，在"一带一路"、"互联网＋"、大数据、信息惠民、智慧城市、精准扶贫等国家重大战略中发挥作用。政府通过提供广覆盖、多层次、高品质的公共服务提升服务水平。结合城市背景和发展需求，政府注重加强教育信息化的国际交流与合作，扩大国际视野，增加国际话语权。政府通过实施"继续教育 e 行动计划"，开办开放大学、老年大学、就业技能培训等，促进全民学习和终身学习。大力培育数字教育资源服务市场，提供支持混合学习、泛在学习等学习方式的新型数字教育资源及服务。通过创新发展"网络学习空间人人通"，利用成熟的技术和平台，实现人人受益的网络教学、资源推送、学籍管理和学习生涯记录等功能。在政府战略政策的扶持和引领下，各个层次的群众都受到了信息化教育的普惠，学习型社会的建设愈加完善。

(二)硬件设施优化，项目推进发展

通过完成"三通工程"——"宽带网络校校通""优质资源班班通""网络学习空间人人通"建设，广东省信息化硬件基础的支撑能力得到进一步提升。目前已经基本实现各级各类学

校宽带网络的全面覆盖,有效提升各教学点的出口宽带。进一步加强数字校园的建设,利用云计算、大数据等技术,创新资源平台、管理平台建设,为学习者享有优质的数字教育资源提供方便快捷的服务。如"互联网＋儿童文学阅读"推动数字书香校园建设在广东如火如荼地开展,为未来的数字校园建设提供了示范作用(见专栏14-5)。

专栏14-5:广东"互联网＋儿童文学阅读"推动数字书香校园建设案例

由广东省教育技术中心主办,广东教育学会教育技术专业委员会承办的"互联网＋儿童文学阅读"资源应用研究立项课题集中开题及培训在广州举行。据悉,首批共有茂名、佛山、肇庆、云浮四个地市和罗湖、番禺、花都、三水、化州五个县区的全体学校,以及其他地市的200多所学校参与课题研究。

本次培训围绕"互联网＋儿童文学阅读"支持的相关理念、阅读指导课的教学设计与实施、阅读活动的开展、"互联网＋"形态下书香校园的打造、"一起阅读"云平台使用、"儿童文学阅读"资源的共建共享等话题展开。

儿童阅读对于儿童精神成长具有重要意义。广东省教育技术中心主任唐连章表示,孩子在成长过程中培养良好的阅读习惯可以丰富其知识,开阔其视野。借助广东省教育资源公共服务平台,在构建信息化教育环境下,老师和学生可以在平台上共享更多的资源。此外,资源的展示和应用将通过科研立项竞赛等活动让大家参与平台建设,通过手机等移动终端进行学习与交流。

深圳爱阅公益基金会教育发展委员会主席袁晓峰做了"帮助学生打开书读起来——小学校阅读活动的开展"主旨报告,详细介绍了阅读活动设计的原则、步骤和各种阅读活动例谈。"一本书的生命,是从打开的时候开始的,互联网与推动儿童文学阅读深度融合,能够更有力地支持儿童文学阅读,也能让更多的孩子打开书读起来。"袁晓峰表示。

深圳南山实验教育集团荔林小学校长陈春华做了"阅读指导课的教学设计与实施"的报告。华南师范大学教授徐福荫表示,"互联网＋儿童文学阅读"不是机械性的连接,而是两者深度融合。"当下,培养孩子的阅读兴趣不仅仅是快乐阅读,更要培养批判性思维,在阅读的同时进行思考。"徐福荫说道。

据悉,立项的课题单位将依托广东省教育资源公共服务平台的"一起阅读"应用来指导、记录与评价师生的阅读教学与活动,构建促进广东省小学生儿童文学阅读高阶思维能力培养与发展的指标体系,推动儿童的阅读习惯养成、学习能力提升和信息化环境下数字书香校园的建设。

资料来源:https://web.ict.edu.cn/news/gddt/xxhdt/n20160606_34346.shtml。

(三)融合教育教学,推动优质教育

教育信息化对教育改革发展的推动作用日益凸显,通过若干项目的实施,推动广东省优质教育的发展。首先,通过推动"专递课堂"建设,教学点数字资源全覆盖,提高薄弱学校的教学质量;其次,通过推广"一校带多点,一校带多校"的教学教研组织模式,利用优质学校、

优秀教师的资源弥补薄弱学校、薄弱教师;再次,通过推进"名校网络课堂"建设,带动一定数量的周边学校,让更多学生享受到高质量的教育;最后,继续开展"一师一优课,一课一名师"的信息化教学推广活动,激发广大教师的教育智慧,不断生成和共享优质资源(见专栏14-6)。

专栏14-6:广东江门热情网上"晒课"

广东:江门市万余名教师网上"晒课",成果居全省前列

"一师一优课、一课一名师。"近段时间,"晒课"活动正在我市中小学教师中如火如荼地展开,万余名教师通过网络上传优质课程,提前超额完成"晒课"任务,为广大教师使用数字教育资源开展日常教育教学活动提供了示范和便利。

万余名教师晒出 12 918 节课

据国家教育资源公共服务平台统计,江门市报名参加活动的教师有15 603名,占全市中小学教师总数的49.82%;已"晒课"教师有11 665名,共"晒课"12 918节,"晒课"数占全市老师比例41.24%,在全省排行榜中位居第4,超额完成省教育厅下达的任务指标。从教师"晒课"总数来看,新会区、开平市、台山市位居全市前三;从"晒课"数占总数比例来看,江门市第一中学景贤学校、鹤山市、开平市位居全市前三。

据介绍,所谓"晒课"是指教师通过国家平台上传并展示反映本人一堂课的设计、实施和评价过程的相关内容,供其他教师教学参考借鉴。教师必须选定某个知识节点方能上网"晒课",所提交的网上"晒课"内容应包括一堂完整课堂教学的教学设计、所用课件及相关资源(或资源链接)、课堂实录、评测练习等。同时,"晒课"内容需为本人教学实践中产生,不得冒名顶替,杜绝抄袭,引用资料须注明出处和原作者。

"晒课"成果居全省前列

"晒课"活动要求全市各学校要结合网上"晒课"和"优课"评选,组织看课、评课,开展网络教研,分享典型经验,推广优秀案例,鼓励教师探索利用信息技术和教育教学融合的不同方法和多种模式,踊跃展示自己的优秀课堂教学,促进生成性资源不断推陈出新,形成示范性资源体系,推动数字教育资源在不同教学环境下的应用,形成"人人用资源、课课有案例"的教学应用环境。

活动开展以来,我市各学校克服种种困难,扎实组织教师开展"晒课"活动,掀起一波又一波的"晒课"高潮,从全省排行第15到位居第4只用了短短一个月的时间。老师们把"晒课"活动作为提高自己信息技术深化应用、融合创新的重要途径,作为展示自己才华、学习交流和专业发展的大好机会,精研教材,互动教研,认真磨课,晒出优课。在向"国家教育资源公共服务平台"上传资源时,老师们克服平台拥堵等困难,牺牲休息时间,利用凌晨、午休、夜晚平台相对空闲时段避开高峰,不厌其烦,千方百计多"晒课""晒优课"。

资料来源:https://web.ict.edu.cn/news/gddt/xxhdt/n20161020_37331.shtml。

同时，利用信息技术与教育教学的融合，探索和实现创新教育。近年来，广东省在有条件地区探索信息技术在"众创空间"、跨学科学习（STEAM 教育）、创客教育等新的教育模式中的应用。如广东工业大学依托创客空间推进的创新创业教育（见专栏14-7），通过创新创业一体化的课程体系和实践训练，学生的信息素养、创新意识和创新能力都得到培养，具备的综合能力更适合未来社会的人才需求。

专栏 14-7：创客空间推进创新创业教育

广东工业大学：依托创客空间推进创新创业教育

加强协同整合，打通创新创业教育链条。创新教育与学科专业教育相融合，专业课程增设"创新方法"等模块，以创新班、大师工作室等为代表，将培养创新思维融入专业教学各环节。创新教育与创业教育相融合，以粤港机器人学院为代表开设创新与创业交叉融合课程，打通从创新到创业的全链条衔接，同时开设大学生就业创业指导、精益创业等 27 门创业必修及选修课程。创新创业教育与社会需求相融合，面向产业以协同创新平台"3＋1"校企联合班、IC"2＋2"培养班、创业培养班为代表，贯通技术开发、产品研发、转化孵化的各环节。创新创业教育的理论教学与实践训练相融合，建立"实验课程＋训练项目＋学术讲座＋竞赛项目＋企业实践＋平台实训"的多层次实践训练链条，着重从基础理论知识、训练、实践三个层次进行创新创业一体化的实践课程体系建构，采取"课堂＋网络＋讲座＋实践"相结合的教学模式。

深入融合产业，激发创新创业教育活力。坚持与产业需求对接的培养目标、与产业结构对接的课程体系、与市场需要对接的师资队伍的"三对接原则"，邀请产业、行业、企业专家联合制定培养方案和实施计划，突出多专业融合、多学科交叉等特点，多类型灵活组织教学。开设创新实验班、科技金融班、校企联合班、卓越工程师班、国际班等，单独实施培养方案和计划。在教学上推广案例分析、以问题为导向的教学法和项目研究等创新学习方式。学校建立了不同规模、不同层次、不同形式的协同育人平台 100 多个，实现了学生创新创业课堂零距离拓展，在学校创新创业教育体系中发挥重要作用。

立足区域优势，汇聚粤港创新创业资源。与香港科技大学联办粤港机器人学院，培养面向机器人和智能装备的创新创业人才。与香港科技大学、香港理工大学相互开放平台供学生学习、实训和孵化，互派骨干教师联合指导学生创新创业项目/团队。在学校共建粤港联合创客空间，在香港科技大学霍英东研究院共建国际青年创新工场，通过进行创新创业教师培训、项目联合实训、创客训练、粤港融资等，推动粤港学生科技创新项目孵化。近年来互派学生到对方平台开展基于项目合作的创新创业挑战营、实训营、公益行等，每年实训 250 多人。

资料来源：http://www.moe.gov.cn/jyb_xwfb/s6192/s222/moe_1751/201608/t20160815_274916.html.

二、广东省教育信息化面临的挑战

(一)信息化与教育教学"两张皮"现象仍然存在

广东省的信息化教育水平与发达国家信息技术深度应用相比还存在一定差距,一些教育行政部门和学校仍没有充分认识到信息技术对教育的革命性影响。在推进教育信息化与教育教学融合的力度和方式上,还有待提升和探讨。目前而言,广东的教师对辅助新课程教学的各项资源仍存在较大的改进需求(见专栏14-8表1)。其中,教师对课程多媒体素材的需求最高,其次是情景类录像和课程电子教案。小学教师对辅助教学的资源需求意愿强于中学教师,尤其在情景类录像、课程电子教案、学科工具软件和论文范例等方面,而中学教师对模拟题库、练习题的需求更强。可见,在信息化技术飞速发展的时代,更要结合教育教学的实践需求,提高信息技术资源的有效性,让信息技术更好地辅助教学。

专栏14-8:广东教师对新课程的教育信息资源的期望需求

表1　对获取服务于新课程的教育信息资源的期望需求(有效百分比)

内容	珠三角地区	二三级地区	中学	小学	总体
课程多媒体素材	93.3	90.3	90.0	95.3	91.2
情景类录像	61.9	64.6	60.7	71.8	63.7
课程电子教案	65.7	59.7	53.3	84.7	61.6
自测及模拟试题题库	59.0	53.5	58.1	48.2	55.3
国外相关教学资源	57.1	49.1	47.6	60.0	51.7
与大纲知识点对应的练习题	54.3	49.6	54.6	40.0	51.1
课程学习指导	57.1	44.7	48.0	45.9	48.6
学科工具软件	44.8	50.0	44.1	60.0	48.3
大纲要求的知识点、重点、难点讲解	43.8	48.7	48.9	42.4	47.1
案例讲解	52.4	44.7	43.7	51.8	47.1
典型例题、历年试题讲解	55.2	42.9	49.3	40.0	46.8
课程预备知识讲解	41.0	42.0	40.6	40.0	41.7
学习评价量规	39.0	41.6	37.6	45.9	40.8
论文范例	32.4	27.4	24.9	40.0	29.0
其他	3.8	0.9	1.3	3.5	1.8

(二)信息化建设推进进度不平衡

广东省是个经济大省,但其经济发展不平衡,珠三角地区的财政收入占据了全省的大部分。受制于经济社会发展水平等因素的影响,广东省中小学教育信息化发展状态还存在较大的差异。珠三角地区的信息化装备水平更高,普及率也更高(见专栏14-9)。近年来,政府已通过各项政策推进"一盘棋"广东教育高质量发展,粤西粤北等信息化建设发展较慢的地区信息化建设水平也有提高,但是还有待进一步提升。

专栏14-9:广东省生机比数据统计

据统计,广东省中小学目前拥有可供教学使用的计算机73.6万台(不含486以下机型),其中中学47.2万台,小学26.4万台。全省中小学计算机生机比为22∶1(其中中学10.7∶1,小学41.8∶1),珠三角地区6市(广州、深圳、珠海、佛山、中山和东莞市)的生机比为12∶1(其中中学5.6∶1,小学20.3∶1)。全省小学拥有计算机教室12 654个,语言学习系统5 999个,拥有校园网的中小学有1 763所,大多集中在珠三角地区。

(三)网络安全意识和防护能力尚需加强

由于出现"只管建设不顾安全、只管硬件忽视软件、只管数据采集不顾数据维护的粗放式管理模式比较普遍"的问题,网络安全意识需要进一步重视。近年来,广东省一再提出网络安全的重要性,主要基于以下原因:第一,据报道,对于企业而言,网络攻击的平均损失超过100万美元。第二,攻击的方法多种多样,网络罪犯通过公开已知的软件漏洞策划了75%的攻击。不法分子试图通过网络钓鱼攻击获得用户证书,用勒索软件锁定用户系统,或者渗透不安全的连接设备。第三,数据泄露事件影响广泛,而识别和遏制漏洞需要数月时间。可见,网络安全刻不容缓,网络安全了,对教育的稳定发展才能起到切实的保障作用。

第三节 促进基础教育与信息技术融合创新的七大举措

从20世纪80年代至今,我国教育信息化的发展经历了从无到有、从弱到强的发展。20世纪八九十年代,计算机在教育领域兴起,计算机成为当时流行的校园配置,计算机课程开始兴起,各科教师也纷纷启动计算机辅助教学。此阶段的主导学习理论是行为主义,信息技术起到了加强刺激-反射的联结作用。21世纪开始,随着全球网络化的兴起,网络教育开始施行,多媒体计算机代替传统计算机,因特网遍布教学的各个角落,教学也开始进入了网络模式,各种教学平台、教育智库等如雨后春笋般迅速涌现。此阶段的教师和学生更关注知识的建构和形成,追求有意义学习,主导学习理论以建构主义替代行为主义。2010年后,普适计算兴起,"电子书包""移动无线设备"成为热门配置,日新月异的科技发展带动着教育的变革,"泛在学习""非正式学习"等新兴的学习方式和课程模式逐渐受到社会青睐,便捷高效的新型学习吸引着新时代学习者的眼球,理论和实践也凸显出包容性的特点,混合学习理论替代单一的学习理论,未来教育与信息化呈融合的趋势。

一、加大推进未来学校建设,实现无线全覆盖

信息化管理校园的新时代即将来临,基础教育学校受到高校的智能校园建设方法的启发,将新科技运用在校园管理上。过往的校园信息化建设主要集中于系统集成和应用集成阶段,以局部的、单一的信息管理为主。而今,科学技术日新月异,随着现代化城市的发展,教师、学生以及家长对信息化的需求都与日俱增。原来封闭的、小范围的校园管理已经满足不了社会对教育的期望,未来的校园有高度信息化的趋势。《教育信息化 2.0 行动计划》指出,要"促进数字校园建设的全面普及。发布中小学、高等学校数字校园建设规范,推动实现各级各类学校数字校园全覆盖"。未来的基础教育校园应走向智能校园,从局部的管理走向跨部门的业务流程整合与决策支持,从上传下达的信息发布走向个性化的、整合的信息服务。

(一)以核心用户为依归组织信息资源与服务

校园里的核心对象无非就是教师与学生,新型的智能校园设计一定要围绕教师和学生展开。在应用集成阶段,校园的信息化大多为了管理层服务,只起到了上传下达的任务布置式作用,并没有将核心对象的使用放在重要位置上。为了扭转系统集成阶段重"硬件"轻"对象"的倾向,建设新型的数字校园要以教师的科技需求为依归,以学生的学习发展为目的,智能校园的建设是为了核心用户的使用,建立智能校园的目的是更好地服务核心用户。

(二)以数字化衔接为重心发展智能校园

当前基础教育学校的信息系统建设多数还是一个行政部门建立一个信息系统,比如教务处一套系统,专门处理教师的排课和调课;总务处一套系统,专门处理学校后勤工程及教师的后勤事务。这些部门级的业务系统通常不与其他系统共享而形成闭门造车的局面。然而,对于学校系统核心服务的对象教师而言,课程、教研、后勤、福利等都是一体的,当前信息系统的割裂化无形中增加了各部门包括教师自身的负荷。因此,未来的智能校园一定要重视部门间的数字化衔接。对于同一个用户端,也要注重整合个体的全部信息。

(三)以资源的开发与共享为目标构建校园系统

过往的校园信息管理的目的主要是解决行政管理人员的管理问题,而对信息资源的开发和运用不够重视。实际上,现代化的智能校园应该结合学校自身的特色,以开发资源、弘扬学校文化为出发点,结合日常教育教学实践中教师与学生的发展,凸显教育是鲜活的人与人对话的过程,将静态的信息资源运用于动态的教育生命中去,强调资源的流通及共享。新一代智能校园应该是充满个性化的、共享性的校园资源平台,这是利用信息化推动学校各方位发展的好时机。

构建合适的智能校园,是教育信息化的一个趋势,也是学校整体实现跨越式和可持续信息发展的关键点。当然,构建和实施智能校园不是一蹴而就的,需要很多的前期准备和调研,需结合基础教育中的信息化理论和规律,同时反复在实践中探索反思,才能逐步建立。

二、大力推进数字化教材,加强数字教育资源的普及使用

在信息技术飞速发展与普及的背景下,伴随计算机和互联网成长起来的新一代学生通常被称为"数字土著"(digital native),他们具有很强的快速信息检索能力。传统的纸质教材难以满足当前多样的、开放的、动态的学习环境,需要普及性的数字教育资源来弥补教材方面的缺失。为推进数字教育资源的普及,政府积极提供云端支持、动态更新的适应混合学习、泛在学习等学习方式的新型数字教育资源及服务。各级教育行政部门做好保障基础性数字教育资源供给的工作,并发挥好已有资源的作用,利用以互联网为主的多种手段将资源提供给各类教育机构,提高数字化教材的普及程度。

(一)切实提升电子教材的教育教学功能

早期的电子教材仅仅是对纸质教材的简单电子化,如采用磁带、光盘和网络作为教材载体,用多媒体技术来丰富教材内容及表现形式。后期,电子教材的概念和内涵范围发生了较大变化。当前人们所提及的"数字化教材",主要是指"一类遵循学生阅读规律、利于组织学习活动、符合课程目标要求、按照图书风格编排的电子书或电子读物"。政府推动电子教材的发展,其最终目的是更好地辅助教育教学发展。为了实现这一目标,电子教材的开发和管理要遵循以下原则:第一,电子教材应同时具有"教材内容+阅读软件+电子阅读终端"三个核心要素;第二,电子教材应是符合教学规律的教学资源包,其内容主体应包含课文、注释、插图(动态、静态)、实验、习题等;第三,电子教材还应该根据学习和教学的需要整合多种辅助学习工具和多媒体学习材料。

(二)提高电子教材的可操控性

运用日渐成熟的"富媒体"技术,电子教材对数字化媒体的交互体验要求越来越高。利用虚拟现实等手段,以增强现实技术实现学生多种感官的刺激和体验,再通过学生对媒体的操控,实现电子教材与学生的双向互动,加强参与感及体验感。电子教材还应该做到能在线上和离线双重环境下使用,满足学生不同的需求。

(三)普及使用电子教材的各项功能

政府鼓励学生应用电子教材进行预习、作业、自测、拓展阅读、选修课程等学习活动,养成自主管理、自主学习、自主服务的良好习惯。在电子教材的使用中要普及它的三项功能:第一,笔记功能。电子教材应满足学生在学习过程中随时做笔记的需求,应提供随文笔记工具来实现,以便增强学生的参与性。第二,作业功能。电子教材的作业类型应丰富多样,作业结果可及时反馈,并且学生可以在任何时间、任何设备上自由访问电子作业系统。第三,管理功能。需要提供安全可靠的系统工具对电子教材的课本练习、作业分发、学生笔记、学习轨迹等进行管理。

三、大力建设优质数字化教育资源

在《广东省教育信息化"十三五"规划》中,政府提出要在"十三五"末,形成覆盖全国、多级分布、互联互通的数字教育资源云服务体系,为学生享有优质数字教育资源提供方便快捷的服务。在优质数字化教育资源的实践运用方面,当下最热门的就是"慕课"(massive open online courses,MOOCs),如翻转课堂的兴起和发展(见专栏14-10),大型的网上开放课程正在颠覆传统的获取知识渠道。同时,也正是因为慕课的出现,全球大范围的学生都可以在不同的时空共享课程,打破了传统学习的时间和空间的限制,成为现代教育技术的新形态。数字化优质资源的共享可以很好地解决学生在学习时间、空间的限制问题,同时也能提高学生的兴趣,促进学生的学习责任感发展,切实提升教育信息化支撑教育教学的水平。

专栏 14-10:"翻转课堂"(flipping classroom)的由来及发展

顾名思义,"翻转课堂"就是颠覆了传统课堂中某些形态的新型课堂。在翻转课堂中,先由学生在家中或课外观看教师提供的教学视频,再回到课堂上师生面对面地交流和完成作业。这样的一种教学形态被评为"影响课堂教学的重大技术变革"。

翻转课堂的起源,应归功于美国的两位化学教师。2007年,由于地理位置的限制,美国科罗拉多州落基山的一所条件恶劣的山区学校的高中生因为路途或身体状况无法按时到学校来上课。久而久之,不少学生出现缺课多,跟不上学习进度的问题,教师的教学也因此遇到了较大的困难。这时,Bergmann和Sams两位老师想到使用录频软件录制PPT演示文稿和教师实时讲解的音频,再把这种带有实时讲解的视频上传到网络,供缺课的学生及时跟上学习。这个做法非常受同学们的青睐,甚至能按时来上课的学生也认为这是件有趣的事情。因此,后来这两位教师就逐渐以学生在家看视频、听讲解为基础,腾出课堂上的时间来为未完成作业或实验过程中有困难的学生提供帮助。于是,便产生了一种以"课前在家里听看教师的视频讲解,课堂上在教师指导下做作业(或实验)"的课堂模式,颠倒了传统的"课堂上听教师讲解,课后回家做作业"的习惯。这就是翻转课堂的起源。虽然翻转课堂的形式非常受学生欢迎,但是这种理念出现不久,实际操作就给教师带来了不小的挑战,主要表现在翻转课堂视频的制作上。确实,教师难以具备专业的能力来制作视频。这时,翻转课堂就顺理成章地与2004年风靡的"可汗学院"联系了起来。"可汗学院"是由孟加拉裔美国人萨尔曼·可汗(Salman Khan)创立的。开始时,他是为了对亲戚家的小孩学习数学进行远程辅导,录制数学方面的教学视频。后来,他把这些视频资源放到开放网络上,为其他学生提供免费学习的机会。这些可贵的专业视频资源,无疑为翻转课堂的可操作性提供了巨大的帮助。

早期的翻转课堂多以学生单向学习视频为载体。虽然课堂上的互动交流是交互的,但是翻转课堂视频这一线性被动的做法受到学界的质疑。于是,2011年以后,全球教育领域又发生了另一个重大事件,"慕课"因此产生。慕课的崛起,其实是对翻转课堂形态的进一步优化。慕课使翻转课堂课前在家中实施的教学内容与教学方式发生了很大的变化。翻转课堂早期,教师大多提供视频授课录像(如可汗学院早期的教学视频)或学习内容(事先编辑好的课件或录制好的讲座)。课外学习的环节,学生基本上都是处于被动接受的状态,缺少互动交流,毫无学习共同体的概念。而慕课最大的改变就是通过在授课视频中穿插提问、讨论、论坛、网站等形式,加强学习群体的互动交流,共享学习资源、交换学习思想等。而且,慕课还支持学生在学习的过程中加入在线学习社区,鼓励形成个性化的学习。这种学习反过来又会促进原课程的发展,可能还会衍生出与本课程相关的其他资源。为此,翻转课堂后期也被重新命名为"翻转学习"。

资料来源:https://wenku.so.com/d/875afc759e3b51519d134c6ebad152a7.

(一)建立并完善优质数字化教学资源库

继续大力支持推进"三个课堂"建设,通过持续对"专递课堂""名师课堂"及"名校网络课堂"的投入,扩大优质教育资源的受益面,逐渐实现教育资源的均衡发展。进一步加强对"三个课堂"及相关项目资源库的建设投入,保证优质资源库建设能够长期稳定进行。而且,要考虑优质数字化资源库的开放性与交互性。切实通过计算机网络及资源平台的远距离传输,使区域内的每一位教师和学生都可以在任何一台设备上得到自己想要的信息,尤其要把优质教学及学习资源普及到学校校园网中,保证师生能够顺利查阅或下载所需要的学习资源。

(二)实现优质知识资源的搜集与共享

继续通过"一师一优课、一课一名师"的推广活动,发挥广大教师的智慧,不断生成优质资源。利用利好政策、奖励制度等方式,鼓励教师把优质的知识资源共享出来,促进优质资源的集中。尤其是对于一些优秀教师的专业知识,可能在某领域中处于领先地位的,只有通过共享才能将技术性强、实用性强的资源保存下来。同时也鼓励教师在平时的教学中加强素材积累,收集教学资源,对于有一定成果的教师给予相应的奖励。

(三)依托地方资源开发本校或本地区优势数字化资源

广东省是中国的经济大省,作为经济大省,广东依靠着电子通信界的华为、中兴等企业、互联网界的腾讯、大疆等企业,拥有更有力的优质数字化资源发展潜能。政府应联动各大企业,共同开发优质的数字化资源,提升区域的教育教学水平。

四、着力提升教育信息化应用能力

(一)更新观念,加强培训,提升教师的教育信息化应用能力

在信息化时代,面向未来培养高素质人才,教师能力是关键。提升学生的信息素养,首先要设法提升教师的能力。《中共中央 国务院关于全面深化新时代教师队伍建设改革的意见》提出,推动教师主动适应信息化、人工智能等新技术变革,积极有效地开展教育教学。启

动"人工智能＋教师队伍建设行动",推动人工智能支持教师治理、教师教育、教育教学、精准扶贫的新路径,推动教师更新观念、重塑角色、提升素养、增强能力。

首先,要建立健全教师信息技术应用能力标准,将信息化教学能力培养纳入师范生培养课程体系。教师要把学科专业知识、教育学知识、心理学知识、学科教学法知识、教学管理知识、教研教改知识,以及教育技术知识等有意识地融合到教育实践中去。扎实普及教师对检索工具的应用,对远程协助、交流社区、电子期刊、教育网站等进行网络化学习与利用。

其次,将能力提升与学科教学培训紧密结合,有针对性地开展以深度融合信息技术为特点的课例和教学法的培训。通过继续教育培训、信息教育培训等途径,加快教师专业发展进程。根据教师的学习需求,建议以学科为单位,继续加大力度开展课改示范课、学科带头人观摩课,配套课件作品,各校名师教案、课堂设计、教研论文,以及电子图书馆等教学资源,为教师的讲备课、教研提供强有力的资源支持。

最后,将教师信息技术应用能力纳入教师培训必修学时(学分),培养教师利用信息技术开展学情分析与个性化教学的能力。

(二)以点带面,辐射普及,提升区域的教育信息化应用能力

为了增强全体教育教学参与者在信息化环境下信息技术的应用能力,政府提出要将信息化应用能力列入高校和中小学办学水平评估、校长考评的指标体系,使信息化教学真正成为教学活动的常态。这就要求在教育实践的各个层面聚焦信息化应用,全面提升信息化应用水平与研究水平。

首先,扎实推进教育信息化试点工作和信息化校园评估认定工作。继续深化对试点校的管理和指导,组织多种形式教研培训和调研活动,服务指导学校,巩固和深化试点成效。开展中期评价的后期工作,通报评价结果,总结归纳阶段性试点成效,分析存在的问题,提出下阶段的工作要求,并为试点校提供个性化的指导。组织实施学校信息化校园评估认定工作,并提供支持。

其次,继续巩固深化"教学点数字教育资源全覆盖"项目,促进教育均衡发展。开展"教学点数字教育资源全覆盖"项目软件升级培训,推进各项目的软件升级。进一步通过"制度加技术"的方式,进行信息资源区域普及与共享,充分利用信息化手段实现教育均衡发展。

最后,鼓励教育信息技术课题研究,充分研究信息技术对教育教学的融合作用。如课题研究的方向上,可开展数字教育资源在弱区的有效应用研究、智慧校园研究、数字校园创新应用等。通过课题研究推动一批学校应用信息技术创新教育教学模式。

五、开展教育与信息化融合创新的试验区和试验校建设

为了有效推进与信息化融合的创新教育,政府鼓励开展智慧教育创新示范。支持地方积极条件具备的地区率先开展智慧教育探索与实践,推动教育理念与模式、教学内容与方法的改革创新,提升区域教育水平,积累可推广的先进经验与优秀案例,形成引领教育改革发展的新途径、新模式。

（一）加强顶层设计，鼓励先试先行

构建创新试验区，要加强智慧学习的理论研究与顶层设计，推进技术开发与实践应用，提高人才培养质量。大力推进智能教育，开展以学习者为中心的智能化教学支持环境建设，推动人工智能在教学、管理等方面的全流程应用，利用智能技术加快推动人才培养模式、教学方法改革，探索泛在、灵活、智能的教育教学新环境建设。

教育以数字化信息和网络为基础，实践中，要通过实现从环境（包括设备、教室等）、资源（如图书、讲义、课件等）到应用（包括教、学、管理、服务、办公等）的全部数字化，在传统校园基础上构建一个数字空间（见专栏14-11），以拓展现实教育的时间和空间维度，提升传统教育的管理、运行效率，扩展传统校园的业务功能，最终实现教育过程的全面信息化，从而达到提高管理水平、提升教育质量的目的。

专栏14-11：教育与信息化融合创新试验校的顶层设计

创新试验校在学校发展规划的顶层分别是校务委员会、教学委员会及教育政策研究部门。由顶层部门讨论决策后，就进入一所学校的核心过程——课程与教学。首先，在课程规划方面，要建设课程网络系统，整合和管理学校的课程资源，支持资源共享，包括有价值的相关校内外课程，供教师备课及学生自学参考。其次，在教学实施方面，要建立科研管理平台，公开学校所承担的科研项目,展示各学科的科研活动,促进教师的研究型教学开展,促进跨学科交流;还要建立教师和学生的自主学习型网络教学系统,支持各种课程教学模式,支持学生自主式、探究式等多种学习方式,同时开放即时观摩课,愿意开放的老师随时可以作为其他老师学习的榜样。再次,在教学管理方面,建立以教学管理为主线的教务管理系统、教学质量保障系统、教学办公与信息服务系统,主要包括教学计划、学籍、注册、排课、选课、考务、成绩、毕业资格审查等。信息化手段的目的是简化烦琐的事务性劳动,比如教师个人可以在系统中发出调课申请,系统自动进行调整。或者教师临时身体不适,平台收到信号后会通知相关可以帮助接课的教师,有教师同意后平台马上跟进记录。再如,教师在考试后录入的学生成绩会自动进入系统,自动生成横向纵向的对比数据,分析考试情况。复次,在教学评估方面,建设教学评估、成绩评估、学科评估、学生跟踪调查等评估子系统,通过数据的搜集和分析,做出下一个阶段的调整和决策。最后,是对师资、学生情况的管理,可以通过信息管理系统对本校的人才培养模式、培养计划和质量保证计划等做规划。

(二)支持高新科技,服务各级教育

先行示范区或示范校可以充分利用先进的通信技术、互联网技术,为各级教育提供新型服务。在试验区域内,以示范性虚拟仿真实验教学项目及学校服务项目为载体,加快建设新型智能空间,形成智能化学习体系,继续保持全国首批"智慧教育示范区"的先进形象。如即时视频监控、信息化管理、教育直通车等应用,中小学的平安校园、校车监控、平安短信、儿童手机定位、家校通等应用,高等学校的手机一卡通、掌上校园、阳光求职易等应用,全面助力试验区的信息化水平提升。

六、构建教育信息化开放协同创新机制

拓宽教育信息化的创新发展渠道,充分发挥政府和市场两个方面的作用,积极鼓励企业投入资金,提供优质的信息化产品和服务,为推进教育信息化提供良好的政策环境和发展空间。教育信息化的创新发展,有赖于联动教育与其他产业行业的信息,形成合力,共同推动(见专栏14-12),实现"多元投入、协同推进"的目标。

专栏14-12:企业协同教育信息化发展案例

2019年1月8日,上海市静安区大宁路小学与希沃达成战略合作,共同建设希沃智慧教育应用示范校。静安区教育局信息中心陈方主任、教研员张群老师、静安区小教三总支吴叔君书记,以及希沃教育研究院胡婷玉院长、希沃上海办事处刘畅总经理等出席了签约授牌仪式,与来自区域互动课堂小组的近50位老师共同见证这个重要时刻。

2019年5月30日,"智萃教育·慧创未来"广州市花都区智慧教育交流研讨活动在广州市花都区秀全中学举行。该活动是花都区迄今为止最大的智慧教育交流研讨活动,广东省教育技术中心主任唐连章、广州市教育局副巡视员林平、花都区教育局局长张克彬、花都区教育局副局长梁国洲等出席大会并致辞。科大讯飞作为技术支持单位为花都区10余所学校提供了智慧课堂、大数据个性化教学评测系统等业内领先的智慧教育系列产品。

2018年3月,花都区正式启动基于动态学习数据分析和"云、网、端"合一的智慧课堂项目,通过教学决策数据化、评价反馈及时化、交流互动立体化、资源推送智能化,将课堂延展为课前、课中、课后和线上、线下一体化的混合式学习,推动信息技术与教学融合创新。

此外,花都区在各学校积极应用大数据个性化教学评测系统,面向师生提供全方位学情分析及教学改进服务,通过人工智能、大数据技术实现教与学全场景动态数据的分析,深度挖掘数据价值,把精准教学、因材施教落到实处,有效提升了教学质量。

科大讯飞作为中国教育技术引领者,智慧教育系列产品已覆盖广东全省70多个区县,服务数百万师生。未来,科大讯飞将继续携手花都区共同推动中小学校智慧教育发展,促进课堂教学和信息技术融合创新,助力花都区成为智慧教育示范区,助力广东教育现代化深入发展。

资料来源:https://www.sohu.com/a/286496172_708415.

(一)四方合作,协同发展

高校、政府、企业和中小学校四方联动,推进教育信息化发展。其中,高校负责提供理念引领、理论引导、实践指导等智力支持工作。政府负责教育信息化推进中的政策制定、资金筹措、协同协调、推动行政等。企业负责为教育信息化推进提供技术支持与服务。中小学校是积极参与教育信息化推进实践和研究工作的主体和阵地。

(二)制订方案、问责机制

建立教育信息化推进的问责机制,明确信息化推进参与各方的"权"与"责",促使各参与主体积极发挥自身作用,行使职能,持续推动教育信息化发展。如高校要拥有教育信息化推进研究的专业团队,负责引领和指导;企业要拥有先进的技术,提供优质的服务,与各方协商、协作,了解需求,积极研发。对于联动合作,政府可制定相应的问责制度。

(三)组建队伍,服务教学

高校应与区域教研部门联合组建信息化教学指导团队,负责信息化教学咨询、解疑。同时,利用网络技术和工具打造沟通交流平台,按学科组织由中小学一线教师、教研员、高校学科教学论专家、教育技术专家等人员组成的"线上虚拟环境"与"线下真实情境"相结合的教研团队,完善信息化教学服务支持环境和机制,努力通过"线上与线下结合的教研团队"实现时时服务,满足日常信息化教学的服务需求。

七、教育数据安全

随着教育信息化进程的推进,互联网上运行的应用系统越来越多,信息系统变得越来越庞大和复杂。校园网用户对信息系统的依赖性不断增加,因此对信息系统的服务质量和安全问题也提出了更高的要求。

（一）加强管理，责任到位

尽管计算机安全管理模型已经相对成熟（见专栏 14-13），但是目前业界内外的共识是"网络安全＝3 分技术＋7 分管理"，加强教育数据安全管理意识势在必行。政府提出按照"谁主管谁负责、谁运维谁负责、谁使用谁负责"的原则，建立健全网络安全责任制和问责机制。单位主要负责人是网络安全工作的第一责任人，统筹协调网络安全与教育信息化工作。网络安全工作分管负责人要协助主要负责人抓好落实。责任职能部门和技术支撑机构应做到安全到人、责任到岗。为了切实保障网络系统安全，要有严格的安全管理体系相配套。要制定一系列安全管理制度，对安全技术和安全设施进行管理。

专栏 14-13：计算机安全模型

在计算机安全模型中，美国国防部 NCSC 国家计算机安全中心于 1985 年推出的 TCSEC 模型是静态计算机安全模型的代表，其中 P2DR 模型是可适应网络安全理论（或称为动态信息安全理论）的主要模型。P2DR 模型是 TCSEC 模型的发展，也是目前被普遍采用的安全模型。P2DR 模型包含四个主要部分：policy（安全策略）、protection（防护）、detection（检测）和 response（响应）。防护、检测和响应组成了一个所谓的"完整的、动态"的安全循环，在安全策略的整体指导下保证信息系统的安全（图 1）。

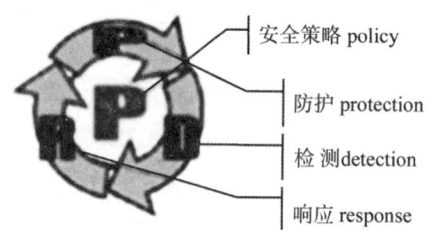

图 1 P2DR 模型

（二）安全培训，服务用户

最终用户的安全意识是信息系统是否安全的决定因素，因此对教育数据中心用户的安全培训是整个安全体系中不可或缺的一部分。政府应开展多种形式的网络安全教育和培训，建立从业人员的岗前培训和岗位继续教育制度，提高全体人员的网络安全意识，提升从业人员的职业技能水平。用户终端的数据安全意识可以理解成为数据中心网络安全体系的生存土壤，通过定期培训、及时发放病毒警告通知、敦促大家打补丁等方法，可以增强用户的安全意识，提高他们的安全技能。

（三）安全防范，动态发展

安全防范体系会随着数据中心情况的变化而不断变化，因此教育数据安全防范体系的建立不是一劳永逸的。技术人员应定期根据情况的变化和现有体系中暴露出的问题及时进行维护和更新，以防止新的安全问题出现，保证网络安全防范体系的良性发展。

参考文献

[1]国务院办公厅.国务院办公厅关于全面加强和改进学校美育工作的意见[EB/OL].(2015-9-28)[2022-7-27].http://www.gov.cn/zhengce/content/2015/09/28/content_10196.htm.

[2]习近平.坚持中国特色社会主义教育发展道路 培养德智体美劳全面发展的社会主义建设者和接班人[N].人民日报,2018-09-01(1).

[3]张海,崔宇路,余露瑶,等.人工智能视角下深度学习的研究热点与教育应用趋势——基于2006—2019年WOS数据库中20708篇文献的知识图谱分析[J].现代教育技术,2020,30(1):32-38.

[4]范蔚,刘月.人工智能时代学校课程资源的发展进路[J].商丘师范学院学报,2019,35(10):83-86.

[5]中共中央国务院关于全面深化新时代教师队伍建设改革的意见[N].人民日报,2018-02-01(1).

[6]钟绍春,钟卓,张琢.如何构建智慧课堂[J].电化教育研究,2020,10(41):15-21.

[7]钟绍春,钟卓,张琢.人工智能助推教师队伍建设途径与方法研究[J].中国电化教育,2021(6):60-68.

[8]曾海,李娇儿,邱崇光.智慧师训——基于新一代信息技术的教师专业发展新生态[J].中国电化教育,2019(12):116-122.

[9]胡军哲.让教研成为一线教师生存常态[J].中国教育学刊,2010(3):58-60.

[10]国务院印发《新一代人工智能发展规划》[EB/OL].(2017-07-20)[2022-07-01].http://www.gov.cn/xinwen/2017-07/20/content_5212064.htm.

[11]陆慧英,承孝敏.人工智能技术支持的个性化学习路径研究[J].科技风,2022(3):117-120.

[12]唐雯谦,覃成海,向艳,等.智慧教育与个性化学习理论与实践研究[J].中国电化教育,2021(5):124-137.

[13]郭炯,郝建江.人工智能环境下的学习发生机制[J].现代远程教育研究,2019,31(5):32-38.

[14]刘凤娟,赵蔚,姜强,等.基于知识图谱的个性化学习模型与支持机制研究[J].中国电化教育,2022(5):75-81,90.

[15]张华华,汪文义."互联网+"测评:自适应学习之路[J].江西师范大学学报(自然科学版),2016,40(5):441-455.

[16]祝智庭,韩中美,黄昌勤.教育人工智能(eAI):人本人工智能的新范式[J].电化教育研究,2021,42(1):5-15.

[17]王开,汪基德.人工智能赋能课堂教学减负提质的机制、风险与应对[J].当代教育科学,2022(2):57-65.

[18]刘景福,钟志贤.基于项目的学习(PBL)模式研究[J].外国教育研究,2002(11):18-22.

[19]钟柏昌,张禄.项目引路(PLTW)机构的产生、发展及其对我国的启示[J].教育科学研究,2015(5):63-69.

[20]华子荀,欧阳琪,郑凯方,等.虚拟现实技术教学效用模型建构与实效验证[J].现代远程教育研究,2021(2):43-52.

[21]徐福荫.信息化进程中的教育技术学专业建设研究[J].电化教育研究,2003.(12):28-32.

[22]DYOUNG S C, HUNG H C. Coping with the challenges of open online education in Chinese societies in the mobile era: NTHU OCW as a case study[J]. International Review of Research in Open & Distance Learning,2014(3):158-184.

[23]何克抗.从"翻转课堂"的本质,看"翻转课堂"在我国的未来发展[J].电化教育研究,2014(7):5-16.

[24]殷朝晖,王鑫.美国K-12阶段STEM教育对我国中小学创客教育的启示[J].中国电化教育,2017(2):42-46,81.

[25]SMITH H J, HIGGINS S, WALL K, et al. Interactive whiteboards: boon or bandwagon? A critical review of the literature[J]. Journal of Computer Assisted Learning,2005(2):91-101.

[26]孙江山,吴永和,任友群.3D打印教育创新:创客空间、创新实验室和STEAM[J].现代远程教育研究,2015(4):96-103.

[27]杨彦军,饶菲菲.跨学科整合型STEM课程开发案例研究及启示——以美国火星教育项目STEM课程为例[J].电化教育研究,2019(2):115-124.

[28]殷欢.STEM教育中合作学习质量影响因素及提升策略[J].中国民族教育,2018(6):50-51.

[29]曾琳.中小学教师评价:美国McREL的评价模型[J].外国教育研究,2015,42(3):118-128.

[30]董国玉,王秀玉.基于层次分析法的教学质量模糊综合评价模型及应用[J].科技创新导报,2014,11(12):125.